KARL

21世紀のマルクス

マルクス研究の到達点

Marx in the 21st Century

伊藤 誠
大藪龍介
田畑 稔
［編］

MARX

新泉社

Marx in the 21st Century

ITO Makoto, OYABU Ryusuke and TABATA Minoru (eds.)

First published 2019 by Shinsensha Co., Ltd., Tokyo, Japan

Cover design by OKURA Shinichiro

まえがき

本書は、カール・マルクスの生誕二〇〇周年を記念して編まれた論文集であり、マルクス研究の今日的な到達点を提示することを課題としている。

マルクスは、一八一八年にドイツのトリーアで生まれた。青年時代、ヘーゲル左派の急進的哲学者、『ライン新聞』編集者として頭角を現し、ヘーゲル法哲学批判に取り組んだ。四三年にパリに出て、ドイツやフランスの社会主義・共産主義の諸派と交流するとともに、唯物論的歴史観をエンゲルスと共同して形成した。やがて義人同盟（のち共産主義者同盟に改組）に加わって『共産党宣言』を著し、四八年にフランス、ドイツなどで革命が勃発すると革命的共産主義派として闘った。

四八年革命の敗北後イギリスに亡命し、一八五〇年代半ば頃から経済学研究を本格化した。困窮した生活のなかで、資本主義経済構造を解剖する学問的苦闘を重ねて膨大な草稿を作成、六七年に『資本論』第一部を出版して注目を浴びるようになった。また、西ヨーロッパの先進的労働者たちが六四年に設立した国際労働者協会に参画し、指導性を発揮、七一年パリ・コミューンの民衆反乱に際してはその世界史的意義を讃える公式文書を発表して名を馳せた。

晩年になっても、生成する各国労働者政党への理論的アドヴァイスをおこないつつ、旺盛な理論研究を継続した。だが、『資本論』第二部、第三部は未完に終わり、原始社会・古代社会などの研究もノートを残したままに終わった。

　マルクスの思想・理論は、現代世界に多大な影響を与えてきた。二〇世紀において西欧では社会主義の潮流の一つとなり、ソ連・東欧や中国などでは「共産主義体制」のイデオロギーの源流として力を揮った。ソ連の体制崩壊とともに一転して厳しい批判にさらされたが、同時に「マルクス＝レーニン主義」などの旧来の思想・理論に対する批判的総括も進み、マルクス研究の新たな活性化となった。二一世紀の今日では、厳しい歴史的試練を受けとめつつ、マルクスの業績や限界について原点に立ち返って解明する研究が進展している。「カール・マルクス問題」（各時期におけるマルクスの理論的立場の変化如何の問題）や「マルクス・エンゲルス問題」（マルクスとエンゲルスの理論的異同問題）の解明は格段に精緻化している。また、新MEGA（マルクスとエンゲルスの原著作全集）刊行に伴う草稿や抜萃ノートについての研究は、『資本論』解読、歴史認識、周辺世界論などの面でマルクス研究の大きな更新をもたらしている。

　マルクスの真価を示す主著『資本論』の資本主義経済構造の究明は、一五〇年を隔てた現在も、新自由主義のグローバリゼーションが席捲しさまざまな危機を生んでいる世界において、力強い輝きを放っている。彼の哲学論、政治論、歴史理論、世界の革命的変革と未来社会構想などのなかにも、今日の時代の解放運動のための示唆や方向づけを数多く読み取ることができる。

　本論集は、マルクス思想・理論の発展的継承を志向している。マルクスの提示した理論は包括的で多彩であり、また考究の鋭さと構想の広がりにおいても際立っている。そこで彼のライフワークである『資本論』関連の研究を第一の柱として立て、哲学、政治理論、歴史理論、未来社会構想、エコロジー論をあつかった研究を第二の柱として立てることにした。

テーマと執筆者の選定にあたっては、次の諸点を指針とした。①マルクスの諸理論の達成、近現代思想・理論史上において占めるその意義、継承すべき成果と残されている課題について明らかにする。②日本の戦後世代のマルクス学派総体による研究を踏まえつつ、現在のインディペンデントなマルクス研究の達成を結集し次世代に伝えるように努める。③この間のマルクス研究の第一線にあって活躍し実績を有する人たちに、執筆を依頼する。

日本では一九九五年にエンゲルス没後一〇〇年記念の『エンゲルスと現代』、一九九八年に『マルクス・カテゴリー事典』、二〇〇〇年に『新マルクス学事典』といった大作が、マルクス研究者を結集した協同作業として公刊されてきた。本論集もマルクス生誕二〇〇年の機に、大きな旋回の途上にあるマルクス研究の里程標の一つをのこそうとする営為である。

本書の諸論稿は、マルクス理論の功績と限界をそれぞれのテーマに即して描き出している。こうした多様な考察、吟味や問い直しをつうじてマルクス研究は豊かになり前進していくにちがいない。最後になったが、現在、専門書離れの世相や研究者層の縮小により、マルクス研究書の出版はきわめて困難な状況にある。険しい環境にあって本論集の刊行を引き受けていただいた新泉社に、厚く御礼を申しあげる。

二〇一九年九月一五日

伊藤　誠、大藪龍介、田畑　稔

21世紀のマルクス❖目次

II　歴史観と変革構想

第六章　マルクス政治理論の転回……………大藪龍介　199

◉装幀……………大倉真一郎

凡例

一、マルクスからの引用は、煩雑を避けるためにつぎの略記号を用い、MEGAは部、巻、頁の順、他は巻、頁の順で指示している。

・MEGA＝旧東ドイツで刊行が開始され、現在もドイツで刊行継続中の新マルクス・エンゲルス全集（*Marx/Engels Gesamtausgabe*, Dietz Verlag oder Akademie Verlag, Berlin.）

・MEW＝旧東ドイツのディーツ社から刊行されたマルクス・エンゲルス著作集（*Marx/Engels Werke*, Dietz Verlag, Berlin.）

・全集＝大月書店版『マルクス・エンゲルス全集』（MEWを原本としている）

・資本論草稿集＝大月書店版『マルクス資本論草稿集』（MEGA第二部の一部を邦訳）

一、右記以外のマルクス、エンゲルス文献からの引用箇所指示、およびマルクス、エンゲルス以外からの引用箇所指示は、原則として後註で行っている。

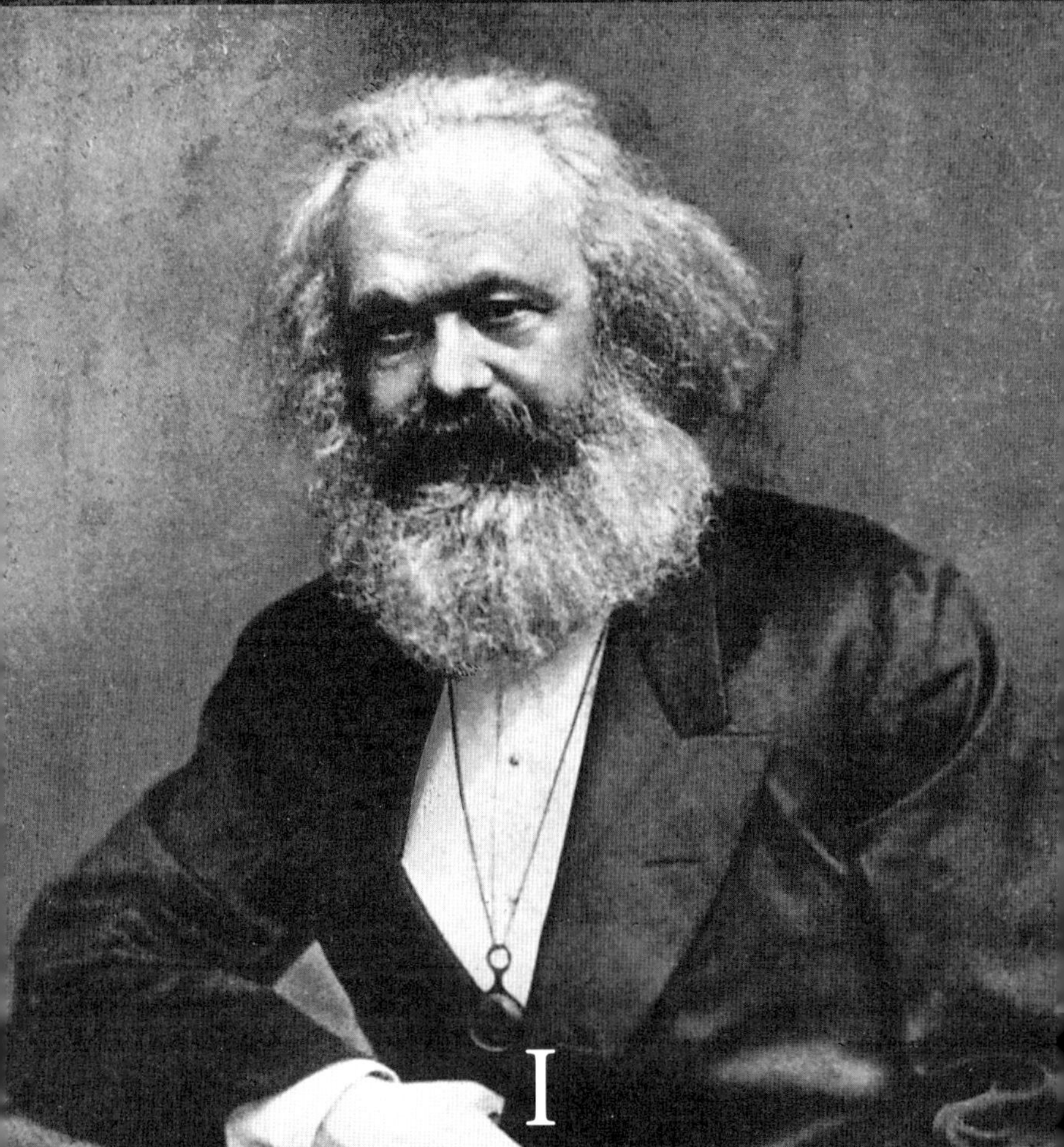

I

『資本論』をどう読むか

第一章

『資本論』と現代

伊藤 誠

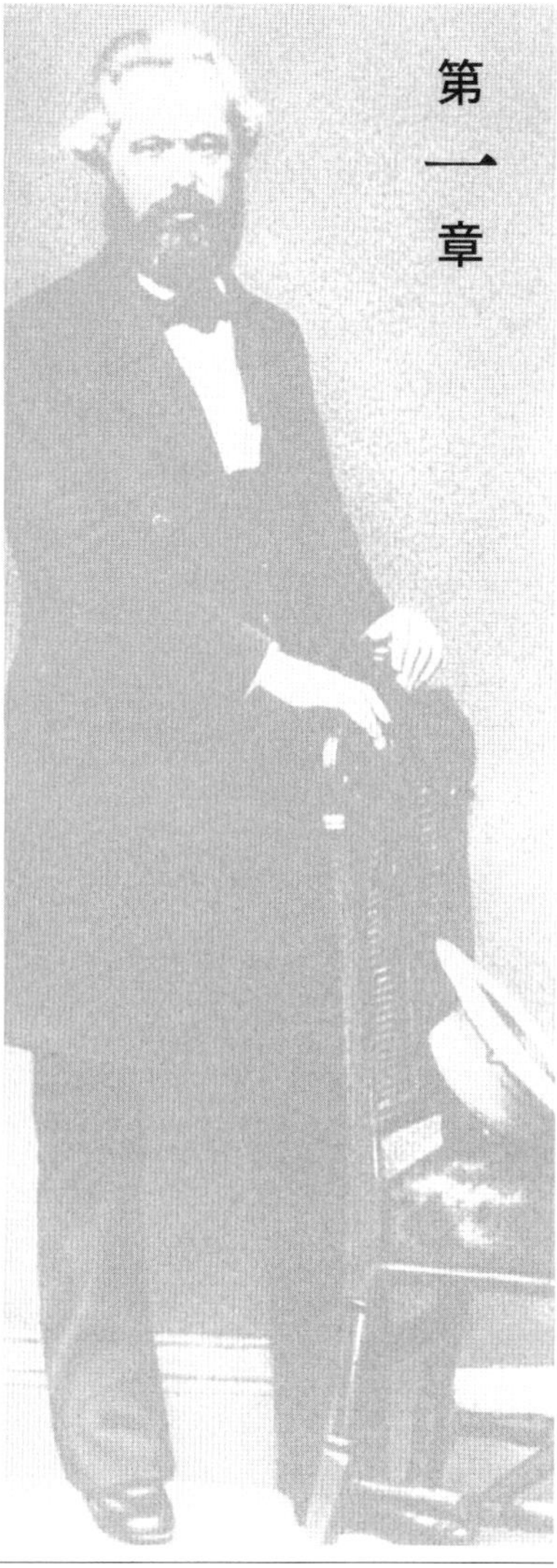

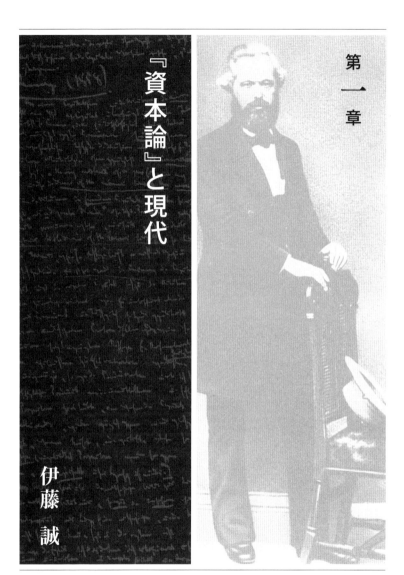

はじめに

現代世界には歴史のゆくえに閉塞感が募っている。

とりわけ新自由主義のもとで社会的諸規制から解き放たれた資本主義が、その中枢部を担ってきた先進諸国に経済回復を実現していない。むしろ、グローバルな競争的市場経済をつうずる資本の蓄積は、富と所得の格差を再拡大し、ワーキングプアなどの新たな貧困問題を深刻化し、内需を停滞させ続けている。そのため、経済回復は、遊休資金を動員して、不動産や株式の投機的取引を膨張させるバブルに依存する傾向を強め、その破綻による経済危機を反復して、不安定性を顕著に増してきた。若い世代に広がる生活の不安定化が、少子高齢化を促し、社会存続の基本をなす人間の再生産が毀損され、歯止めのない人口減少が日本をふくむ多くの諸国に広がりつつある。地球温暖化をはじめとする自然環境破壊も深刻さを増している。こうした一連の多重危機のもとに現代資本主義は、その中枢部から衰退傾向を深め、終焉に向かいつつあるとする見解も有力視されている。

とはいえ、資本主義をこえる歴史を開くはずであった社会主義にもまた危機的な閉塞感が深い。二〇世紀型社会主義を代表していたソ連型社会が、一九八九年の東欧革命と一九九一年のソ連解体によって崩壊したショックは小さくなかった。それは自由な資本主義の勝利により歴史は結ばれ、社会主義はいまや過去のエピソードとなったとする見解を常識化した。それによって、資本主義をこえる社会主義の可能性が選択肢の外におかれ、資本主義の終焉論の多くもその後の展望を明確にしえないことになりがちである。

現代における歴史の閉塞感は、あきらかに資本主義と社会主義との双対的な多重危機に由来している。それらの根源を再考し、未来に向かう働く人びとの社会変革の願いや諸運動にも読みとれる、二一世紀型のオルタナティブを求める機運に、社会科学はどのように対応しうるか。

その課題は、資本主義の原理を体系的に解明し、それをつうじて資本主義をこえる社会主義の可能性に学問的論拠を確定しようとしたマルクスの主著『資本論』を、いかに現代の資本主義と社会主義のゆきづまりの意義とその克服の方途を探る試みに活かすことができるか、という問題と深く関わっている。マルクス生誕二〇〇年を記念して世界各地で、あいついで研究集会、新聞記事、雑誌の特集、論稿の編集、著書の出版がおこなわれ、広く関心を集めているのも、現代世界に折重なる閉塞状況に促されてのことにちがいない。

あらためて『資本論』の理論的核心を再確認することからはじめて、それを活かしつつ現代の資本主義と社会主義との危機とその克服の方途に再考をすすめてみよう。

一　『資本論』の理論体系とその核心

社会科学最大の古典とされる『資本論』は、全三巻をつうじ、「資本主義的生産様式が支配的な社会」の「経済的運動法則」を原理的に体系化してあきらかにしている。先行するA・スミスやD・リカードの古典派経済学が、商品経済社会としての資本主義を自然的自由の秩序とみなしていたのと異なり、マルクスは、資本主義の特殊歴史性とそこに内在する矛盾の展開を学問的にあきらかにする理論体系を構成した。

そのさい、『資本論』は第一巻を「資本の生産過程」と名付けている。しかしその最初の二編では、商品、貨幣、資本の諸形態が、もともと共同体的諸社会のあいだの交易関係から発生した市場経済の基本形態として、資本主義に先行して人類史的に古くから存在していた史実を理論的に明確にしている。それとともに、資本の生産過程も、「人間生活のあらゆる社会形態に等しく共通な」、人間の内的自然力を発揮して外的自然に働きかけて物質代謝を媒介する「労働・生産過程」を基礎としていることも明示している。あらゆる社会の経済生活の原則的基礎をなす「労働・生産過程」が、資本の生産過程として社会的に組織されるには、世界史的にみて労働力が商品化されるという「歴史的条件」が前提とされる。

実際、労働力の商品化という特殊な歴史的条件のもとに、資本が労働生産過程を商品による商品の生産として社会的に組織することにより、はじめて封建社会までの共同体的諸社会が解体されて、徹底した商品経済社会が成立する。もともと共同体的諸社会のあいだに、諸社会内部の身分制や政治的権力、さらには宗教などの支配から離れて、無政府的にとり結ばれていた商品経済的諸関係が、社会内部に浸透して、経済生活の全面的な基礎とされる。それによって、商品経済にもとづく資本主義の経済的運動法則は、政治、宗教、法律、社会思想などの社会の上部構造から、相対的に自立した下部構造のしくみとその運動を展開するにいたるわけである。

そのしくみは共同体的階級諸社会の身分制支配から人びとを解放し、商品流通の場面では自由、平等、人権をすべての人びとが共有する「天賦人権の楽園」(Marx 1867: 訳書 1-308)を理念として普及する。しかし、その理念のもとで、現実には労働力が商品として販売されて、資本がその使用権を入手する社会関係をつうじ、職場では資本の専制的支配がつらぬかれ、労働者民主主義は容易には実現されず、剰余労働の成果も剰余価値として資本に搾取され続ける。商品経済的階級社会が成立し展開されてきているのである。

『資本論』は、こうして自由、平等の社会理念と法形式のもとに、労働者の労働過程の管理や剰余労働の成果がなぜ資本に支配され、剰余労働の搾取が反復されることになるのか、その原理を労働力の商品化のもたらす作用として解明している。同時に、資本が、その社会的生産関係の基本前提としている労働力の商品化に、みずからの発展の内的矛盾の根源もおいていることに考察をすすめている。

とくに、労働力は、労働生産物として資本のもとで産出される他の諸商品とは異なり、その供給は資本の生産過程にもとづき需要の変動に対応して調整可能な商品とはなりえない。にもかかわらず、古典派経済学は、労働者人口も市場での需要の変動に対応し、増減するものとみなしていた。また、マルサスの人口論は、人口は等比級数的に増大し、等差級数的にしか増大しない生活資料にたいし、過剰化し、貧困がさけられないとみて、その傾向を自然法則としていた。これにたいし、マルクスは「どの特殊な歴史的生産様式にも、それぞれに特殊な歴史的に妥当する人口法則がある」(同前、訳書3-217)と述べ、ついで資本主義的人口法則を、資本蓄積の動態にともなう相対的過剰人口の形成、およびその吸収と反発の法則的交替の過程として解明している。

資本主義に特有な好況、恐慌、不況の周期的産業循環の原理は、こうした相対的過剰人口としての産業予備軍の吸収と再形成の交替にもとづいている。実際、労働雇用を拡大してゆく好況期の資本蓄積が、やがて所与の労働人口にたいし過剰に進行すると、資本は不足する労働力を生産することはできないので、労働需給のひっ迫にともない労賃が高騰し、利潤が圧縮されて資本蓄積に困難を生じざるをえない。それにともない、物価も特別な変動を生じて、投機的取引が信用を介し膨張し、利子率が騰貴して、低落する利潤率と衝突して、古典的恐慌が避けられなくなる。そこに資本の基本前提とする労働力の商品化にふくまれる無理が、金融機構の不安定性とあわせ、資本の自己破壊としての矛盾の発現をもたらす原理が示される。

それにともない、恐慌を経た不況期には、労働力商品は雇用の収縮により過剰化し、失業や半失業の産業予備軍が再形成される。その結果、消費需要がきびしく抑制されて、産業間の不均衡も解消されにくく、過剰な生産能力の圧迫から資本間の競争も激化し、生き残りをかけた生産方法の更新・合理化が求められ、労働節約的な資本構成の高度化が、過剰な労働力をさらに過剰化する転倒した作用をともない進展する。そこにも不況期における労働力商品化の無理が示される。そのような不況期をつうじ、既存固定資本の廃棄・更新をともなう資本の生産方法の革新が実現されてゆくと、やがて好況が再現され、再形成された産業予備軍にもとづき、積極的な雇用の拡大をともなう資本蓄積が再現する。

こうした自律的な資本主義の経済的運動法則を、価値論と恐慌論を重要な柱として、原理的に体系化して考察している『資本論』は、現代資本主義の批判的考察にも不可欠な考察基準を与えている。しかしその理論体系は、当初予定していた執筆構想「資本、土地所有、賃労働。国家、外国貿易、世界市場」(Marx 1859: 訳書 11) における後半体系との関連でも、資本主義の世界史的発展段階論をいわば中間理論として補足したうえで、現代資本主義の考察に役立てられなければならない。

二 『資本論』と現代資本主義の位相

1 帝国主義段階から危機の三〇年間へ

ことに一九世紀末以降の資本主義は、マルクスが『資本論』において考察の主要な基礎としていた自由主義段階までのイギリスを中心とする資本主義とはいくつかの点で発展の様相を異にし、世界市場をめぐる列強の争いを激化し、国家の帝国主義的役割を強化する段階をむかえる。

その変化をもたらしたのは、自由主義段階のイギリス産業資本の基礎をなしていた綿工業に代わる主要産業が、世界的な規模での鉄道の敷設とその資材を産出する鉄鋼業などの成長の関連に移行したことにあった。巨大な固定資本を要する鉄道や重工業の成長には、共同出資の範囲を拡大する株式会社組織が必要とされ、資本市場で金融資産として取引される形態をともなう、巨大産業企業が金融資本の基礎として成長していった。

その過程で景気循環の様相も変容し、世界市場でイギリスが支配的工業国の位置にありながら、(その内部にいくつかの景気変動をふくむ)一八七三〜九六年の大不況に示されるような長期不況に資本蓄積の内的矛盾の発現形態が変化してゆく。それにともない世界的に鉄道の敷設をめぐる資本輸出が活発化し、その権益保護のため、イギリスやフランスから植民地の確保、拡大を図る帝国主義政策が積極的にすすめられる。

これに対抗して、ドイツやアメリカのような後発的資本主義においても、鉄鋼業のような巨大株式会社が金融資本の基礎として成長し、大不況の末に先進的なイギリス産業の停滞化をうけて、世界市場での競争力を逆転する発展性を示す。そこでは世界市場を支配していたイギリス産業に対抗し、まず国内市場を確保し独占利潤をあげるカルテルやトラストの形態での金融資本の独占組織も成長を促される。その利害にそって、帝国主義的政策もイギリスに対抗するカルテル保護関税としての側面を特徴とし、さらにそれにともなう独占利潤をもとに世界市場でのダンピングによる輸出拡大を攻撃的にすすめた。と同時に資本輸出の権益拡大にむけて、とくにドイツはイギリス、フランスなど旧植民地大国に挑戦して、植民地、半植民地の世界的再分割要求を強め、政治的・軍事的な帝国主義的列強の対立・緊張を高めてゆき、第一次大戦の危機を招く。資本主義に内在的な自己破壊的矛盾のあらわれは、原理的には周期的恐慌の必然性に示されていたのであるが、資本主義の帝国主義段階におけるこうした主導的産業、景気循環の変容、支配的資本、世界市場をめぐる国家の役割の変化をつうじ、世界戦争の破壊的危機に示されるにいたる。

こうした推移の必然性と意義とは、あきらかに『資本論』の理論体系のみでは解明できない。一九世紀末からドイツ社会民主党を中心に、東欧圏にマルクス主義にもとづき労働運動とその議会での代表勢力を伸ばしていた第二インターナショナルの理論的指導者のK・カウツキーは、その問題を軽視していた。そのため、原理的には資本主義は戦争をかならずしも必要としないことを重視し、帝国主義も産業資本ないし金融資本が交易拡大のためにとる選択可能な一手段とみなし、反戦をつらぬけず、第二インターナショナルの崩壊を招くにいたる。

これにたいし、ヒルファディングの『金融資本論』(一九一〇年)とレーニンの『帝国主義』(一九一七年)は、『資本論』にもとづき、資本主義の新たな世界史的発展段階としての帝国主義を、株式会社による重工業の成長による金融資本の独占組織の形成と、その利害にそった列強の世界市場での角逐が帝国主義世界戦争の危機を招いていることを、具体的に解明した。それは、『資本論』での原理論に考察基準をおきつつ、資本主義の世界史的発展段階論としての研究次元を開拓するものとなった。と同時に、帝国主義世界戦争は、金融資本の利害にそった列強の抗争による災厄であり、祖国防衛戦争として労働者が協力すべき危機ではなく、労働者、農民、兵士は、反戦運動を社会主義革命の転機に活かすべきであるとして、ロシア革命を領導したレーニンの戦略構想は、こうした帝国主義段階論に論拠をおいていた。

第一次大戦から戦間期の世界大恐慌を経て第二次大戦終了までの資本主義世界の自己破壊的な政治経済の激動の時代を、危機の三〇年とよぶことがある。この危機の三〇年をつうじ、現代資本主義のいくつかの重要な特徴が姿をあらわす。

まず、ロシア革命に対抗する資本主義として、西欧諸国には、ワイマール憲法（一九一九年）のような男女普通選挙を基礎とする社会民主主義的理念が定着していった。と同時に、大戦を介し、資本主義世界の経済的覇権が、事実上イギリスからアメリカに移行する。しかし、第一次大戦の軍需ブームで潤ったアメリカでの先進的な各種家電や乗用車などの耐久消費財産業の成長は、一九二〇年代の繁栄を代表しつつ、国内的にも国際的にも不均衡で不安定な蓄積体制のもとにあった。ヨーロッパ農業の復興にともなう世界農業不況がアメリカにも打撃をおよぼしつつあった。と同時に、この時期の再建金本位制の基本は、イギリス、フランスなどの対米戦債支払いにドイツの賠償金が期待され、その資金源をアメリカのドイツ公債の民間資金での購入が支える資金循環におかれていたかぎり、大きな不安定性を内包していた。実際、一九二〇年代末のアメリカでの不動産と株式の投機的ブームで、ドイツ公債からアメリカの資金が引き上げられ、ついで一九二九年一〇月にはじまる大恐慌で、アメリカに金融恐慌が深化してゆくと、再建金本位制も崩壊し、資本主義世界は大量失業を生じつつ、分断されてブロック経済化されていった。

この世界大恐慌は、資本主義の内在的矛盾を、世界大戦とその戦後処理の与えたひずみを介し、あらためてとくに金融機構の不安定性の側面を重要な契機として、現実的に露呈するものとみなされた。対照的にその打撃をうけず順調に五か年計画をくりかえしているソ連社会主義の威信は高まり、資本主義世界にはこれに対抗するニューディール型の社会民主主義的対応と、イタリア、ドイツ、日本のファッシズム型の国家主義的統制経済に向かう類型とを生じた。第二次世界大戦は、この二類型に分かれた同盟国と枢軸国の抗争にソ連もやがてドイツの侵攻をうけて参戦する、人類史上かつてない大戦争となり、民衆に多大な犠牲を生ずる未曾有の災厄となった。

2　高度成長から新自由主義へ――現代的多重危機と『資本論』

第二次大戦の末期にソ連軍が進駐した東欧、北朝鮮などに社会主義国があいついで誕生した。その後も植民地体制から独立する運動が拡大して、社会主義国に転ずる国が増加する見通しのもとに、大戦後のある時期までは、資本主義世界は社会主義にたいし守勢に立たされ、市場問題も激化して、資本主義世界には、その全般的危機が（ロシア革命による第一段階に続き）第二段階をむかえ深刻化してゆくものとみなされていた。こうして二〇世紀はロシア革命に続き、マルクスの思想と理論にもとづく革命の世紀をなしていたといえる。

しかし、資本主義は意外性に富む歴史過程を示す。第二次大戦後の現代資本主義は、社会主義に世界人口のほぼ三分の一を編入されながら、終戦直後の混乱期を終えると、先進諸国に歴史上かつてなかったような高度成長を実現する。その基本要因はどこにあったか。

資本主義に内在する恐慌や不況を制御するニューディール以降のケインズ主義的福祉国家が、社会主義に対抗する冷戦構造のもとで先進資本主義諸国に定着したことを継続的高成長の要因として重視する発想が、新古典派経済学でも、マルクス学派における国家独占資本主義論でも重視されていた。大内力『国家独占資本主義』（大内 1970）も、宇野弘蔵の三段階論の方法を前提しつつ、この時期の現代資本主義の特徴を管理通貨制によるマクロ経済政策の有効性に重点をおいて総括する試みを示していた。たしかに高度成長は、その発端において、戦後のマーシャルプランによるアメリカの復興援助や朝鮮戦争、さらには冷戦構造への移行にともなうアメリカの軍事的スペンディングによる有効需要拡大効果に大きく依存していた。その意味では、社会主義に対抗する国家の役割が資本主義の現代的復活と高成長への始動に貢献していたことはあきらかであった。

しかし、ひとたび軌道にのった先進諸国の高度成長は、レギュラシオン学派が強調しているように、労資協調的な高生産性―高賃金のフォード的蓄積様式をつうじ、有効需要を自生的にその内部から拡大してゆく特性を強めていた。一連の耐久消費財を先進諸国に普及し高度化してゆくフォード的蓄積様式は、日本でも他の先進諸国でもケインズ主義的財政・金融政策の積極的運用をさして必要とせず、雇用を自律的に拡大してゆく。『資本論』では好況期の特徴とされていた資本蓄積の自立的発展の好循環が、生産、雇用、有効需要の諸側面にわたり安定的に、長期波動の上昇局面のように持続していった。

その背後には、アメリカの卓越した産業競争力に基盤をおくブレトンウッズ国際通貨体制、一連の耐久消費財の大量生産を実現してゆく産業技術の利用可能性、さらにその技術による設備投資と生産拡大に必要とされる安価で豊富な原油など、一次産品の途上諸国からの供給余力と先進諸国内の労働力の供給の弾力性が、安定的好循環による自律的資本蓄積の継続を支え続ける基礎条件として存続していた。

一九七〇年代初頭に生じた深刻なインフレの悪性化をともなう経済危機は、高度成長を支えていた現実的基礎条件が、自律的資本蓄積の進行をつうじ使いつくされて、先進諸国の資本蓄積が世界市場での一次産品と内部の労働力の供給余力の制約をこえて過剰化し、同時に西独と日本の追い上げにあってアメリカの輸出競争力が失われ、ブレトンウッズ体制の崩壊、変動相場制への移行をせまられたところに生じた。『資本論』にもとづき宇野弘蔵が『恐慌論』(宇野 1953)において、労働力の商品化の無理に起因する資本主義に内在する矛盾の発現の原理を読みとっていたことが、この局面での現代資本主義の危機の根本を理解するうえで、きわめて重要な意義をもつことになる。この側面を無視すると、高度成長期にそれぞれ有効に作動していたようにみえるケインズ主義やフォーディズムが、なぜインフレ恐慌としての危機をこの時期に生じさせて終焉したのか十分理解できないことになろう。

さらにそれに続く新自由主義のもとでの長期不況の論理の総括的分析にも、資本主義の発展段階論としての考察枠組みとあわせて、『資本論』のような原理論が考察枠組みとして重視されなければならない。たとえば新自由主義が基調とする市場原理主義は、もともと資本主義の基本イデオロギーともみなせるところがあるのではないか。その発想によって社会的制御から解放された資本の競争的活力は、グローバル化や金融化をふくめ、もともと資本主義の原理に内在する発展性とそこに内在する矛盾を現代的様相のもとにあきらかにしつつある。とくに、先進諸国で働く大多数の人びとにとって、一九七〇年代初頭にかけて一時例外的に生じた実質賃金の高騰をともなう有利な雇用関係が、長期不況の過程で大きく反転されて非正規雇用が激増し、失業や半失業状態が拡大し、資本が有利に使える産業予備軍が大規模に再形成され、グローバル化にともない海外の労働市場も産業予備軍として競合的に利用する傾向が拡大されている。原理的には不況局面に示されていた過剰化される労働力商品化の矛盾が、大規模に長期的に顕在化しているのである。

その結果、先進諸国の内需が冷え込み続け、新たな貧困問題を深刻化しつつ、ピケティ（Piketty 2014）の指摘しているような富と所得の経済格差の再拡大が顕著となり、経済回復は株式や不動産のバブル的投機取引の膨張に依存しがちとなり、経済生活の不安定性を増している。資本主義は、新自由主義のもとで、こうした諸側面においてもその原理的作動が現代的に問いなおされているといえよう。

さらに新自由主義のもとで、情報技術（ＩＴ）のインパクトも加わり、個人主義的な雇用諸形態、作業様式、消費生活の再編が促進されている。それは、資本主義が共同体に商品経済的な分解作用をおよぼすことで、労働力を商品化し、市場を拡大深化する原理的傾向を、情報技術にもとづき一段と促進している姿にほかならない。そこからワーキングプアなどの新たな貧困問題が生じ、大家族から核家族への変化をさらに進展させた家族の解体、シングルスの増大をまねき、深刻な少子高齢化、人口減少への変化が先進諸国の多くに生じている。日本はそのなかでも超少子化国の重要な例となっている。それは地域社会の衰退、過疎化、山林・里山などの自然環境の荒廃にもつらなり、人間と自然の再生産を経済生活の原則的基礎として維持してゆけない深刻な破壊作用を多重危機としてもたらしつつある。そこには資本主義のいわば根本的限界が先進諸国のなかでも最も先鋭に提示されつつある。

3　新自由主義の限界と世界資本主義の構造変化

資本主義世界には、こうしていくつかの意味で新自由主義的グローバリゼーションに重要な限界が問われ、そこから世界資本主義の構造変化への潮目が顕在化しつつある。

第一に、資本主義世界の発展を担ってきた米、欧、日の先進諸国に衰退傾向が著しい。サブプライム世界恐慌にいたるバブルリレーをつうじ、先進資本主義諸国は、投機的不安定性を強めつつ、経済格差を拡大し続け、成長率をゼロ成長にむけて鈍化させ続けている。たとえば、西欧諸国にアメリカ、日本、カナダ、オーストラリア、シンガポールを加えた先進諸国の購買力平価でみた国民一人当たり平均所得の増加率は、一九七五〜二〇一五年に各一〇年の平均で二・四％↓二・〇％↓二・〇％↓一・〇％に低下している（八尾 2012: 62）。その間、とくに働く多くの人びとの雇用と経済生活には不安定性と劣化の度合いが増している。

第二に、先進諸国からの多国籍化した企業の投資を受け入れつつ、人口規模の大きな途上諸国のかなりの範囲に、先進諸国の衰退とは対照的に、顕著な経済成長に転ずる諸国が生じてきた。とくにアジアには、新興工業地域（ＮＩＥＳ）、東南アジア諸国連合（ＡＳＥＡＮ）、さらに中国、インドのように、実質年一〇％に近い高成長に転じた諸国が多い。それらの途上諸国は、いまや生産拠点としてだけでなく、巨大な消費市場としても世界経済の成長センターの役割を担いつつある。ことに二〇一〇年に日本を追い抜いて世界第二位のＧＤＰ大国となった中国は、共産党政権のもとで、新自由主義的資本主義とは異質な政治経済体制を保持し、中国的特色をもつ社会主義市場経済の建設をめざしている。

第三に、こうした途上諸国の工業化と成長は、先進諸国の産業空洞化を促しつつ、新自由主義的グローバリゼーションへの反発を先進諸国の内部にもよびおこし、働く人びとの雇用や福祉への国家の責任や役割をあらためて求める変革への機運を先進諸国内にも広げつつある。

たとえば、二〇一五年には、ギリシャでEU内の新自由主義的緊縮政策に反対するA・ツィプラスの率いる急進左派連合がEU離脱の可能性も訴えて政権を獲得し、スペインでもこれに呼応するP・イグレシアスの指導する新党ポデモス(「われわれはできる」という意味)が若い世代の支持をえて一気に第三党に躍進した。イギリスでは、労働党党首に社会主義者を自認するJ・コービンが新自由主義に妥協する中道路線に決別することを主張して就任し、それをうけて翌二〇一六年には国民投票でEU離脱が選択されている。アメリカでも民主党大統領候補の選任過程で、社会主義者のB・サンダースが公的サービスの拡充や雇用政策を求める政治改革をよびかけ、若者世代の支持をえて、ヒラリー・クリントンと接戦を演ずる大旋風が生じた。

それをうけて、共和党のD・トランプが、いわば漁夫の利をえて予想外の大統領に就任するが、そのアメリカ・ファーストの政策への選挙民の支持にも、従来の新自由主義に反発する民意が込められていたといえよう。EU内でもその中枢を占めてきたドイツやフランスをふくめ、極右勢力の台頭とのせめぎあいをつうじ、国家の役割や責任を問いなおす民意が広がりつつあり、そこに社会民主主義をふくむ広義の社会主義への先進諸国における政治変革への可能性もふたたび開かれつつあるのではなかろうか。

こうした歴史の歩みをふまえてみると、新たな冷戦構造のはじまりかとさえいわれる近年の米中貿易摩擦には、実際、特異なトランプと習近平の個性の衝突のみには帰せられない、世界規模での新自由主義のもとでの先進諸国の衰退からの転換の方向と、それをめぐる覇権のゆくえが、広義の社会主義の新たな可能性をめぐって問われている側面も、重要な背景として読みとられてよいところがある。

そのような観点からしても、ソ連崩壊後に生じた社会主義の深い危機を、マルクスの思想と理念にたちもどりいかに総括し、そこから現代世界における新自由主義的資本主義にかわる代替路線の構想をどのように再構築しうるかが、あらためて切実な問題となっている。

三　二一世紀型社会主義の多様な可能性

1　『資本論』の社会主義論

マルクスにさきだつユートピア社会主義者の多くは、資本主義が働く人びとに強いる過酷な経済生活を変革して、平等で自由な協同生活を実現する課題を提示し、その理想を実現する社会経済秩序の設計を試み、社会の上層部がそれを実現することに期待していた。マルクスとエンゲルスは、資本主義市場経済が、自然で理想的な自由の秩序ではなく、特殊歴史的な階級社会であることを学問的にあきらかにし、それによって資本主義をのりこえる社会主義への労働者の自己解放としての社会変革の可能性に科学的論拠を与えた。

ことに『資本論』は、資本主義経済のしくみと運動法則をその特殊な歴史性とあわせて原理的に解明し、前節でも述べたように現代資本主義の多重危機にも重要な考察基準を与えているが、同時に、資本主義をのりこえる社会主義の可能性にも科学的論拠を提示している。エンゲルス（Engels 1882）によれば、「空想から科学へ」と社会主義を発展させたのは、マルクスによる唯物史観と剰余価値生産の理論との二つの発見であった。しかし、人類史の総括としての唯物史観における生産力と生産関係の発展関係にもとづく経済的社会構成の発展の仮説的要約も、『資本論』に結実する経済学の研究に裏付けられ、学問的論拠を有する科学的歴史観をなしているとみてよいであろう。しかも『資本論』の経済学は、剰余価値の生産論を核心としつつ、全三巻の体系をつうじ、実は終始いたるところで社会主義の可能性に科学的論拠を示唆し続けていると読むこともできる（伊藤 2012, 2016をもみよ）。その豊かな理論的示唆を『資本論』からくみ取り、ソ連型社会の崩壊にともない現代世界に訪れている社会主義の深刻な危機からの再生に活かしてゆく試みがあらためて求められているのである。

その課題をめぐり、まず理論的に興味ある問題群を点検しておこう。

第一に、科学的社会主義を創始したマルクスの主著は、それにさきだつ初期社会主義の著作と異なり、実は社会主義についての具体的プランは示していない。むしろ終始、資本主義市場経済が特殊な歴史性をともない成立し発展する原理の体系的考察にあてられている。それはなぜか。二つの解釈がそこから生じてきた。

そのひとつは、生産手段を公有化して生産と消費を計画的に組織する社会主義では、資本主義を考察対象としている経済学は使命を終えて、使用価値の投入、産出、配分が技術的に計画されればよいことになる。それにともなう社会的労働時間の支出と配分の関係も透明でわかりやすい計画のもとにおかれる。そこで、社会主義経済のしくみについては統計やそれにもとづく技術的考察は必要とされるにせよ、資本主義市場経済の原理にあたる体系的経済学の理論がとくに必要とされることはない。そう考えていた人は多い。

もうひとつの解釈としては、やがて資本主義がのりこえられてゆくさいの主体的労働者運動の歴史的諸条件、産業基盤の相違などに応じて、社会主義への道は唯一の道があらかじめ定められるかどうか。むしろ、山川均（山川 1956）や宇野弘蔵（宇野 1957）も述べていたように、その道は一つではなく、多様な政治経済組織の社会主義的可能性が具体的に選択され、労働者社会が姿をあらわし変化してゆきうるものとして、その詳細な設計図をあらかじめ描くことは学問的に適切な課題ではないと判断されていたとも考えられる。

私としては、前者の解釈ではいまや現代社会主義の危機に対応できないと感じている。もっとも、後者の解釈にしたがうにせよ、『資本論』における資本主義の原理を、ソ連型社会の成長と崩壊の総括にも、その後の社会主義の可能性の探求にも、われわれ自身がいかに活かしうるか、あらためて問いかけられていると考えている。

第二に、『資本論』は、第一巻冒頭の二編で、「資本の生産過程」における剰余価値生産を直接とりあつかわず、むしろ商品、貨幣、資本の市場経済の基本的流通諸形態を考察し、それらが人類史上古くから共同体的諸社会のあいだをつなぐ（たとえばシルクロードでのような）交易関係に由来していることも指摘している。それは、社会主義にとって何を意味しているであろうか。ここにも二つの解釈が成り立つ。

そのひとつは、商品による商品の生産として市場経済を生産関係の基本原理にした資本主義をのりこえる社会主義は、もともと共同体的諸社会内部の互酬や再配分による経済秩序の関連に破壊作用を加えてきた外来的市場経済を、新たな協同社会の組織化により全面的に押し出して排除し、計画経済を市場経済にかえて建設することを変革課題としているとする解釈である。ソ連型社会主義はほぼこの解釈によっていた。

もうひとつの解釈は、資本主義社会の基本前提をなす労働力の商品化を止揚する課題は重視するにせよ、労働者の自主管理による公有企業や産業のアソシエーション、消費者としての協同組合組織などを協同社会の基本組織としつつ、その間の生産物やサービスの交換のしくみに、公的再配分とあわせて市場経済の商品、貨幣、資本の機能を社会的に統御しつつ利用する、市場社会主義のしくみも可能性として許容する余地も、そこから読みとれるとする見地である。

人類史的に共同体諸社会のあいだに古くから発生し存続してきた商品経済の歴史性と、労働力の商品化を介し、商品経済社会を徹底して実現する資本主義経済の歴史性を理論的に区分して解明している『資本論』の体系は、この後者の解釈も許容する広さを有しているのではなかろうか。逆に『資本論』は市場社会主義を否認する原理といえるかどうか。

第三に、マルクスが少なくとも低次段階の協同（共産）社会では、労働に応じた分配による不平等が残らざるをえないと想定していたさいに、高度な教育や熟練を要する複雑労働は、単純労働と比較して同じ時間により多くの労働量を支出するものとみなしていることに問題はないか。それは働く人びとに労働にもとづく平等な社会貢献を広く認め、人間的労働の他の動物と異なる構想と実行の広い主体的能力の普遍的基盤を明確にし、そこに平等な経済民主主義の論拠をあきらかにしている、マルクスの基本認識と不整合にも思われる論点でもある。

資本主義のもとでは、とくに高度な教育・訓練の費用が市場経済のもとで個人負担とされているかぎりでは、その費用負担を複雑労働者に労働力の価値として還元しなければ、社会的に必要な複雑労働力が再生産されないことになる。その結果、たとえば高等教育の新自由主義的民営化とその費用の受益者個人負担化は、高所得のエリート層の世襲的再生産を固定化し、社会の流動性を阻害する弊害をもたらすことにもなっている。

しかし、かりに社会主義のもとでそれらの教育・訓練費用も公的に提供されることになれば、その費用を複雑労働者に配分取得させるにはあたらない。複雑労働も、基本的には単純労働と同質的な抽象的人間労働を異なる有用労働の諸形態において社会に貢献しているのであって、マルクスのいう共産主義の低次段階としての社会主義社会であれ、教育・訓練費用が社会化されていれば、労働に応じた配分にその費用の個人への配分をふくめることは、むしろ不公正となりはしないか。その意味で、マルクス自身の『ゴータ綱領批判』(Marx 1875) における共産主義の低次段階での労働に応じた配分に残る不平等の意義と可否にも理論的に再考が求められてよいのではなかろうか。

第四に、資本主義のもとでの剰余価値生産の原理を、労働力商品の価値として賃金を介して労働者にひきわたされる一日当たりの平均的必要生活手段に対象化されている必要労働時間と、労働力の使用価値として資本が入手する労働日の全労働時間にふくまれる剰余労働時間との関係をめぐり理論的に解明した『資本論』でも『ゴータ綱領批判』でも、マルクスは「剰余労働一般は、与えられた欲望の程度をこえる労働としては、いつでもなければならない」と述べている。社会主義でも、剰余労働は災害にそなえる保険基金、生産拡大のための基金、一般行政費に必要であるとするとともに、教育・衛生費、労働不能者のための基金なども個人的労働者への配分にさきだち、控除されるものとしている。そこで、『資本論』によるマルクスの社会主義論は、剰余労働廃止論ではなく、その敵対的搾取廃止論であったと読まなければならないことになりそうである。

さらに育児、教育、医療、衛生、年金など、資本主義のもとでも福祉国家としては拡充してきている公的社会保障や共同消費の役割は、社会主義においてはいっそう確実に充実されてゆくものとすれば、労働者個人に配分される所得は、比率として資本主義のもとでの必要労働部分よりむしろ小さくなる公算も高い。それにともない、一般行政費もマルクスの期待に反し縮減してゆかないのではなかろうか。とくに集権的計画経済による場合はなおさら行政費は大きくなるであろう。それらにともない、労働報酬として個人に配分される所得(s賃金)はむしろ圧縮されて、生産物やサービスの価格(s価格)は、計画経済による公定価格にせよ、市場社会主義による販売価格にせよ、再生産の維持に要するコストをこえる剰余を大きくして、その再配分と管理を社会にゆだねる比率をたかめる可能性も高くなる。

それがソ連型社会では官僚層の権限を強大化するひとつの原因ともなり、資本による利潤原理にしたがわない計画的公定価格の策定とその操作を容易としていた一要因でもあった。これをいっそのこと反転させ、全労働の成果をすべて労働者に配分して、剰余を社会的に残さないしくみをつくれば、計画価格によるにせよ市場社会主義によるにせよ、生産物やサービスに対象化される労働時間に正比例する価格が必ず成立することになる。それはマルクスが理想としていた労働時間を生産と配分の全体にわたる尺度とする経済システムを実現する方途のひとつとなる。その場合、保険、生産拡大、さらには（育児、教育、医療などの公的サービスなどの）共同消費にあてる財源は、個人所得から拠出することになり、それだけその民主的管理もおこなわれやすくなるのではないか。

2　二〇世紀型社会主義の形成と崩壊

革命の世紀ともいわれる二〇世紀に、資本主義をこえる代表的で先導的な社会主義は、ソ連の集権的計画経済であった。そのモデルは第二次大戦末期のソ連軍の進駐地や、戦後の植民地からの解放後の変革にも有力な先進例とみなされ、東欧諸国、朝鮮民主主義人民共和国、中国、ベトナム、キューバなどにも影響を与え続けた。その結果、社会主義諸国が世界人口の三五％、地球上の領土の三〇％を占めるにいたる。

マルクスの思想と理論にもとづく二〇世紀型社会主義を代表していたソ連の集権的計画経済のこうした成長から崩壊にいたる歴史的経験にも、興味ある問題群が残されている。

第一に、その成立の経過において、二〇一七年のロシア革命後にレーニンの指導していた社会主義建設への試みは、三つの異なるモデルを短い期間に実験していた。まず革命直後、国家資本主義のウクラード（経済制度）も重要な役割を担う多ウクラード制を容認しつつ、社会主義ウクラードを海外技術の導入も基礎として漸次つくりだそうとレーニンは構想していた。しかし、一九一八年四月に列強の軍事介入が始まると、それに対処するために戦時共産主義の体制に転換し、大規模工業の国有化、農民からの過酷な食料徴発、現物経済による集権的経済管理が強行される。それにともない、農業生産は戦前の半分、工業生産は七分の一にまで急減する。そこで、一九二一年三月に、ネップ（新経済政策、NEP）に転換し、市場経済を導入し、私的商業、小規模工業企業も非国有化して、かなりの経済回復をみていた。それは一時的、戦術的な譲歩ともみなされてはいたが、レーニン死去（一九二四年）の後にもその有力後継者候補とみられていたトロツキーやブハーリンはネップの継続を主張していた。

しかし、スターリンがトロツキーらの反対派を退け、権力を掌握すると、一九二八年から第一次五か年計画を開始し、ネップは終了して集権的計画経済による一国社会主義建設に移る。このような四つの社会主義建設のモデルチェンジが可能であったのは、なにを意味しているか。少なくとも資本主義をこえる社会主義への道が、レーニンにおいても多様に試みられる余地があったことを示唆していないか。またその実験的試みを許容する国家体制の流動的変革の時期にあったとも考えられる。そこには、ソ連型集権的計画経済からの変革が求められた二〇世紀末に、あらためてネップ型の市場社会主義や、現代中国の多ウクラード制ともみえる改革開放路線につうずる実験がすでに模索されていた。

第二に、生産手段を公有化し集権的計画経済を社会主義の基本とするソ連型社会主義は、とくに多様な生産手段の価格を合理的、効率的に決定し、生産物やサービスの費用を最小化する経済計算の基礎を適切にととのえることができるか。私有制と市場経済のしくみを自然的秩序とみなしている新古典派経済学からは、ミーゼスやハイエク（Hayek ed. 1935）らがこの問題を提起し、ソ連型社会は、合理的羅針盤を欠き、早晩失敗に終わるであろうと批判していた。それに応酬する社会主義擁護派とのあいだでの社会主義経済計算論争は、やがて、O・ランゲ（Lange 1936–37）らの市場社会主義の理論モデルにおいて、公有化されている生産手段についても中央当局の公定価格を、市場での需給にしたがって試行錯誤的に改定する作業をつうじ、均衡価格体系として確定し経済計算を可能としうることが示され一段落した。

ミーゼスやハイエクの反社会主義的論評は、戦時共産主義には妥当するかにみえた。しかし、その後のソ連の集権的計画経済は、一九七〇年代中ごろまでの半世紀近く、大多数の資本主義先進諸国をこえる成長を達成し続け、第二次大戦やその後の冷戦体制での軍事負担にも耐えつつ、雇用の保障、女性の社会参加、育児、教育、医療、年金、公共交通機関、公共住宅などの拡充をつうじ、労働者国家としての成果も示し、資本主義諸国における社会民主主義的福祉国家化をうながす役割も示していた。

その成長は、ランゲの市場社会主義モデルにそって自由な市場での需給調整にしたがった価格形成を介しておこなわれていたわけではない。マルクスが『資本論』で示唆していたような労働時間の透明な尺度を公定価格の基礎としていたわけでもない。社会的再生産の維持に必要な投入と産出の物量体系の拡大のバランスを、五か年計画ごとに技術的な変化や優先戦略を勘案しつつ見直して、それを可能とする各産業の生産物の公定価格を、相互にコストと剰余の積み上げで整合するように調整するしくみが、物量体系とそれを基礎とする公定価格表として計画され実現されていた。それは理論的には、社会主義経済計算論争のなかで、対立する社会主義の否定と支持の両派が大きくみればともに新古典派ミクロ経済学に依拠していた脈絡では理解できない可能性をなしていた。ソ連型システムに最も近い価格理論は、むしろやがてスラッファ（Sraffa 1960）により提示される新リカード学派の技術的物量体系にもとづく、客観価値論再建の試みであったのではないか。

そのことは、ソ連型社会主義がゆきづまり崩壊する過程で再燃した社会主義経済計算論争の再評価においてもあまり明確にされていないところである。スラッファもそれをどの程度意識していたか、その論争との関連に言及してはいない。スラッファ理論は欧米マルクス・ルネッサンスにおける『資本論』の労働価値説再生にもつらなった。とはいえ、そのことがソ連型社会の成長と崩壊の総括にどう活かされているかは、さほど明確でない。

いずれにせよ、ソ連型社会主義の公定価格の決定は、事実上スラッファ理論に近いシステムとして機能していたが、そこから労働量の社会的関係性をあきらかにする試みにはいたらなかった。その結果、労働にもとづく配分を理念としつつ、複雑労働の格付けをめぐる不平等の理論的、客観的論拠が明確でなかった問題をも残していたのではなかろうか。

他方、第三に、ソ連型集権的計画経済が、批判派の期待に反し公定価格のもとで成長を継続しえたのは、さらに現実的にはつぎの四条件によるところも大きかった。①世界最大の領土内に各種の鉱脈など、工業化に必要な天然資源を豊富に内蔵し、一国社会主義的成長が可能とされていた。②この時期に重要であった重工業は大規模なコンビナートの建設と拡大を基本とし、集権的計画管理に適合性が高かった。③そのような工業化による都市経済の成長に動員可能な労働力の供給余力が農村部や未就業の女性などに豊富に存在していた。④計画経済の作動には、ノルマにしたがい職場で労働者が協力することが必要とされる。市場経済での失業の脅威や競争の刺激はなくとも、スターリン体制のもとでのきびしい反政府派への粛清や抑圧による統制の効果のみでなく、労働者国家建設への希望やその方向への生活の安定と向上、さらに祖国防衛のための反ファッシズム戦争や冷戦への対抗心などにも支えられて、労働者大衆の職場での協力が継続的に確保されていた。

しかし第四に、これらの諸条件はソ連型計画経済の継続的成長をつうじ、使いつくされてゆき、一九七〇年代後半になると危機的「摩滅」を生じ、ほぼゼロ成長に近づく。スウィージー（Sweezy 1980）も指摘していたように、ことに動員可能な労働力の供給余力と資源の追加供給の余裕にとぼしくなり、それにともない職場の労働規律も緩んで、ノルマの達成が困難となり、その目標を切り下げざるをえない状況が深刻化していった。資本主義が一九七〇年代初頭に経験した、高度成長の結果としての各国内での労働力と世界市場での一次産品の供給余力の枯渇によく似た成長の困難が、少し遅れてソ連社会にも内部的に生じたのである。資本主義のもとでその困難は当時インフレ恐慌をもたらしたが、ソ連型経済ではコルナイ（Kornai 1984）のいう「不足の経済」の悪循環を深刻化する危機を深めることとなった。

第五に、資本主義世界では先進諸国から、インフレ恐慌ないしスタグフレーションの危機をうけて、産業技術の基本を高度情報化に転換して、各種の情報機器を消費生活にも職場にも普及させるとともに、国家の社会的規制や管理から資本への負担と制約を解除する新自由主義的グローバル化を再生の軌道とする、発展モデルの転換がすすめられた。これにたいし、ソ連型社会は、経済の摩滅の危機をうけて体制改革の必要が重視されるようになりながら、ゴルバチョフのペレストロイカ（建て直し）も、その集権的計画経済の体制と産業技術の基本の切り替えをともなう経済体制改革に容易にすすめなかった。レーニンが試みたような社会主義建設モデルの切り替えは、その後スターリン体制以降に高度に肥大化した党と国家の官僚支配の特権的な（赤い貴族とよばれた）ノーメンクラツーラ層の強固な既得権益の抵抗にあって、実現にふみだせなかったものと思われる。

その点では、鄧小平による中国の改革開放路線への転換が、実はそれにさきだつ毛沢東の文化大革命がもたらした特権的支配層への破壊的影響によって容易とされていたことも対比的に注目されてよい。それに反し、ペレストロイカは、職場での飲酒禁止のようなモラルに訴えての建て直しをはかるほかは、市場社会主義への転換の可能性をふくめ経済体制改革を後回しにして、情報公開や言論の自由など、民主化の要求に応ずる政治改革に重点をおくものとなっていた。その結果、多民族国家としてのソ連内や東欧諸国の民族自決への多年にわたる抑圧への反発を触発することとなり、結果的に東欧革命（一九八九年）とソ連解体（一九九一年）を経て、ソ連型社会主義の崩壊をみることとなった。

その経緯は、中国の改革開放路線が社会主義市場経済の建設を公的目標として、政治の多党制を求める民主化運動に警戒心を示し続けている改革路線と対照的であり、中国がソ連型社会主義崩壊の軌跡を慎重に回避しようとしていることはあきらかなところといえよう。もっとも中国の社会主義市場経済建設の方針の理論的基礎が、『資本論』の経済学にどのような意味で依拠しているのか、マルクスによる労働者民主主義の理念をいかに実現しようとしているかは、なお定かとはいえない。

そこにも重要な問題が残っている。

3 二一世紀型社会主義の可能性

二〇世紀は、資本主義から社会主義への変革が世界史の主題となっていた。一九世紀にその変革の原理的可能性を科学的にあきらかにした『資本論』は、ロシア革命を契機に、世界の歴史的発展の主旋律を理解する学問的基礎としての役割を事実上担い続けていた。

そのさい、マルクス主義による変革の先進モデルとされ続けていたソ連型社会主義は、とくにその崩壊の前後から実は重大な歪みをともなっていたことが反省されている。なかでもスターリン体制としての独裁的な個人崇拝、非民主的で非人道的な大量粛清による抑圧的支配、少数の党・国家官僚の特権的地位と生活の世襲的再生産、それを可能にする国家権力の肥大化などが、ソ連圏の内外から重大な問題として指摘されるようになっていた。

もともと資本主義が成立過程で市民革命を経て社会的理念として認めあった自由、平等、人権（友愛）を市場経済での取引にさいしての法形式のうえでの建前にとどめることなく、経済生活の実質的内容に徹底して、自由な個人のアソシエーションからなる社会を実現することが、マルクスにとっての社会主義であったはずである。その観点から、革命的な生産手段の公有化の過程でプロレタリア独裁の「過渡期」は必要としても、国家権力はその後不要とされて縮小するものとも想定されていた。

にもかかわらず、二〇世紀型社会主義を代表していたソ連型社会は、あきらかに国家主義的特質を強化していった。それは資本主義世界でのそれに対抗する二〇世紀型社会民主主義が、雇用政策、福祉政策にわたり、国家主義的な再配分と管理に期待し続けていたこととも照応していた。一九七〇年代以降に資本主義世界と社会主義圏とに生じた双対《そうつい》的な危機を介し、ソ連型社会主義は崩壊し、新自由主義的資本主義のグローバリゼーションが促進され、世界と日本の社会主義に深刻な危機を招いている。しかし、勝利をおさめたはずの資本主義世界にも、すでに述べたように、バブル崩壊の打撃が反復され、先進諸国には産業と雇用の空洞化、格差拡大、ワーキングプアなどの新たな貧困問題、少子高齢化が顕著となり、地球温暖化や原発の環境破壊の脅威が深刻化し、人間と自然への荒廃作用が深刻化し、資本主義の限界と終焉があらためて関心を集める傾向が広がっている。

そこから『資本論』にたちもどり、ロシア革命の意義も再考しつつ、あらためて二一世紀型社会主義の可能性が広く模索される機運が生じつつある。それにともない、これからの社会主義は二〇世紀型と異なる多様な構想にわたり、興味ある広い選択肢を有するものと考えられる。たとえば、ソ連型とは異なる民主的な体制で、計画経済を実現しつつ、人びとの自由な財、サービス、職業の選択可能性をできるだけ確保することも、いまや情報技術にもとづき構築可能となっていないか。国家権力の肥大化をさけるために、市場と計画との組み合わせによる市場社会主義の多様なモデルも有力な代替案となるのではないか。

さらに、それらの基礎として生産手段の公有形態も国有にかぎらず、自治体、協同組合などの所有や管理の方式が広く認められてよいし、株式会社も支配的株数を各種の公有形態のもとにおき、経営上の決定権を公的なものにしてゆく可能性もあるのではないか。労働組合運動もそのような多様な試みと協力して、働く人びとの社会権、生活権、職場の自主管理権を拡充してゆく方向をめざさなければならないであろう。それらをつうじ、二一世紀型社会主義は、国家の権限や役割を縮小する方向で、分権的でグラスルーツの人びとの協力・連帯を強化し、地域社会の自治の再生を重視しつつ、社会的連帯経済を基本理念とする方向を大切にしてゆくことが望ましい。

こうした広い社会的連帯経済の多様な可能性を探るうえで、たとえばベーシックインカム（BI）構想が、社会民主主義的社会保障の狭い限界をこえる代替案としても、それをステップとする新たな社会主義への構想の一環としても関心を集めるようになってきている。それは社会構成員全員への無条件の所得給付として、一見、国家の再配分機能を強化する方策にみえるが、実は官僚や権力の判断の余地やその機能を縮小する社会連帯経済戦略の一環としても位置づけることができる。というのは、BIは、さしあたり部分的所得給付であるにせよ、実現されれば、非営利的な各種協同組合活動や、NPO、NGOなどの地域社会に根差した連帯運動や労働組合運動の基盤強化にも役立てる可能性を多分にふくんでいるからである。逆にまたBIの構想も、そうした社会的連帯経済をめざす諸運動に支えられなければ、これからの社会主義への代替戦略に活かされないであろう。

各地に広がる地域通貨による相互扶助の試みや、地産地消的各種ソフトエネルギー開発の試みも、地域社会の再生と自然環境保護に貢献しつつ、少なくとも潜在的には、新たな分権的社会主義を準備する意義をはらんでいるとみてよいであろう。

現代世界に浮上しつつあるこうした諸運動、諸構想のなかに読みとれる、二〇世紀型社会主義をこえる二一世紀型社会主義への多様で広いオルタナティブの可能性の理論的意義を、『資本論』の経済学にてらし、さらに学問的にどのように整合的に理解し、根拠づけてゆけるか、ともに検討を深めてゆきたいと願っている。

＊ 本章は、『科学的社会主義』に二〇一八年に掲載されたマルクス生誕二〇〇年記念全六回シリーズの拙稿の第一回（一月号）と第六回（一一月号）にもとづいている。

参考文献

伊藤誠（2010）『伊藤誠著作集　第一巻　現代のマルクス経済学』社会評論社
――（2012）『伊藤誠著作集　第六巻　市場経済と社会主義』社会評論社
――（2016）『マルクス経済学の方法と現代世界』桜井書店
――（2017）『資本主義の限界とオルタナティブ』岩波書店
宇野弘蔵（1953）『恐慌論』岩波書店（岩波文庫、二〇一〇年）
――（1957）「『資本論』と社会主義」、『経済評論』四月号（『『資本論』と社会主義』岩波書店、一九五八年、所収）
大内力（1970）『国家独占資本主義』東京大学出版会
八尾信光（2012）『二一世紀の世界経済と日本』晃洋書房
山川均（1956）「社会主義への道は一つではない」、『中央公論』一二月号
Engels, F. (1882), *Die Entwicklung des Sozialismus von der Utopie zur Wissenschaft*, 寺沢恒信・山本二三丸訳『空想から科学へ』国民文庫

Hayek, F. A. ed. (1935), *Collectivist Economic Planning*, 迫間真治郎訳『集産主義計画経済の理論』実業之日本社
Kornai, J. (1984), *Selected writings of János Kornai*, 盛田常夫訳『「不足」の政治経済学』岩波書店
Lange, O. (1936–37), On the Economic Theory of Socialism, in: *Review of Economic Studies*.
Marx, K. (1859), *Zur Kritik der Politischen Ökonomie* (Erstes Heft), 武田隆夫・遠藤湘吉・大内力・加藤俊彦訳『経済学批判』岩波文庫
——— (1867, 85, 94), *Das Kapital*, Bd. I, II, III, 岡崎次郎訳『資本論』一—九、国民文庫
——— (1875), *Randglossen zum Programm der Deutschen Arbeiterpartei*, 望月清司訳『ゴータ綱領批判』岩波文庫
Piketty, T. (2014), *Cpital in the Twenty-First Century*, 山形浩生・守岡桜・森本正史訳『二一世紀の資本』みすず書房
Sraffa, P. (1960), *Production of Commodities by Means of Commodities*, 菱山泉・山下博訳『商品による商品の生産』有斐閣
Sweezy, P. M. (1980), *Post-Revolutionary Society*, 伊藤誠訳『革命後の社会』社会評論社

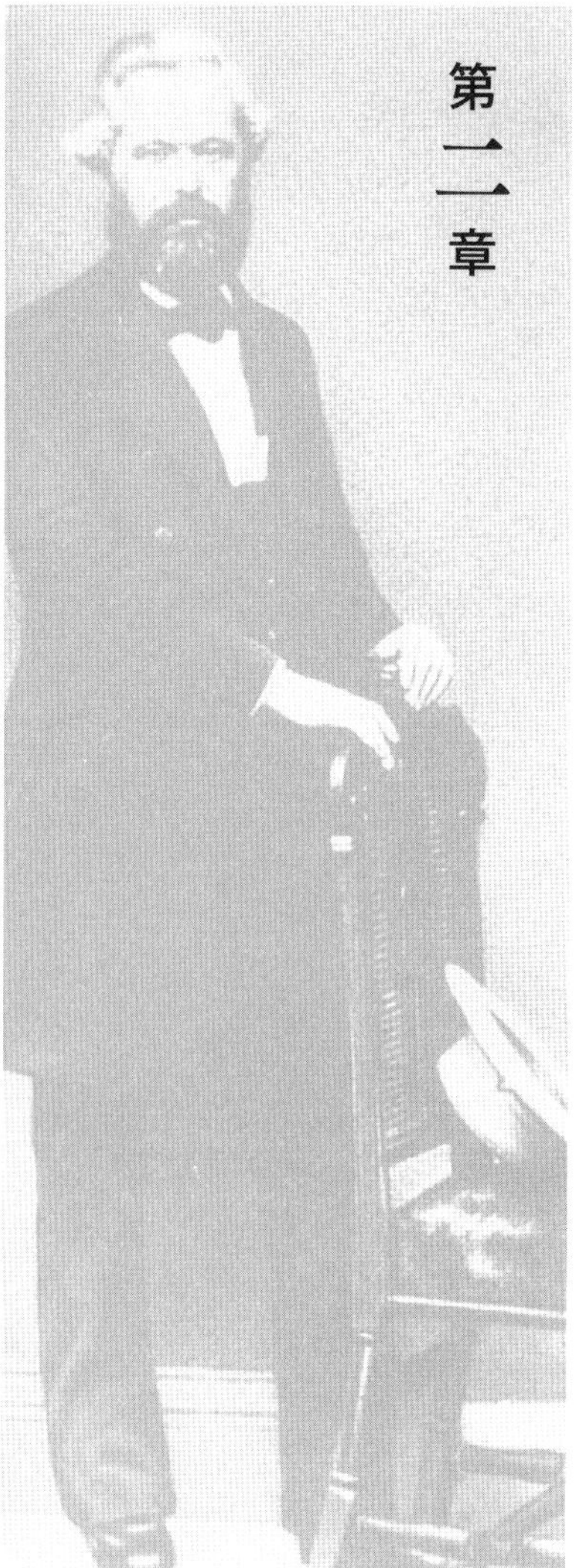

第二章

マルクスにとって『資本論』とは何だったのか

大谷禎之介

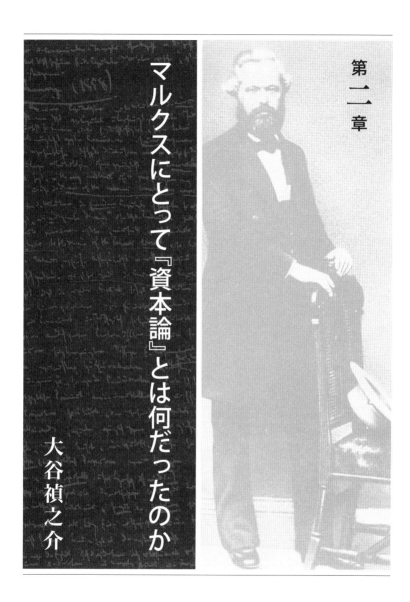

はじめに

マルクスおよびエンゲルスの一切の文書的遺産を収める「歴史的批判的全集」ＭＥＧＡでは、『資本論』とそれの準備労作だけは、「歴史的批判的全集」の原則からすると例外的に、両人の著書・論説・草案などを収める第一部門から切り離されて、第二部門に収められている。ＭＥＧＡでのこの取扱いが示すように、『資本論』は広くマルクスの「主著」とみなされている。後人はこのように『資本論』をマルクスの「主著」として扱っているが、当のマルクス自身はどうであったか。

マルクスは、『資本論』第一巻入稿直後の一八六七年四月三〇日、ジークフリート・マイアーに、それまでの苦闘を振り返って次のように書いた。

「仕事のできるすべての瞬間を私の著作を完成するために使わなければなりませんでした。この著作のために私は健康もこの世の幸福も家族も犠牲にしてきたのです。〔……〕もし人が牛のようなものでありたいと思えば、もちろん人類の苦しみなどには背を向けて自分のことだけ心配していることもできるでしょう。しかし私は、もし私の本を、少なくとも原稿のかたちででも、完全に仕上げないで倒れるようなら、ほんとうに自分を非実践的だと考えたでしょう」(MEW 31-542)。

それから一四年後、第二部および第三部を含む第二巻のための最後の草稿を書き終えたあと、死期も迫りつつあった一八八一年一二月七日、娘のジェニーにマルクスは次のように書いた。

「『資本論』第一巻の新しい第三版が必要になった、というマイスナーの知らせをぼくはかえって不愉快に感じたぐらいだ。ぼくはじっさいぼくのすべての時間を——自分にそれができるともう一度感じたら——もっぱら［第二部と第三部とを含む］第二巻の完成のために使いたいと思っていたのだ」(MEW 35-243)。

前者でのマルクス自身の述懐と後者での『資本論』完結への彼の切望とがよく示しているように、『資本論』を書きあげ、完成させることは、最後の最後まで彼の最も重要な課題であり続けた。マルクス自身にとっても、『資本論』は明らかに彼の「主著」だったのである。

それでは、マルクス自身はこの自著をどのようなものと見ていたのだろうか。本稿ではこのことを、彼自身の語るところによって探ることにしよう。

一　「経済学批判」としての『資本論』

『資本論』は「経済学批判」という副題をもっている。この副題は、マルクスが経済学についての自著を刊行しようと構想し始めたときから彼がそれの書名にしようと考えていたものだった。

マルクスは、一八五七年から一八五八年にかけて、最初の大きな経済学草稿を書き終えた。七冊のノートに書かれたこの草稿にはタイトルがなかったが、のちにこの草稿を出版した編集者が『経済学批判要綱』という書名を付けた。ここに「経済学批判」という語が入れられたのは、かねてからマルクスが刊行しようとしていた著作が『政治と国民経済学の批判』であり(＊1)、さらに、この『要綱』のすぐあとに執筆・刊行された彼の著書が『経済学批判』であったから、ごく自然なことであった(＊2)。

マルクスは『要綱』の執筆中に獲得したものを踏まえて、一八五九年に著書『経済学批判』(＊3)の「第一分冊」を書き上げ、刊行した。と言っても、この「第一分冊」は、六つの部――前半＝資本・土地所有・賃労働、後半＝国家・外国貿易・世界市場――から成る、まだかなり茫洋とした「経済学批判」という大構想のうちの、資本一般・競争・信用・株式資本から成る「第一部　資本」の最初の項目「資本一般」の、さらにそのまた「前章」である「商品と貨幣」の部分だけを含むものであった。

一八六一年からマルクスは「第一分冊」の続きを書き始めたが、この仕事は、二三冊のノートに書かれた膨大な草稿に結晶して、一八六三年に終わった。のちにMEGA編集者によって『一八六一—一八六三年草稿』と名付けられたこの草稿の冒頭には、「第一分冊」と同じ「経済学批判」というタイトルが書かれていた。

マルクスは理論的な部分の叙述の途中で「剰余価値に関する諸学説」に取り組んだが、リチャド・ジョウンズについての部分を書いていた一八六二年一二月二八日、クーゲルマンに、『経済学批判　第一分冊』の「続き」は「独立して『資本』という表題で刊行し、「経済学批判」は副題として付けるだけです」と書いた（MEGA III-12-296; MEW 30-639）。つまり、六部作から成る『経済学批判』という大きな著作に換えて、『資本論』という独立の著作を刊行することを表明したのである。じっさい彼は、『六一—六三年草稿』を擱筆したのち、一八六三年から、資本の生産過程、資本の流通過程、総過程の諸姿態、の全三部からなる『資本論』の執筆に着手し、いったん三つの部の最初の草稿を書き終えたのち、一八六五年から「第一部　資本の生産過程」の最終稿の仕上げにかかって、一八六七年にこの部を収める第一巻を刊行したのだった。

この『資本論』第一巻は、マルクスがクーゲルマンに伝えていたように、「経済学批判」という副題をもっていた。

もちろん、この「経済学批判」という語には、「経済学」という学そのものを批判する、という意味は含まれていない。マルクスは、彼が最初に構想した著作『政治および国民経済学批判』を、また著書『経済学批判』そのものを、繰り返して「ぼくの経済学」と呼んでいた。マルクスは、彼の主著が経済学上の著作であることをつねに明確に意識していたのである。

それでは、彼が批判しようとしていた「経済学」とは何であったか。彼はそれを、繰り返して「現代の(＊4)経済学」と呼び、ときとして「ブルジョア経済学」と呼んだ。マルクスにとって、「資本主義的生産様式」が優勢を占める目前の「ブルジョア社会」ないし「資本主義社会」を観察・分析・叙述した「ブルジョア経済学」は、それが対象とした資本主義的生産様式の「理論的表現」(MEGA II-3.3-691) であった。彼が批判した「ブルジョア経済学」は、重金主義および重商主義に対立しつつ、ケネーを父祖とし、ペティとボアギュベールをもって始まり、リカードウとシスモンディをもって終わる古典派経済学、および、それの亜流である俗流経済学であった (MEGA II-1.1-3)。「経済学批判」は、それ自体としては、こうした「ブルジョア経済学」の批判を意味している。批判の個別的な論点は膨大であるが、マルクス自身が『資本論』で、この「批判」のもつ意味の核心を述べている。

その最初のものは、すでに第一部の「第一章　商品」の「第四節　商品の物神的性格とその秘密」に登場する。

> 「経済学は、不完全ながらも、価値と価値量とを分析し、これらの形態のうちに隠されている内容を発見した。しかし、経済学は、**なぜ**この内容があの形態をとるのか、つまり、**なぜ**労働が価値に、そしてその継続時間による労働の尺度が労働生産物の価値量に、表わされるのか、という問題は、いまだかつて提起したことさえなかった」(MEGA II-6-110–111; MEW 23-94–95, 傍点は初版でのマルクス、ゴシック体は引用者)。

資本も剰余価値もまだ登場していないここで、マルクスはブルジョア「経済学」の制限性を、この経済学が、なぜこの内容があの形態をとるのか、という問題を提起さえできなかったところに見ている。そしてここに付した脚注(＊5)で次のように書いた。

「古典派経済学の根本欠陥の一つは、商品の、またとくに商品価値の分析から、価値をまさに交換価値にする、価値の形態を見つけだすことにまったく成功しなかったということである。A・スミスやリカードウのような、まさにその最良の代表者においてさえ、古典派経済学は、価値形態を、なにかまったくどうでもよいものとして、または商品そのものの性質には外的なものとして、取り扱っている。その原因は、価値量の分析にすっかり注意を奪われてしまったということだけではない。それは、もっと深いところにある。労働生産物の価値形態は、ブルジョア的生産様式の最も抽象的な、しかしまた最も一般的な形態であって、これによってこの生産様式は社会的生産の特殊的な一種類として、したがってまた同時に歴史的に、特徴づけられている。それゆえ、この生産様式を社会的生産の永遠の自然形態と見誤るならば、必然的にまた、価値形態の、したがって商品形態の、さらに発展しては貨幣形態、資本形態、等々の独自性をも見損なうことになるのである。[……]ここできっぱりと言っておくが、私は、W・ペティ以来の、ブルジョア的生産諸関係の内的関連を探究する経済学のすべてを、俗流経済学に対立させて、古典派経済学と呼ぶのであって、俗流経済学のほうは、ただ外観上の関連のなかをさまようだけで、いわば最も粗雑な諸現象のもっともらしい平易化とブルジョアの自家需要とのために、科学的な経済学によってとっくに与えられている材料を絶えず繰り返して反芻するのであるが、そのほかには、自分たち自身の最良の世界についてのブルジョア的生産当事者たちのありふれた、ひとりよがりの見解を、体系づけ、屁理屈づけ、永遠の真理として宣言するだけで満足しているのである」（MEGA II-6-111; MEW 23-96, 傍点は初版でのマルクス、ゴシック体は引用者）。

マルクスはここで、「ブルジョア経済学」は、ブルジョア的生産様式を「社会的生産の永遠の自然形態」と見誤ったために、ブルジョア的生産様式が自然素材に与える独自の社会的諸形態――その最も抽象的で最も一般的な形態が商品の価値形態である――をそのようなものとして把握できず、だからまた、この生産様式が、生成して発展したのちに消滅する歴史的に過渡的な生産様式であることを見抜けなかった、と述べている。ここに、商品分析という限界のなかでではあるが、「経済学批判」のコアがマルクス自身によって明確に示されている。

注目すべきは、「ブルジョア経済学」のこの性格付けが、「商品の物神的性格とその秘密」の論述のなかで行われている点である。マルクスはここで、労働が私的労働として行われている商品生産のもとでは、労働する諸個人の取り結ぶ生産関係が労働生産物の社会的関係という物象的形態をとるという「生産関係の物象化」が必然的に生じ、この物象化が生産当事者の意識のなかに「物神崇拝」という「魔法にかけられ転倒され逆立ちした世界」（MEGA II-4.2-852; MEW 25-838）を産み出すことを明らかにした。じつは、「ブルジョア経済学」の非歴史的な性格は、商品生産のもとでのこの物象化がもたらしたものなのである。

マルクスは、第三部エンゲルス版の第七篇第五一章「三位一体的定式」で、『資本論』での理論的展開が進むなかで同時に物象化が進行して、資本物神が利子生み資本において「それの最も疎外された最も独特な形態」をとり、さらに土地所有では無機的自然そのものが地代の源泉として現われることによって、資本―利子、土地―地代、労働―労賃、という三位一体的定式で「資本主義的生産様式の神秘化、社会的諸関係の物化、素材的生産諸関係とそれの社会的規定性との直接的合生」が完成するようになるまでの過程を振り返っている（MEGA II-4.2-852）。そのうえでマルクスは――いまでは全三部での資本の理論的展開のすべてを前提して――、古典派経済学と俗流経済学について、あらためて次のように述べている。

「古典派経済学が、利子を利潤の一部分に、地代を平均利潤に還元し、こうして両者が剰余価値として一つになるようにすることによって、流通過程を諸形態のたんなる変態として示すことによって、そして最後に、直接的生産過程で諸商品の価値と剰余価値とを労働に還元することによって、この偽りの外観を、この欺瞞を、富のさまざまな社会的要素の相互間の自立化と骨化を、この諸物象の人格化と生産諸関係の物象化を、この日常生活の宗教を解消させたことは、この経済学の大きな功績である。にもかかわらず、**この経済学の代弁者の最良のものでさえ、ブルジョア的な立場からはそうであるほかはないことではあるが、自分たちが批判的に解**

消させた外観の世界に多かれ少なかれ囚われており、だからまた、みな多かれ少なかれ不徹底や中途はんぱや解決できない矛盾に陥っている。これにたいして、他方では、現実の生産当事者たちが、資本―利子、土地―地代、労働―労賃、というこの疎外された不合理な諸形態のなかでまったくわが家にいるような心安さを覚えるのも、同じく当然のことである。というのも、まさにこれこそは、彼らが毎日関わっており動き回るときにとる、外観の諸姿態なのだからである。したがって、同様に当然のこととして、俗流経済学、すなわち、現実の生産当事者たちの日常的観念の教師的な多かれ少なかれ教義的な翻訳以外のなにものでもなくて、これらの観念のうちにいくらか条理のありそうな秩序をもちこんでくる俗流経済学は、まさにこの、いっさいの内的関連の消し去られている三位一体のうちに、自分の浅はかな尊大さの自然的な、いっさいの疑惑を超えた土台を見いだすのである」(MEGA II-4.2-852, ゴシック体は引用者)。

『資本論』における「経済学批判」の核心は、なによりもまず、ブルジョア的な立場に立っていたブルジョア経済学が、資本主義的生産様式のもとでの生産諸関係の物象化の結果として生じた物神崇拝によってもたざるをえなかった歴史的な制限性を徹底的に暴き、批判するところにあったのである。

二　「資本の一般的分析」としての『資本論』

『資本論』が資本を論じるものであることは、それの主タイトル「資本」が示しているが、これは、著書『経済学批判』に着筆するときにマルクスが抱いていた『経済学批判』の六部作プラン構想とは、そしてとりわけ、それの「第二分冊」に収められるはずだった「資本一般」という項目とは、どういう関係にあったのか。

この問題をめぐっては、当然に早くから、ヨーロッパでも日本でも、さまざまの見解が提示されてきた。いわゆる「プラン論争」である。大きく見れば、『資本論』執筆時にも六部作プランが維持されていたとする「プラン不変説」と、どこかの時点で旧プランは放棄され、新プランに基づいて『資本論』が執筆されたと見る「プラン変更説」との対立があった。前者の説をとる論者は多くあったが、大きく言えば、そのなかには、第一に、『資本論』は六部作プランの前半三部、すなわち、資本・土地所有・賃労働に当たるという見解、第二に、「第一部　資本」に当たるという見解、第三に、この部の最初の区分である「資本一般」に当たるという見解、の三つがあった。ここでは、この論争そのものに立ち入ることはせず、マルクス自身の言明のなかで、彼が『資本論』の基本性格を明らかにしている、と筆者が考えている箇所を挙げることによって、この問題についての筆者の見解——大筋では「プラン変更説」に属する見解——を述べるにとどめる(＊6)。

マルクスは『資本論』第三部のなかの次の二カ所で、『資本論』という著作の基本性格を、やや異なった次の二つの句で言い表わしている。

a「労働力の価値以下への労賃の引下げ。これは**この研究**ではただ経験的事実として挙げておくだけである。なぜならば、それは、じっさい、ここに挙げてよいかもしれない他のいくつかのことと同様に、**資本の一般的分析**には関係のないことで、この著作でわれわれが取り扱わない競争等々の**叙述**に属することだからである」(MEGA II-4.2-305; MEW 25-245, ゴシック体は引用者)。

b「[……]この摩擦の**研究**は、労賃に関するそれぞれの**特殊研究**にとっては重要だとはいえ、このような摩擦は**資本主義的生産の一般的な研究**にとっては偶然的な非本質的なものとして取り除かれる(無視される)べきものである。このような**一般的な研究**では、一般にいつでも、現実の諸関係はそれらの概念に一致するということが前提されるのであり、または、同じことであるが、現実の諸関係は、ただそれら自身の一般的な型を表現している(表わしている)かぎりでのみ、**叙述**されるのである」(MEGA II-4.2-215; MEW 25-152, ゴシック体は引用者)。

aでの「資本の一般的分析」と、bでの「資本主義的生産の一般的研究」とは、どちらも「一般的」なものであるが、その一般性はともに「分析」や「研究」の一般性であり、これと区別されるのは「特殊的な分析」や「特殊的な研究」であって、これらは、『資本論』を基礎として展開されるべきものとして、『資本論』の外部に残されている。マルクスは『資本論』を、「一般的分析」または「一般的研究」として完結するべき「一つの芸術的全体」(一八六五年七月三一日付エンゲルス宛の手紙、MEGA III-13-510; MEW 31-132)をなすものと考えていたのである。

『資本論』のこの意味での「一般性」は、六部作プランにおける「資本一般」の「一般性」とは明らかに異なっている。後者の「一般性」は、それに続いて、特殊性である「競争」、そしてさらに、個別性である「信用」に進んでいって、はじめて第一部の「資本」が終わる、という項目編成原理を前提にしたものであって、「資本一般」とは、まず、差異をもつ多数の資本を捨象して、対象をきびしく一つの社会的資本、国民的資本に限定する、という対象そのものについての「一般性」であった。「資本一般」が「第一部　資本」のなかの最初の区分だったことから明らかなように、「資本一般」だけでは「資本」の「研究」ないし「分析」は完了せず、さらに「競争」、そして「信用」へと進んで、はじめて「第一部　資本」から次の項目である「第二部　土地所有」に進むことができる、というものだったのである。

両者の「一般性」のこの違いは、当然に、六部作プランと『資本論』プランとの編制原理の違いを示唆している。つまり、マルクスは、著書『経済学批判』の続きを書きつつあるなかで、六部作プランとは編制原理を異にする独立の著者『資本論』を構想するようになったのであり、このことを自ら明言したのが、さきに触れた、一八六二年一二月二八日付クーゲルマン宛の手紙なのであった。

しかし、この手紙でマルクスは、『資本論』は「資本一般だけを含む」という表現で、事実上、独立の著作『資本論』が六部作プランの「資本一般」に当たるものだとしていた。このことをどう考えたらいいのか。

じつは、『六一―六三年草稿』でリカードウを論じるなかでマルクスは、差異をもつ諸資本を前提にしなければ論じることのできない、一般的利潤率の成立と価値の生産価格への転化という問題を解明しており、しかも、ジョウンズを論じているころに書きつけた「資本一般」の第三区分である「資本と利潤」のプランでは、この問題を「資本と利潤」のなかで、すなわち、彼が手紙で「資本一般」としていたもののなかで論じることを明示していたのである。だから、この時点ですでに彼の「資本一般」は、差異をもつ諸資本を前提する論述を含むものとなっていたのであり、六部作プランを構想していたときの「資本一般」とは明らかに性質の異なるものとなっていた。つまり、以前から引き続いて使ってきていた「資本一般」という項目名と、そのもとに現に収めようとしている実際の内容とのあいだにずれが生じていたのである。しかし、クーゲルマン宛の手紙を書いたときには、マルクスはまだこのずれに気づかないまま、独立の著作『資本論』を「資本一般」を含むものだ、と言明していたのである。

マルクスは、この手紙を書いてから数カ月経った一八六三年三―五月に使われたノート第XX冊の末尾近く(MEGA II-3.6-2099)に「資本一般」という語を書きつけたが、それ以後は「資本一般」という語そのものをまったく使っていない。つまりマルクスは、この箇所を書いた時点以降のどこかで、項目編制における六部作プラン以来の「資本一般」という語と、独立の著作として刊行しようとしている『資本論』の内容との明らかなずれを意識するようになったのである。そして、『資本論』全三部の最後の部として書かれた第三部の草稿で、ようやく、さきに見た二つの特徴づけを明記するにいたったのであった。

のちの第三部第一稿の内容は、細部での変更はあるものの、大枠では右の第三区分「資本と利潤」プランの諸項目を引き継いだものとなっている。この「資本と利潤」プランを書いたとき、マルクスはすでに、実質的に旧「資本一般」の枠を踏み越えており、ここで、「資本の一般的分析」である『資本論』の最後の第三篇の最初のプランと見ることのできる構想を示していたのである。このことを端的に示しているのは、このプランの「むすび」が「資本と賃労働」となっていることである。遺された第三部草稿の末尾は「諸階級」を書き出したところで中断しているが、マルクスがこのあとに書くつもりであったものは、一八六八年四月三〇日付の手紙でエンゲルスに知らせた『資本論』第三部の概要のなかで、「みそくそ一切の運動と分解とが帰着している階級闘争」をその「むすび」としていたこと(MEW 32-75)がよく示唆しているように、「資本と賃労働」とのあいだの「階級闘争」であった。「資本と利潤」プランでの「資本と賃労働」という「むすび」は、明らかに、ここで「資本」の分析が完了することを示唆しており、このような締め括りを六部作プランの「資本一般」の末尾をなすもと考えることはまったく不可能である。

このように、さきに見た第三部草稿のなかの二つの記述は、独立の著作『資本論』の基本的性格が、六部作プランでの「資本一般」とはまったく異なる一般性、すなわち「資本の一般的分析」または「資本主義的生産の一般的研究」という、分析・研究・叙述の一般性にあることを、マルクス自身が明言したものだったのである。

三 「ブルジョア的システムの批判」としての『資本論』

第一節で見たように、『資本論』の副題「経済学批判」は、なによりもまず、「現代の経済学」である「ブルジョア経済学」の批判であるが、マルクスは「経済学批判」という句に、さらに独自の意味を込めていた。

ノート第六冊に『経済学批判要綱』を書いていた一八五八年二月二二日、マルクスはラサールに次のように書いた。

「さしあたり問題になる仕事は、**経済的諸範疇の批判**だ。または、**ブルジョア経済のシステムの批判的叙述**と言ってもいい。それは、**システムの叙述**であると同時に、**叙述によるシステムの批判**でもある」(MEGA III-9-72; MEW 29-550–551, ゴシック体は引用者)。

マルクスはこの手紙のなかで、まず、自分の仕事は、経済学を自己の理論的表現とするブルジョア経済を、すなわち資本主義的生産様式のシステムを批判的に叙述することだ、と言っているが、『資本論』が「ブルジョア経済のシステムの批判的叙述」であることはすでに明らかであろう。ここでのマルクスの言明のなかで注目すべきは、この叙述は同時に資本主義的生産様式そのものを批判することなのだ、と言っている点である。ここでマルクスが「叙述によるシステムの批判」ということで考えていたのはどういうことだったのであろうか。
マルクス自身がそのことを説明したものとして読むことができるのは、『資本論』第一巻第二版への「あとがき」での、ドイツ人マルクスによる『資本論』刊行のもつ意味についての彼の回想である。ここでマルクスは、「ブルジョア経済学」の限界を次のように衝く。

「経済学がブルジョア的であるかぎり、すなわち資本主義的秩序を社会的生産の歴史的に過渡的な発展段階ではなく、反対に社会的生産の絶対的で最終的な姿態だと考えているかぎり、経済学が科学でありうるのは、ただ、階級闘争がまだ潜在的であるか、またはただ個別的現象としてしか現われていないあいだだけのことである。〔……〕イギリスの古典派経済学は、階級闘争がまだ発展していなかった時期のものである。古典派経済学の最後の偉大な代表者リカードウは、ついに意識的に、階級利害の対立、つまり労賃と利潤との対立、利潤と地代との対立を、彼の研究のかなめとするのであるが、彼は、この対立を素朴に社会的自然法則と考えることによってそうするのである。しかし、またそれと同時に経済学というブルジョア的科学はその越えることのできない制限に達してしまった。まだリカードウの存命中に、そして彼に対立して、このブルジョア的科学にたいして、シスモンディという人格の姿をとって批判が立ち向かったのである」(MEGA II-7-701–702; MEW 23-19–20)。

ところが、資本主義的生産様式の発展が遅れていて「経済学を育てる土壌」を欠いていたドイツでは、経済学は輸入学問でしかなかった。

「フランスやイギリスでは資本主義的生産様式の敵対的な性格がすでに歴史的な諸闘争によって騒々しく露呈されたのちに、ドイツではこの生産様式が成熟に達したのであるが、そのときすでにドイツのプロレタリアートはドイツのブルジョアジーよりもはるかに明確な理論的階級的意識をもっていた。だから、ブルジョア経済学がドイツで可能になるかに見えたとき、それはすでにふたたび不可能になってしまった」(MEGA II-7-701–703; MEW 23-19–21)。

マルクスはこのように、ドイツでブルジョア経済学の独自な展開が不可能になった歴史的背景を描いたあと、次のように述べた。

「こうして、ドイツ社会の特有な歴史的発展は、ここでは「ブルジョア」経済学の独自な育成をまったく排除したのであるが、しかし、それにたいする批判は排除しなかった。およそこのような批判が一つの階級を代表するかぎりでは、それは、ただ、資本主義的生産様式の変革と諸階級の最終的廃止とを自分の歴史的使命とする階級――プロレタリアート――だけを代表することができるのである」(MEGA II-7-703; MEW 23-22)。

マルクスはここで、『資本論』による彼の「経済学批判」が、労働者階級を代表するものであり、しかもこの階級の歴史的使命が「資本主義的生産様式の変革と諸階級の最終的廃止」にあることを明言した。これは、『資本論』による「批判」の究極的な対象が、ブルジョア経済学を自己の理論的表現とする「ブルジョア経済」そのものであることを述べたものである。

それでは、「ブルジョア経済のシステムの批判的叙述」である『資本論』で、マルクスはどのようにシステムそのものを批判したのであろうか。

このことを見るときに注意が必要なのは、マルクスの「批判」が、たとえば「人間」とか「進歩」とか「正義」とかといったようななんらかのイデオロギー的な基準によって資本主義的生産様式のシステムを道徳的倫理的に断罪するのとはまったく異なるということである。マルクスは資本主義的生産様式を人類史のなかで必然的に成立した社会形態だと見たうえで、さらに進んで、この生産様式がもつ、生産諸力をどこまでも発展させようとする傾向を、この生産様式が人類史のなかで果たすべき「使命」ないし「任務」であり、だからそれの存在の「歴史的な弁明理由」だと見ていた。生産過程への自然科学の意識的な技術的応用を不可欠の契機とする大工業は、巨大な生産手段の充用によって、労働過程を多数の労働者の協業すなわち社会的労働によってしかなされえない社会的過程に転化させる、という歴史的役割を果たしたのである。このように、マルクスが資本主義的生産様式を、人類史のなかで偉大な歴史的役割を果たすものと見ていたことを忘れてはならない。

しかし、マルクスはこの生産様式の分析によって、それが、労働する諸個人を塗炭の苦しみに陥れないではいないものであることを明らかにした。このことの解明そのものが、まずもって、この生産様式の根底からの批判であり、告発であった。

マルクスは、この生産様式のもとで貨幣が資本に転化するのは、ここでは労働する諸個人が、二重の意味で自由な、すなわち人格的に自由ではあるが生産手段から切り離されている存在となっているがゆえに、労働力を商品として売らなければ生きていけない存在になっているからであることを明らかにした。その結果、労働は賃労働という歴史的な形態を受け取る。労働は資本に包摂され、労働の社会的生産力は資本の生産力に転化し、労働する諸個人は資本家の指揮のもとで他人のために労働しなければならない。

労働時間は、彼らの抵抗を押さえつけることができるかぎり、極限にまで延長され、労働力の萎縮、消耗、死滅をもたらす。なぜなら、個々の資本は「労働者の健康や寿命には、社会によって顧慮を強制されないかぎり、顧慮を払わない」(MEGA II-6-273; MEW 23-285) からである。

マルクスは、相対的剰余価値の生産を分析して、「資本主義的システムのもとでは労働の社会的生産力を高くするための方法はすべて個々の労働者の犠牲において行われるということ、生産の発展のための手段は、すべて、生産者を支配し搾取するための手段に一変し、労働者を不具にして部分人間となし、彼を機械の付属物に引き下げ、彼の労働の内容を破壊し、独立の力としての科学が労働過程に合体されるにつれて労働過程の精神的な諸力を彼から疎外するということ、これらの手段は彼が労働するための諸条件をゆがめ、労働過程では彼を狭量陰険きわまる専制に服従させ、彼の生活時間を労働時間にしてしまい、彼の妻子を資本のジャガノート車の下に投げ込むということ」(MEGA II-6-587–588; MEW 23-674) を明らかにした。

マルクスは、「剰余価値を生産するための方法はすべて同時に資本の蓄積の方法であって、蓄積の拡大はすべてまた逆に剰余価値を生産するための諸方法の発展のための手段になる」(MEGA II-6-588; MEW 23-675) と言い、「資本主義的蓄積の敵対的性格」を、「一方の極での富の蓄積は、同時に反対の極での、すなわち自分の生産物を資本として生産する階級の側での、貧困、労働苦、奴隷状態、無知、粗暴、道徳的堕落の蓄積だ」(MEGA II-6-588; MEW 23-675) と特徴づけた。

マルクスは、このような転倒的な形態を受け取っている労働を「疎外された労働」(MEGA II-4.1-65) と呼び、「労働の実現のために必要な物象的な諸条件が労働者自身から疎外されている」(MEGA II-4.1-78) という労働する諸個人の状態を「絶対的窮乏」(MEGA II-1.1-216) と呼んだ。

しかし、社会の存続を担う労働の主体が、あらゆる客体性を欠いた「絶対的窮乏」の状態にある、というのは明らかに甚だしい不条理である。マルクスが「疎外」について語るとき、そこにはつねに、この疎外という転倒的な状態あるいはこの不条理は、あるところまで進むと必ず「廃棄」されないではいない、という含意が込められていた。その「あるところ」とは、疎外が「極度の形態」をとったところである。

『経済学批判要綱』でマルクスは次のように言っている。

「労働が、すなわち自分自身の諸条件と自分自身の生産物とにたいする生産的活動が、賃労働にたいする資本の関係として現われている**疎外の極度の形態**は、一つの**必然的な通過点**である。だからまたそれは、即自的には、まだ転倒した逆立ちさせられた形態においてにすぎないが、すでに**生産のいっさいの局限された諸前提の解体**を含んでいる。それどころか**それは**、**生産の**

無制約的な諸前提を生み、つくりだし、したがって、個人の生産諸力が相対的、普遍的に発展するための十分な物質的諸条件を生み、つくりだす」（MEGA II-1.2-417, ゴシック体は引用者）。

すなわち、「疎外の極度の形態」はより高い形態への「必然的な通過点」なのである。このように、マルクスにとって、資本主義的生産のもとでの労働すなわち賃労働を「疎外された労働」として捉えることは、そのもとでの労働する諸個人の「絶対的窮乏」を鋭く告発し、批判するというだけではなく、同時に、この形態を労働のより高い形態に到達するための「必然的な通過点」として捉えることをも含んでいたのである。ここに、『資本論』が資本主義的生産様式そのものの批判である、ということのさらに深い意味を見ることができる。すなわち、ブルジョア社会はすでにその胎内に産み落とすべき新たな社会を孕んでおり、ブルジョア社会の内部での資本主義的生産様式の発展は同時にこの胎児の成長をもたらす。そしてこの生産様式の矛盾の深化は、ついにはこの生産様式に、新たな社会の産み落としを迫らないではいない。

マルクスはこの胎児を圧倒的に「アソシエーション」と呼んだ。そしてこの社会の土台をなす生産様式を「アソーシエイトした労働の生産様式」と呼んだ。

次節で見るように、ブルジョア社会のこの出産は、労働する諸個人の実践的行動によって行われるものであるが、マルクスは『資本論』のなかで、資本主義的生産様式はそれ自身の発展のなかで、この生産様式を廃棄する目的をもって行動する労働する諸個人を生みださないではいないことを明らかにしたのであった（*7）。

マルクスは、一八六四年一〇月四日付カール・クリングス宛の手紙で、『資本論』第一巻を「書き上げ、**ブルジョアジーに理論的に一撃を食らわして、二度と立ち上がれないようにしてやりたい**」（MEGA III-13-7; MEW 31-418, ゴシック体は引用者）と書き、さらに、『資本論』第一巻の原稿を出版社に入稿する少し前に、この第一巻について、「それは、おそらく、これまでに**ブルジョア**（土地所有者を含めて）**の頭にぶつけられた最も恐ろしいつぶてです**」（一八六七年四月一七日付ヨハン・フィリップ・ベッカー宛の手紙、MEGA 31-541, ゴシック体は引用者）と言った。

マルクスは、一八六〇年九月一五日にラサールに、『経済学批判　第一分冊』に続くべき「資本一般」は「直接に**革命的任務**をもっている」（MEGA III-11-161; MEW 30-565, ゴシック体は引用者）と書いていたが、この「革命的任務」とは、以上のような、ブルジョア社会のシステムそのものを批判することだったのである。

四　自己認識としての『資本論』

マルクスは『資本論』第一巻初版序文に『資本論』の「最終目的」を明記した。

「ある社会が自己の運動の自然法則を探りあてたとしても――そして現代社会の経済的運動法則を暴くことこそこの著作の最終目的である――、その社会は自然的な発展諸段階を跳び越えることも布告によって取り除くこともできない。しかしこの社会は、産みの苦しみを短縮し和らげることはできる」（MEGA II-5-13–14; MEW 23-15–16, 傍点は初版でのマルクス）。

マルクスはここで、「この著作の最終目的」は「現代社会の経済的運動法則を暴くこと」だと述べている。ここでいう「現代社会」とは、言うまでもなく「現代ブルジョア社会」、すなわち、資本主義的生産様式が優勢を占める資本主義社会である。

ところで、マルクスはここで、「ある社会が自己の運動の自然法則を探りあてる」ならば、「この社会は、産みの苦しみを短縮し和らげることはできる」と言う。「ある社会」という語でマルクスが示唆しているのは、もちろん、目前の「現代社会」すなわちブルジョア社会であり、「産みの苦しみ」とは、このブルジョア社会が自己の産児である新しい社会を産むさいの陣痛を意味する。しかし、そうだとすると、マルクスはここで、「社会」が「探りあてる」とか、「社会」が出産する、と言っていることになる。ここでマルクスは「社会」という言葉でいったい何を考えていたのであろうか。

『経済学批判要綱』の次の一節に、この問いへのマルクス自身による答を見ることができる。

「われわれが**ブルジョア社会**を全体として観察するときには、社会的生産過程の最後の結果として、つねに、**社会そのもの**が、すなわち、**社会的諸連関のなかにある人間そのもの**が現われる。［……］過程の諸条件と諸対象化は、それ自体一様にこの過程の諸契機なのであって、こ

の過程の主体として現われるのはただ諸個人だけであるが、ただしそれは、**自分たちが再生産し、また新生産する相互的な連関のうちにある諸個人**なのである」(MEGA II-1.2-589, ゴシック体は引用者)。

マルクスはここで「社会そのもの」について、「すなわち、社会的諸連関のなかにある人間そのもの」と言い、これをまた「自分たちが再生産し、また新生産する相互的な連関のうちにある諸個人」と言い換えている。これは、資本主義的生産関係を取り結び、資本主義社会をたえず再生産している労働する諸個人であり、労働者階級を形成している生きた諸個人である。

ブルジョア社会が自己の運動の自然法則を探りあてる、と言うときの「社会」も、この社会が出産する、と言うときの「社会」も、この社会が自己の陣痛を短縮し和らげる、と言うときの「社会」も、いずれもこの生きた諸個人を意味しているのである。つまりマルクスは、さきの一節のなかで、労働者階級を形成している諸個人の実践的行動が新社会を産むのであり、資本主義社会の「運動の自然法則」の彼らによる認識が、彼らによる新社会の産み落としのさいの陣痛を短縮し和らげるのだ、と言ったのである。

そうだとすると、生きた個人が資本主義社会の「運動の自然法則」を探りあてる、と言うとき、マルクスはどういう生きた個人がそれを「探りあてる」と考えていたのであろうか。

じつはそれも、右の同じ一節のなかで述べられている。「ある社会が自己の運動の自然法則を探りあてたとしても――そして現代社会の経済的運動法則を暴くことこそこの著作の最終目的である

――」という句でマルクスは、「現代社会の経済的運動法則を暴く」という彼自身の「著作の最終目的」が達成されるなら「社会が自己の運動の自然法則を探りあてる」ことになる、と言っている。これは言い換えれば、マルクスが『資本論』を執筆し、出版することによって、それを読む労働する諸個人が広く資本主義社会の「経済的運動法則」を認識するようになる、ということであり、そしてそのような認識をもって行われる諸個人による社会変革の実践的活動が、資本主義社会を形成している諸個人が耐えなければならない産褥での苦しみを短縮し和らげるのだ、とマルクスは言うのである。

このように、『資本論』のなかで自分が行う資本主義社会の理論的把握とそれの体系的叙述とが、資本主義社会による資本主義社会の認識の、すなわち資本主義社会の自己認識のかなめであると考えていたマルクスは、まさに「人類の苦しみ」を取り除く新社会の産み落としのさいの「産みの苦しみを短縮し和らげる」ために、『資本論』第一部の仕上げに全力を尽くしたのであった。『資本論』第一巻初版の序文でこのように書いたマルクスは、のちのちにも、『資本論』第一巻が首尾よくその役割を果たすことができたと考えていたであろうか。

マルクスは、『資本論』第一巻刊行から一二年のちの一八七九年七月二九日に、カルロ・カフィエロ宛の手紙の草案のなかで、カフィエロによる『資本論』第一部についての紹介にコメントして、自分がそこで行った「資本主義的生産の進展によってプロレタリアートの解放にとって必要な物質的諸条件が自然成長的に生みだされる」ことの「証明」にカフィエロが言及していないことを指摘し、「この唯物論的な土台こそが批判的で革命的な社会主義をそれの先駆者たちから区別するのだ」

と書いた（« Briefe über *das Kapital* », Berlin 1954, S. 251–252; MEW 34-384）。つまりマルクスは、晩年の一八七九年にも、自分は『資本論』第一部で、資本主義社会そのものが「プロレタリアートの解放にとって必要な物質的諸条件」を生みだすことの「証明」を与えていたのだ、と確信していたのである（*8）。

労働する諸個人がブルジョア社会の「墓掘人」に変身するさい、資本主義社会の「経済的運動法則」を暴く理論的な著作が不可欠の役割を果たさなければならないが、明らかに、マルクス自身がそのように変身を遂げた諸個人の一人である。資本主義社会そのものが、自己自身の「経済的運動法則」を、したがってまたこの社会による新社会の産出の必然性を認識し、それを広く、労働する諸個人に伝えるような個人を、すなわちマルクスを産むことを『資本論』第一部は明らかにしたのである。

認識主体——『資本論』での「われわれ」——が対象（資本主義的生産様式）を観察し、分析する、という仕方で叙述されている『資本論』での理論的展開が、じつはこのように、それの認識対象のうちにその認識主体そのものを含んでおり、その結果、そこでの理論的展開が、同時に、認識主体によるこの認識の必然性とこの認識の深化の過程をも解き明かしている。つまりこの認識は、認識主体による認識主体の認識という意味で、まさに「自己認識」と呼ばれるべきものであった。

五　「芸術的全体」としての『資本論』

マルクスは、第三部第一稿を書きつつあった一八六五年七月三一日に、草稿の一部分を清書して出版社に送るか、それともまずは全部を書き上げるか、という選択肢のうち、あとのほうを彼が選ぶ理由について、次のように書いた。

「ぼくは、全体が目の前にできあがっていないうちに、どれかを送り出してしまう決心がつきかねる。たとえどんな欠陥があろうとも、ぼくの著書の長所は、それが**一つの芸術的な全体**をなしているということだ。そしてそれは、全体がすっかり目の前にできあがっていないうちはけっして印刷させない、というぼくのやり方によってしか実現できない。〔長年かけて分冊形式で刊行していく〕ヤーコプ・グリム的方法ではこれは不可能で、そもそも彼の方法は、**弁証法的に編制されていない著作**のほうにお誂え向きなのだ」(MEGA III-13-510; MEW 31-132, 傍点はマルクス、ゴシック体は引用者)。

マルクスはここで、彼が自分の著作『資本論』を、「弁証法的に編制された」著作として、「一つの芸術的全体」をなすものと見ていることを告げている。

実際には、マルクスはその後、一八六七年に第一部だけをまず刊行したのだったが、それでもこの第一部が、続く第二部の刊行を予定していたことは、本文の末尾に「第二部　資本の流通過程」への橋渡しとなる一パラグラフ（MEGA II-5-619）を置いて、続く第二部の刊行を予告していたことからも明らかである。だがその後、近い将来にこの続きを刊行できそうもないと判断したマルクスは、第二版で第二部への橋渡しの記述を削り、とりあえず、第一部がそれなりの「一つのまとまった全体」(＊9)として、多くの読者に読まれることを期待したのであった。しかし、第二部への橋渡しの記述は削られたが、第一部の多くの箇所に、第二部および第三部に進んではじめて分析されることになる多くの論点や課題が示唆されており、その意味では明らかに、第一部での叙述自体が、そのあとに第二部および第三部が続いて、読者に読まれることを予定し、必要としていた。というのも、第一部のそれらの箇所で、マルクスはいわば謎かけをしていたのであり、続くべき両部のなかでそれらの謎をみごとに解いてみせようと考えていたからである。初版の校正中だった一八六七年六月二七日に、マルクスはエンゲルスに、「弁証法的に編制された」著作がなぜ「一つの芸術的全体」として取り扱われなければならないのか、ということについて、次のように説明した。

「商品の価値はどのようにして商品の生産価格に転化するのか。〔……〕この問題に答えることは次のことを前提する。〔……〕利潤への剰余価値の転化、平均利潤への利潤の転化、等々が述べられていること。これはまた、資本の流通過程が前もって述べられていることを想定する。というのは、そこでは資本の回転等々がある役割を演じるからだ。だから、この問題は第三部ではじめて述べることができる。〔……〕ところで、もしぼくが、この種の〔俗物や俗流経済学者が第一部だけを見て当然に抱くであろう」疑念のすべてを前もって刈り取ってしまおうと思ったら、弁証法的な展開方法の全体をだめにすることになるだろう。反対に、この方法がもっている利点は、あいつらにたえずわなを仕掛けて、それが彼らの愚かさの時ならぬ告白を挑発する、ということなのだ」(MEW 31-313, 傍点はマルクス)。

そのような「わな」としてさらに挙げることができるのは、生産過程での価値増殖および蓄積の一般的運動が解明された資本が、自立的な個別的諸資本としてどのように絡み合って社会的な総再生産過程を形成するのか、ということ、剰余価値がどのようにして商業利潤や利子や、そしてとくに地代という姿態をとるのか、ということ、そして最後に、第一部および第二部での分析によって、外観とはまったく異なる本質に還元された資本の運動が、どのようにして三位一体的定式に括られる転倒した外観を生みだすのか、ということなどである。

『資本論』の第一部では、資本の生産過程の分析によって資本の本質が明らかにされるが、これは第二部での資本の流通過程の分析によって補足されなければならない。第二部ではじめて資本の総再生産過程の内的な関連が明らかにされるが、しかし、これとてもまだ、現象の奥に潜んでいる本質の把握に属する。第一部および第二部で把握された本質から、人びとの目に映じている資本の諸姿態を展開して、人びとの転倒的な意識をも本質の現象が生みだすものとして明らかにするのが第三部の仕事である。これによって、すでに概念的に把握されていた資本が人びとの目に見えているそれの諸姿態にまで展開されることによって、本質の現象としての認識が完了することになる。

右の手紙でマルクスは、このような展開の進め方を「弁証法的な展開方法」と呼んだのであった。

第三部のタイトルは「総過程の諸姿態」である。この部の課題は、「全体として考察された資本の過程から生じてくる具体的な諸形態」を見つけだして、それらが「社会の表面で、生産当事者たち自身の日常の意識のなかで、そして最後にさまざまの資本の相互の行動である競争のなかで生じるときの形態に、一歩一歩近づいていく」、そのような過程を「展開する」こと、「叙述する」ことである（MEGA II-4.2-7; MEW 25-33）。第三部がこの課題を果たし終えたとき、『資本論』は「一つの芸術的な全体」として完成するはずであった。マルクスは、まさにこの第三部の草稿のなかに「資本の一般的分析」または「資本主義的生産の一般的研究」という『資本論』の二つの特徴づけを書きつけたのであって、これらの特徴づけは、まさに、「一つの芸術的な全体」の理論的性格を言い表わしたものだったのである。

むすび

マルクスがあるとき「ぼくはマルクス主義者じゃない」と語った、とエンゲルスが書いていることはよく知られている。しかし、よく知られていないのではないかと思われるのは、マルクスがこの句で「マルクス主義者」という言葉そのものを拒否したわけではなかったことである。

マルクス自身が「マルクス主義者」と名のったり、彼がだれかを「マルクス主義者」と呼んだりすることがなかったのは当然である。それだけでなく、マルクスのこの句から、彼の理論や思想に共感し、それに基づいて実践を行おうとする他人が「マルクス主義者」という言葉を使うことを彼が拒否したと考えるとしたら、それはまったくの誤解である。というのも、右の文言は、マルクスの理論や思想とはまるで関わりのない行動をしながら「マルクス主義」を名のっていた一時期のフランスの運動家を念頭に置いて言われたものだったのだからである。

この句についてエンゲルスが公表した文書としては、『ゼクシッシェ・アルバイター・ツァイトゥング〔ザクセン労働者新聞〕』編集部からの問い合わせにたいして彼が一八九〇年九月七日付で書き送った回答がある。

> 「理論の上で私がそのなかに見いだしたものは〔……〕引きつったように歪んだ「マルクス主義」であった。〔……〕七〇年代の終わりに、若干のフランス人たちのあいだで流行っていた「マルクス主義」について、マルクスが、「ぼくが知っているのは、ぼくは「マルクス主義者」じゃない、ということだけだ」〔« Tout ce que je sais, c'est que moi, je ne suis pas marxiste »〕と言ったとき、彼もまたこのような信奉者たちを予見していたのである」(MEGA I-31-268; MEW 22-69, 傍点はエンゲルス)。

エンゲルスはほかに三つの手紙でこの同じ句に触れた。そのうちの最後の一八九〇年八月二七日付の手紙は、マルクスが右の句を語った当の相手のラファルグに宛てた手紙だった。

「ドイツの党で学生騒ぎがありました。二、三年来、大勢の学生、文士その他の若い零落したブルジョアたちが党内に入りこみ、またちょうどそういう時期に出くわしたので、どんどん増える新しい新聞で編集者のポストを大部分占めるようになり、しかも彼らは習慣上、ブルジョア大学をなにか社会主義のサン・シール士官学校のようなものと考えて、そこを出ていれば、将軍とはいかずとも将校の免許をもって党の陣列に加えられて当然、と思っているのです。この諸君はみんなマルクス主義に手を出していますが、この連中ときたら、あなたも一〇年前にフランスでお知りになった手合い、マルクスが、「僕にわかることは、ぼくがマルクス主義者ではないということだけだ！」［« tout ce que je sais c'est que je ne suis pas marxiste, moi ! »］と言ったあの種の手合いなのです」(MEGA III-30-421; MEW 37-450)。

マルクスが「ぼくは「マルクス主義者」じゃない」と吐き捨てるように言い放ったとき、彼が言いたかったのは、「フランス人たちのあいだで流行っている」あんなものが「マルクス主義」であるのなら「マルクス主義者」などというものは願い下げだ、ということだったのである。

マルクスおよびエンゲルスの没後、彼らの理論と思想に基づいて革命的実践をめざす人びとが、マルクスおよびエンゲルスの理論と思想とを、マルクスの名を冠して「マルクス主義」と呼び、それを自らの行動の指針とする人びとを「マルクス主義者」と呼んできたのは不当でも詐称でもなかった。「マルクス主義」こそ、「大衆をつかめば物質的な強力となる」、社会変革のための「批判の武器」(MEGA I-2-177; MEW 1-385) である。ただ、忘れられてはならないのは、マルクスのさきの句を胸に刻んで、そんな「マルクス主義者」なら願い下げだ、とマルクスに言われるような「マルクス主義者」にはならないように努力することである。

註

(1) マルクスは、一八四四年の『経済学・哲学草稿』を書きつつあったころから、『政治と国民経済学の批判』という題名の著作を刊行しようとしていた。彼は一八四五年に出版社C・W・レスケとこの題名の書物の刊行契約を結んだが、この契約は二年後の一八四七年にレスケの側から破棄された。一八五〇年代に入ってからも彼はこの書の出版社を見つけようとしていたが、じつは、それの原稿はまだ着筆されてもいなかった。

(2)『経済学批判要綱』というタイトルのうちの「要綱」という語のほうは、マルクスがこの草稿を書きつつあった一八五七年一二月八日に、「ぼくは毎晩夜どおし、経済学の研究をまとめようと気が狂ったように仕事をしている。豪雨［すなわち恐慌］が始まる前に少なくとも要綱ははっきりさせておくためだ」(MEGA III-8-210) とエンゲルスに書いているところから取られたものであった。

(3) 独文タイトルは « Zur Kritik der Politischen Oekonomie » である。先頭の zur (zu der) は「に寄せて」という意味だから、この書の英語版のタイトルは "A Contribution to the Critique of Political Economy" であり、フランス語版では « Contribution à la critique de l'économie politique » と訳されている。日本ではこれまで、ほとんどの訳書が、この zur は無視して、たんに「経済学批判」と訳してきた。一九〇四年刊行のストウン訳でも、背のタイトルは "Critique of Political Economy" となっている。この扱いは、マルクスが彼の書簡のなかで、「ぼくの『経済学批判［Kritik der Politischen Oekonomie］』」(一八五九年二月一日付ヴァイデマイア一宛の手紙、MEGA III-9-294; MEW 29-572）とか、「私自身が刊行した「経済学批判［criticism of political economy］」」（一八六〇年六月二日付ベルタラン・フォン・セメレ宛の手紙、MEGA III-11-25; MEW 30-551）とか、「ぼくの批判［Kritik］」（一八六二年八月二〇日付エンゲルス宛の手紙、MEGA III-12-212; MEW 30-280）とか、「私の経済学批判［Kritik der Pol. Oek.］」（一八六二年一二月二八日付クーゲルマン宛の手紙、MEGA III-12-296; MEW 30-639）と書いているところを見ても、マルクス自身がこの書を、zur なしの『経済学批判』と呼んでもいいと考えていたことがわかるのであり、不当ではないであろう。一八六二年一二月二八日付クーゲルマン宛の手紙のなかでは、『資本』という独立の著作には、著書『経済学批判』と同じ「経済学批判［Zur Kritik der Pol. Oek.］」というサブタイトルを付けるつもりだ、とマルクスは書いたが、マルクスがのちに『資本論』に付けたサブタイトルは、zur のない「経済学批判［Kritik der politischen Oekonomie］」であった。

（4）modern という語をマルクスはまさに「現代の」の意味に使っているのであって、これまで圧倒的に使われてきている「近代の」という訳語は読者の誤解を招く、ということについては、拙著『資本論草稿にマルクスの苦闘を読む』桜井書店、二〇一八年、二八―三一頁、を参照されたい。

（5）この脚注は、第一巻初版では、本文中の価値形態論の最末尾の次の一文に付けられていたが、第二版でこの場所に移されたものである。

「決定的に重要なことは、価値形態と価値実体と価値量とのあいだの内的な必然的関連を発見するということ、すなわち、観念的に表現すれば、価値形態は価値概念から発生することを論証する、ということだった」（MEGA II-5-43）。

初版でのこの一文を念頭に置いてこの脚注を読むと、マルクスがこの脚注で言わんとしたことの意味はさらに深く理解できる。

（6）筆者は、拙著『マルクスの利子生み資本論』第一巻、桜井書店、二〇一六年、の補章I「「資本の一般的分析」としての『資本論』の成立」で、この問題をやや立ち入って論じている。

（7）筆者は、拙著『マルクスのアソシエーション論』桜井書店、二〇一一年で、マルクスの資本主義分析のなかに含まれているアソシエーションについての理論を詳述している。

（8）ちなみに、マルクスはここで自己の変革の思想を、その「先駆者たち」のそれから区別して、「唯物論的な土台」の上に立つ「批判的で革命的な社会主義」と呼んでいるが、この手紙草案よりも二年足らず前の一八七七年一〇月一九日に、彼はゾルゲに宛てた手紙のなかで、「ユートピア的社会主義」から区別して「唯物論的－批判的社会主義」と書いていた（MEW 34-303）。マルクスが自己の「社会主義」を、唯物論的で批判的で革命的な社会主義と特徴づけたことは注目されるべきであろう。

（9）「第二巻をお待ちにならないでください。それの刊行はもしかするとさらに半年は遅れるかもしれません。フランスや合衆国やイギリスでの昨年［一八六七年］（および一八六六年）のいくつかの公的調査が行われ、完了または公表されるまでは、第二巻を完成することができないのです。なお、第一巻は**一つのまとまった全体**をなしています」（一八六八年一〇月七日付ダニエリソーン宛の手紙。MEW 32-563，傍点はマルクス、ゴシック体は引用者）。

第三章

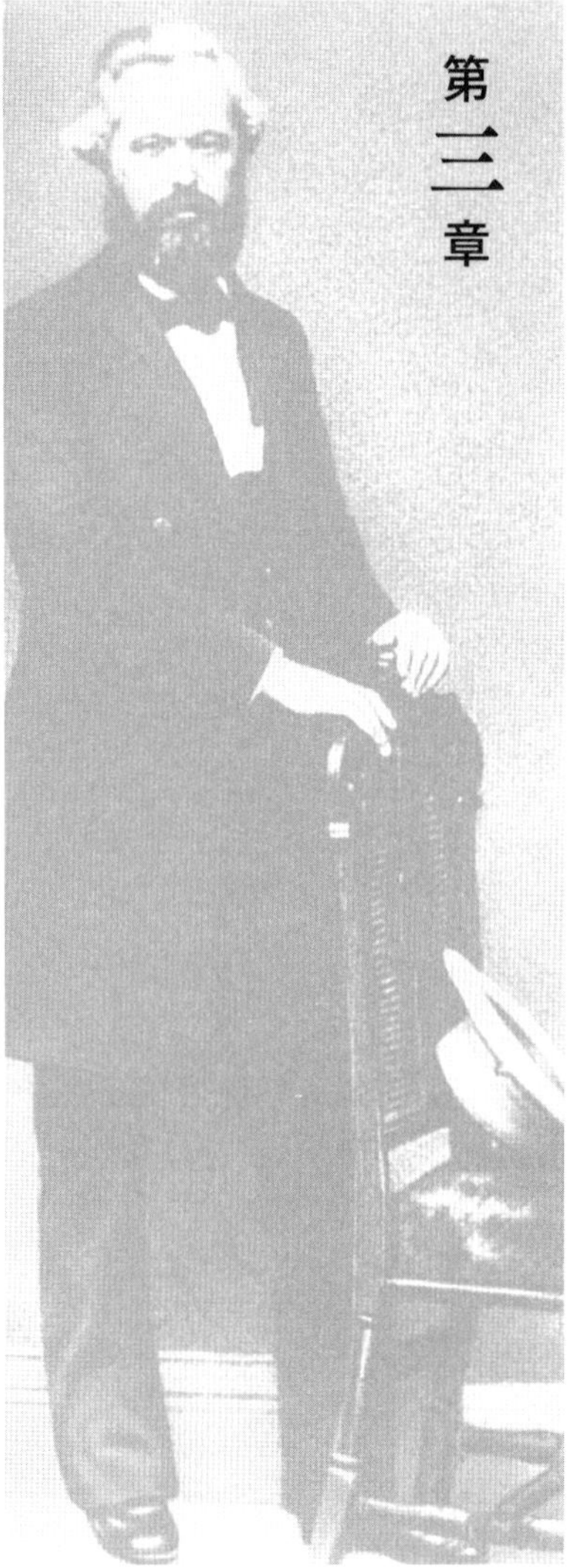

物象化論と『資本論』第一部の理論構造

佐々木隆治

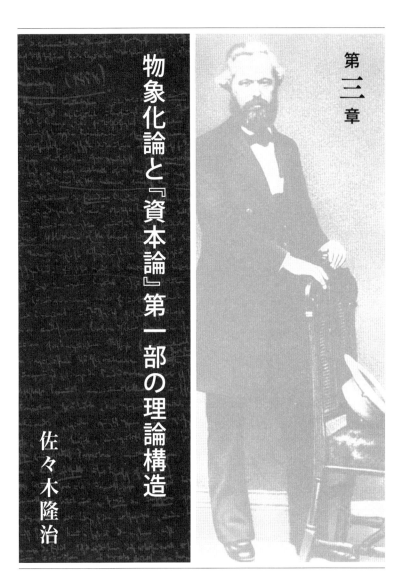

はじめに

『資本論』は変革の書である。とはいえ、それは、『資本論』が社会主義到来の必然性を理論的に「証明」しているからではない。あるいは、『資本論』が資本家階級による搾取を暴き立て、政治的左翼にプロパガンダの手段を与えるからでもない。『資本論』が変革の書であるのは、何よりもそれが人類にとって桎梏となった資本主義的生産様式を克服し、アソシエーションにもとづく新たな社会を生み出すための実践を自由に、そして大胆に思考するための理論的基礎を与えてくれるからにほかならない(＊1)。『資本論』は、まさに共産主義社会の産出にともなう「陣痛を短くし、やわらげる」(MEGA II/5, S. 14)ための実践の書なのである。

じっさい、『資本論』にはいたるところに過去の、そして現在の階級闘争が登場し、未来の階級闘争の可能性が示唆されている。『資本論』が明らかにしているのは、たんに資本主義的生産様式の発展がその克服のための物質的条件を生み出すということだけではない。同時に、資本主義的生産様式のなかで搾取され、収奪され、たえず潜在的貧困状態に置かれている直接的生産者の闘争こそが変革の条件を成熟させるための決定的な契機であることも明らかにしているのである(＊2)。近代主義にとらわれたかつての「マルクス主義者」はいわゆる「資本の文明化作用」に期待したが、この幻想は現実のまえに打ち砕かれた(＊3)。労働者階級の、社会的マイノリティの闘争なしには、どんな社会的進歩も実現できないことは、この日本社会の現状がまざまざと示している。

本稿で検討する「物象化論」も、このような『資本論』の核心的問題構成と切り離すことはできない。物象化という近代に固有な転倒構造は、若きマルクスがその経済学研究の出発点においてただちに解明したように(*4)、なによりも人間たちの特異な振る舞い、とりわけ生産活動における特異な振る舞いに起因している。後に「賃労働」として定義される、この特異な形態での労働は、かつての古典派経済学者や現代の経済学者たちが考えるような、「自然な」振る舞いでは決してない。本源的蓄積論において詳細に述べられるように、それは支配階級による直接的生産者たちにたいする徹底的なテロリズムによってはじめて創出することができるような、きわめて特殊な活動の社会的様式なのである。

したがって、物象化の根本問題とは、社会的属性をその物じたいの自然属性として「錯覚」することでも、流通部面が生産過程における搾取を隠蔽することでもない(*5)。むしろ、そこで問題になっているのは、人間たちの実践そのものであり、それらの実践によって構成される生活過程である。すなわち、人間たちの非常に特異な生産活動のあり方が彼ら自身を支配する物象的転倒構造を成立させてしまうこと、さらには、そのような特異な行為には必然的に「疎外」が刻印され、それによって再生産される転倒構造が人間の生活過程を攪乱してしまうことこそが根本問題なのである。全篇にわたる『資本論』の展開にたえず階級闘争が随伴するゆえんである。ミシェル・フーコーの言い方にならえば、「権力があるところには抵抗がある」ということになるだろう。

以上のような意味で物象化を理解するのであれば、物象化論こそは『資本論』の核心的な問題構成をなすと言ってよい。本稿は、この物象化論という視角から『資本論』第一部の理論構造を明らかにする試みである。

もちろん、本稿で問題になるのは、対象にたいしてファルス中心主義的に物象化論という「哲学」を適用したり、多様な素材を物象化概念に還元したりすることではない。物象化論は、資本主義的生産様式という固有の対象の固有の論理から出てくるものであって、あらかじめ措定された「物象化論」という哲学的なパースペクティブから出てくるものではない。マルクスの物象化論は、廣松渉の認識論的に把握された物象化論とは異なり、あらゆる社会システムに普遍的に「適用」することはできない。

そうであるにもかかわらず、物象化論それ自体に焦点をあてて考察する必要があるのには理由がある。それは、マルクスが刊行しなかった『資本論』草稿を熱心に研究した者なら誰でもわかるように、『資本論』第一部においては一般向けの平易化のためにマルクスが意図的に叙述を「方法がはるかにより隠された」(MEW 30, S. 207) ものにしている、ということである。じっさい、『経済学批判』や『資本論』草稿では明瞭に示されている物象化論的な問題構成は、『資本論』では「はるかにより隠され」ている。それゆえ、『資本論』第一部の理論構造を正確に把握するには、やはりこの「隠された方法」に立ち返り、それを「補助線」とすることが必要になるのである(＊6)。

一　生産関係の物象化（第一篇）

『資本論』第一部第一篇では商品と貨幣、すなわち資本主義的生産関係（＊7）の抽象としての商品生産関係が扱われる。ここでは資本主義的生産様式の基礎をなす生産関係の物象化が論じられるだけではない。『資本論』全体の展開において決定的な役割を果たす(1)物象化(2)物象の人格化(3)制度および法律という三つの次元がそれぞれ第一部第一篇の商品章、交換過程章、貨幣章で述べられる（＊8）。とはいえ、すでに指摘したように、この三つの次元は、資本主義的生産様式という対象から独立に措定することができるような「哲学」や「理論的方法」ではないことに注意しなければならない。

1　私的労働と物象化（第一章）

資本主義的生産関係がつねに歴史的に特殊な社会的諸条件を前提とするように、資本主義的生産関係の抽象としての商品生産関係も歴史的に特殊な社会的諸条件を前提とする。それは、私的生産者による社会的分業である。私的生産者たちは共同体的な人格的依存関係から解き放たれた、相互に独立した人格でありながら、自分たちの欲望の充足のために互いの労働を必要とする。このような近代以前には見られなかった特殊な社会的条件こそが、資本主義的生産関係の抽象としての商品生産関係の前提をなす。したがって、商品章で問題になるのは、前近代社会から存在した交換の場としての「市場」一般ではなく、社会的総労働が市場をつうじて編成されるという近代に固有な特殊な生産関係である(＊9)。

このような社会的条件のもとでは私的生産者は、社会的分業を必要としながらも、自分の労働を直接に社会的なものとして通用させることができない。というのも、彼らの労働は人格的紐帯にもとづいたものではなく、私的個人としておこなう労働、すなわち私的労働という特殊な形態をとっているからである。それゆえ、彼らは自分たちの労働を直接に関連させるのではなく、「他人」の欲求の対象となりうる生産物を互いにつきあわせ、交換することによって、社会的分業を成立させようとする。ところが、交換が成立するのはそれぞれの生産物の使用価値が異なる場合であり、まったく異なる使用価値をどのような基準で交換すればよいのかという困難にぶつかる。そこで私的生産者たちは、無意識のうちに、私的労働の生産物にたいして、使用価値とは区別される共通な社会的属性、すなわち抽象的人間的労働の対象化としての属性を与えるようにして関わり、この属性にもとづいて交換をおこなう。この社会的属性のことをマルクスは「価値」と呼んだ。「たんなる諸使用対象を商品に転化するものだけが、諸商品を商品として相互に関係させ、したがってまた社会的関係に置きうる。ところで、このものこそ諸商品の価値なのである」(MEGA II/5, S. 38)。

また、このとき同時に、価値は、「労働が「社会的」労働力の支出として存在するかぎりでの労働の社会的性格」を表している(MEW 19, S. 375)。どんな社会でも、社会的再生産を成立させるためには、有限な総労働をそれぞれの生産部門に適切に配分しなければならない。それゆえ、労働は、社会にとって有用な生産物を生産するという意味での有用労働としての社会的性格とは別に、社会のなかで有限な総労働のうちからある一定量の労働を支出したという意味での抽象的人間的労働としての社会的性格をもっている。商品生産関係の内部では、この抽象的人間的労働としての社会的性格が、人間たちの関わりをつうじて、私的労働の生産物がもつ純粋に社会的な属性として対象化され、価値という形態をとるのである(＊10)。そして、この「抽象的な対象性」(MEGA II/5, S. 30)ないし「まぼろしのような対象性」(MEGA II/6, S. 72)である価値を表現するために商品世界から排除され、一般的等価物となった一商品(金)が貨幣となる。

こうして、私的生産者たちの私的労働は、労働生産物どうしの関係をつうじてはじめて、彼らの労働が社会的総労働の一分枝であることを確証し、社会的性格を獲得する。ここでは、人格ではなく、生産物をつうじて社会的関係を取り結ぶのだから、諸個人の労働が直接に社会的性格をもつのではなく、むしろ生産物という物が物象として社会的性格をもつのである。これが生産関係の物象化にほかならない。ここでは、労働の社会的性格は物象的連関を媒介して事後的に示されるほかなく、したがって、物象的連関が成立しなければその労働は社会的性格を獲得することはできない。そのような意味で、商品生産関係においては、労働をめぐる諸関係が物象の諸関係として現れ、物象の運動が人間たちの行為を規定する、という転倒した関係が現実に存立している。「交換価値においては[……]人格的な力能は物象的な力能に転化している」(MEGA II/1, S. 90)。このように、私的労働は物象的依存関係を生み出すのだから、アトム化した私的生産者が互いに依存し合うという、自らの前提としての特殊な社会的条件をも再生産する。

また、物象化された関係においては、人間の社会的関係はつねに物象の社会的関係として現象するので、この外観が固定化され、生産物がその自然属性として価値という力をもっていると考える転倒した認識が生まれてくる。これが物神崇拝である。物神崇拝は、価値が私的生産者たちの労働生産物にたいする一定の関わりによって生み出されていることを覆い隠す。

みてきたように、私的生産者たちが特殊な社会的条件のもとで私的労働という特殊な労働形態で生産活動をおこなうかぎり、彼らは、その意志や意識とは関わりなく、労働生産物に価値という社会的力を与え、それに依存することによってしか互いに関係を取り結ぶことができない。また、生産物を価値物として交換するためには、その価値を一般的等価物によって表現しなければならない。このような物象的形態規定は諸個人の特定の関わりの仕方によって生み出されるにもかかわらず、前提された条件のもとでは人間の意志や意識にかかわらず成立する。こうして、人間たちの意志や欲望は、彼らが無意識のうちに産出した経済的形態規定に枠づけられ、それによって変容させられるのである。したがって、ここですでに、資本主義的生産様式において人間たちを支配する力の根源が経済的形態規定にあること、そしてこの経済的形態規定を最も根底的に生み出しているのが私的労働であり、この私的労働を克服することなしには資本主義的生産様式を変革することができないことが示唆されている。

2　物象の人格化（第二章）

交換過程章では、物象化を前提としたうえで、意志と欲望をもつ人格が導入され、交換当事者の振る舞いじたいが考察される。

前項でみたように、物象化された関係においては、人間たちは、商品や貨幣などの物象の人格的担い手としてしか互いに社会的関係を取り結ぶことができないという意味で、物象によって制約された存在である。だが他方では、人間たちが自らの意志と欲望にもとづいて主体的に行為することなしには物象的関係が成立することはない。このように、物象が自らの人格的担い手を必要とし、人間たちがそのような人格的担い手として行為する事態を物象の人格化という。

人間たちは物象の人格的担い手として行為することによって、モノにたいする欲望のあり方や生産手段にたいする振る舞い、さらには所有をめぐる承認のあり方すら変質させる。私的生産者たちが無意識のうちにつくり出した経済的形態規定の論理が、今度は、人間たちの欲望や労働の仕方、所有のあり方までも変えてしまうのである。さらに広い文脈では、人間と自然とのあいだの素材代謝の総体を変容させる(*11)、と言うことができる。商品生産関係で言及できる事柄だけを以下に挙げておこう。

第一に、人間たちが物象の人格的担い手として行為することによって、社会的に承認された占有としての所有のあり方が変化する。物象化された関係においては、商品や貨幣という物象の力によることなしには、物を所有することが認められなくなる(近代的所有)。つまり、所有の権利＝正当性Rechtが物象の力に依存するものとなる。なお、このRechtはたんに「法」と訳される場合が多いが、それは文字どおり、権利や正当性を問題にする概念であって、国家によって制定される「法律Gesetz」とは区別されなければならない。

第二に、貨幣章で説明されるように、価値物、とりわけ価値の体化物である貨幣は人間の欲望のあり方を変質させる。商品生産関係においては、使用価値にたいする欲望にとどまらず、貨幣という価値の体化物にたいする欲望が生まれ、人間の欲望は際限のないものとなる。

また、物象化が物神崇拝を生み出すように、物象の人格化は、物象の人格的担い手としての「自由、平等、所有」を人間ほんらいの自由、平等、所有だと考える幻想を生み出す。つまり、物象の担い手としては誰もが平等であること（お金をもっていれば誰でも商品を買うことできる）、物象の担い手としては誰もが自由であること（市場で自由に商品を選択することができる）、物象の担い手としてだけ所有が認められること（貨幣を所有するためには商品を売らなければならず、商品を所有するためには貨幣で買わなければならない）こそが、ほんらいの「自由、平等、所有」であると考え、このような「自由、平等、所有」を理想化するような幻想である。本稿では、このような幻想のことを「ホモ・エコノミクス幻想」と呼ぶことにする（＊12）。

3　制度および法律（第三章）

貨幣章では、貨幣の成立について明らかにした商品章および交換過程章の考察を前提として、商品生産関係において貨幣が実際にどのように機能するのかが論じられる（＊13）。

貨幣が実際に価値尺度、流通手段、支払い手段などとして機能するためには、物象と人格ないし素材的世界を媒介する制度および法律 Gesetz が必要とされる（＊14）。理由は主として二つある。

第一に、貨幣は、物象化と物象の人格化の産物としてもつ属性、すなわち一般的等価形態が固着した金としての性格だけでは、貨幣の機能を十分に果たすことができない。

たとえば、貨幣が現実に価値尺度として機能するためには、技術上の必要性から、その金としての分量を測定するための度量基準が必要となる。だが、この度量基準は一般的等価形態ないしそれが癒着した金という物質の性格に直接に由来するものではない。金はそれが貨幣になる前にすでに金属重量として度量基準をもっており、このような重量としての度量基準の成立はなんらかの慣習に媒介されている。もちろん、貨幣としての金の度量基準と金重量の度量基準は、さまざまな理由によって乖離していくが、貨幣の度量基準ないし価格の度量基準は、一般的等価物としての性格から生じるものではないのだから、慣習的に定められるほかない。だが、他方、貨幣が価値尺度機能を十全に果たすためには、貨幣の度量基準はナショナルな領域内では統一されていなければならない。このように、「貨幣の度量基準は、一方では純粋に慣習的であり、他方では一般妥当性を要求するので、最終的には法律によって gesetzlich 規制される」(MEGA II/6, S. 126)。

また、貨幣流通においては「相対的に無価値な一定の物」(MEGA II/2, S. 181) が流通手段として機能することができる。流通手段として機能するかぎりでは、貨幣は商品価格の一時的に客体化された反射でしかなく、ただそれ自身の象徴として機能するにすぎないからである。「相対的に無価値な一定の物、革片、紙券等々は、はじめは慣習によって貨幣材料の章標になるのであるが、しかしそれがそういう章標として自分を維持するのは、象徴としてのその定在が商品所持者たちの一般的意志によって保証されるからにほかならず、すなわちそれが法律上慣習的な定在を受け取り、したがってまた強制通用力を受け取るからにほかならない」(ibid.)。さしあたり「相対的に無価値な一定の物」が価値章標となることを可能にする制度的媒介は、慣習である。その章標としての定在が維持されるには、さらに商品所持者たちの一般的意志による保証が必要となるが、商品所持者たちが私的個人である以上、それはその章標が国家によって「法律上慣習的な定在」を受け取ることによってしか実現されえない。ここでもまた、一般的等価形態が固着した金としての性格には直接に由来しない慣習や法律が一定の役割を果たすのである。

第二に、意志を持つ人格が、必ずしも物象の人格化として行為しない可能性がある。たとえば、貨幣の支払い手段としての機能においては、支払いの相殺のための人為的施設のほかにも、制度的媒介が必要となる。というのは、その場合、購買において買い手は象徴的に貨幣を代表するにすぎないからだ。「まえには価値章標が貨幣を象徴的に代表したのに、ここでは買い手じしんが貨幣を象徴的に代表する。だがまえには、価値章標の一般的象徴性が国家の保証と強制通用力とを呼び起こしたように、いまは買い手の人格的象徴性が商品所持者のあいだの法律的に強制可能な私的契約を呼び起こすのである」(MEGA II/2, S. 201)。もし、買い手が自らの債務を貨幣の支払いによって決済しなかった場合、国家の力を借りて「彼の所持物の強制販売が行われ」(MEGA II/6, S. 157)、債権が回収される。

また、交換過程章で示唆されているように、そもそも近代的所有じたいにも制度的媒介が必要である。すでにみたように、近代的所有権は物象の力に依存するものであるが、この権利＝正当性のあり方に従わず、暴力的に商品や貨幣を奪おうとする者も現実には存在しうる。それゆえ、このような物象の力にもとづく近代的所有権は法律をつうじて国家の強制力によって保障されなければならない、ということになる。

以上のように、貨幣が現実に機能するためには、物象化および物象の人格化だけでは不十分であり、この不十分性を媒介し、補完するために法律や制度が常に必要とされる。法律や制度は物象の人格化の限界、すなわち物象と人格ないし素材的世界のあいだになお残る乖離ないし軋轢を媒介し、調整するのである。それゆえ、これらの法律や制度のあり方は一義的に定まるものではないとはいえ、物象化および物象の人格化のあり方に規定される。たとえば、国家紙幣はたしかに国家の媒介なしには成立しえないが、だからといって国家介入によって恣意的に生み出せるものではない。流通手段として機能するかぎりではたんなる貨幣の象徴であるにすぎないという、流通手段としての貨幣の形態規定性を前提とし、それを媒介することによってはじめて成立しうるのである。同じように、支払い手段としての機能において債権が法律的形態によって保証されるという制度的媒介も、債権債務関係を前提とし、それを法律的に保証するにすぎない。

ところが、貨幣の機能が実際には制度や法律の支えによってはじめて成り立つことができるという事実だけに固執するところから、むしろ貨幣やその機能は制度ないし法律じしんの産物であるという観念が生まれてくる。より一般的にいえば、物象やその属性、さらには物象にもとづく近代的所有権が、物象の機能や近代的所有権を補完するにすぎない制度や法律によってはじめて生まれてくるかのように考える観念である。マルクスは法律の力を過大評価するような幻想のことを「法学幻想」と呼び、批判しているが(*15)、本稿ではそれにとどまらず、制度全般の力を過大評価する幻想のことを制度幻想と呼ぶことにする。

貨幣章における制度幻想の例を一例だけ挙げておこう。すでにみたように、国家が強制通用力を与えることによって一定金量を貨幣名で表示した紙券を流通させることができるが、そこから、国家がそれらの紙券をいつでもその一定金量と同じ価値をもつ一般的等価物として通用させることができるかのような幻想が生じてくる。「国家は鋳造価格という形で一定の金重量に洗礼名を与えただけであり、貨幣鋳造では金に国家の刻印を押しただけであったが、この国家はいまやその刻印の魔術によって紙を金に転化するように見える」(MEGA II/2, S. 184)。じっさい、国家が思うままに多数の紙券を強制流通させ、任意の貨幣名をそれらに印刷するのを誰も妨げることはできない。ここでは、流通する商品の総価格が流通貨幣量を規定するのであってその逆ではないという経済法則は、もはや成り立たないようにみえる。「だが、国家のこのような権力はたんなる見せかけにすぎない」(ibid.)。たしかに、国家は任意の貨幣名が印刷された、任意の量の紙幣を強制的に流通させることはできるが、それらはあくまで流通手段としての貨幣の機能を代理する価値章標の役割を果たすことができるにすぎない。つまり、国家紙幣は流通の外で金を代理することはできない。それゆえ、流通必要金量をこえて国家紙幣が発行されれば、流通紙幣の総量が代表する金量は流通必要金量と同じところまで圧縮され、いまや国家紙幣に印刷された貨幣名はそれが表す本来の金量よりも少ない金量しか代表しえなくなる。いわゆる「紙幣の減価」である。こうしてインフレーションが発生するが、この現象は経済法則の廃棄ではなく、「流通する金の量は商品の価格によって規定されており、流通する価値章票の量は、それが流通で代表する金鋳貨の量によって規定されているという法則が外部から機械的に侵害された場合に、流通過程によってむりやりになしとげられたこの法則の貫徹にほかならない」(MEGA II/2, S. 186)。

制度および法律の力は、それがどれほど強力にみえようとも、物象化と物象の人格化を媒介することができるだけであり、それ自体の力によって直接に、物象の力やその機能を生み出すことはできない。あるいはまた、物象化を生み出す生産関係に手を付けることなしに、制度や法律の力だけによって、物象の力や機能を廃絶することもできない。マルクスは国民銀行によって商品を直接に社会的労働の生産物として扱おうとしたジョン・グレイを批判して次のように述べている。「商品は直接的に貨幣であるという、言い換えれば、商品に含まれている私的個人の特殊的労働が直接的に社会的労働であるという独断は、もちろん、ある銀行がこれを信じ、それにしたがって営業することによって、真実になるわけではない。その場合には、むしろ破産が実践的な批判の役割を引き受けるだろう」(MEGA II/2, S. 157)。

このような制度幻想にたいする批判は、貨幣の形態規定性への無理解にたいする批判であるだけではない。同時にそれは、階級闘争を回避し、小手先の「制度改革」で資本主義的生産様式の矛盾を解消できると考える「社会主義者」たちにたいする批判なのである。

以上からわかるように、これまで述べてきた三つの次元はそれぞれ並列するのではなく、層をなす規定関係である。論理的に考察すれば、物象化が物象の人格化を規定し、物象化と物象の人格化が法律や制度の様式を規定する。それゆえ、一般に想定されている諸個人と制度との相互作用という理論的シェーマは誤りである。近代においては、この相互作用を媒介するものは物象的形態的規定であり、それにもとづく物象の人格化である。これを理解することなしに現存の制度の成立根拠を理解することはできない(＊16)。

二　生産過程の物象化

1　賃労働と生産過程の物象化（第三篇）

資本主義的生産関係は、直接的生産者の生産手段からの分離、すなわち生産者と生産手段の本源的統一の解体と無所有者となった直接的生産者の賃労働者としての規律訓練を前提とする。言い換えれば、物象の力によって生産手段を排他的に所有する資本家という人格（合理的な貨幣蓄蔵者）と賃労働者という人格（規律訓練された無所有者）が前提である。この社会的諸条件は本源的蓄積によって歴史的に形成される。

理論的に把握するならば、第一節でみたような商品生産関係が資本主義的生産関係の基礎をなす。しかし、現実の歴史において全面的な商品生産が成立するには労働力の商品化が必要であった。圧倒的多数の人間の生活手段が商品となったとき、はじめて商品生産は全面化するからである。そして、労働力が商品化されるためには、農奴であれ、独立自営農民であれ、土地と結びついて自給自足的な生活を送っていた農民たちを暴力によって土地から引き剝がすことが必要であった。農民が土地から引き剝がされ、「無保護なプロレタリアート」となることによって、はじめて生産者たちが自分の労働力を商品として販売することを迫られるのである。

しかしながら、生産者が自分の労働力にたいしてそれを価値とするようにして関わり、労働力を商品として販売するだけでは、まだ賃労働とはならない。それに加え、賃労働者が資本家の指揮の下に入り、自分の労働行為を資本の機能として遂行しなければならない。そのような特定の形態の労働こそが、労働力の価値以上の価値、すなわち剰余価値を生み出し、自己増殖する価値としての資本の運動を成立させるのである。それゆえ、ここで問題になるのは、たんなる所有の問題ではない。つまり、無所有のプロレタリアートと生産手段を排他的に所有する資本家が存在するだけではまだ賃労働は可能ではない。むしろ、重要なのは、資本家の指揮の下で賃労働者が遂行する労働がいかなる形態において遂行されているのか、ということである。

労働過程一般として抽象的に考察するなら、賃労働もやはり生産者が能動的に生産手段に働きかけることによって遂行する自然過程であることには変わりない。しかしながら、賃労働はこれをもっぱら資本の機能として遂行する。では、賃労働者自身の人格的機能を資本という主体化した物象の機能として遂行する際に、労働者はどのように振る舞っているのだろうか。もちろん、賃労働者はすでに自分の労働力の処分権を資本家に売り渡しているのだから、資本家の指揮命令に従って労働する。だが、これだけでは資本の機能を果たすことにはならない。たとえば、資本家が自分のために肩もみを賃労働者に命じるとすれば、たしかに資本家は労働力を消費したが、その労働力は資本の機能を果たしていない。

では、賃労働者のどのような振る舞いが、賃労働者の労働を資本の機能とするのか。賃労働者が生産手段にたいしてそれを資本とするようにして関わることによってである。賃労働者は、奴隷制のような人格的従属関係がないにもかかわらず、労働契約を遂行するために自分の「自由」な意志にもとづいて資本に従属し、生産手段を資本のものとして扱い、それを「有益」に消費し、その価値を移転し維持しつつ、自分の労働の成果をたえず資本のものとして扱い、剰余価値を産出する。このような振る舞いによって、賃労働者は資本価値の担い手である生産手段にたいしてそれを資本とするようにして関わり、資本の価値増殖運動を成立させているのである。

こうして、賃労働者の生産手段への従属的な関わりが価値の自己増殖運動としての資本を生み出すやいなや、生産者と生産手段の転倒した関係が成立する。私的労働が価値を生み、生産関係を物象化させるように、賃労働が資本を生み、生産過程における転倒をもたらすのである。「われわれが生産過程を価値増殖過程の観点から考察するやいなや、事情は一変する。生産手段はたちまち他人の労働を吸収するための手段に転化した。もはや、労働者が生産手段を使うのではなく、生産手段が労働者を使うのである。生産手段は、労働者によって彼の生産的活動の素材的要素として消費されるのではなく、労働者を生産手段自身の生活過程の酵素として消費するのであり、そして、資本の生活過程とは、自分自身を増殖する価値としての資本の運動にほかならない」(MEGA II/6, S. 309)。じっさい、ここでは賃労働者は資本価値の担い手である生産手段にたえず注意を払い、その価値を無駄なく生産物に移転しつつ、それに価値を付加しなければならない。逆に言えば、労働者がそのように生産手段を資本として扱うからこそ、生産手段はじっさいに資本としての意義を持ち、生産過程において価値増殖の論理が貫徹するのである。

マルクスは同様のことを「直接的生産過程における諸結果」においても述べている。「たんなる形態的関係、すなわち資本主義的生産の発展の低い様式にも発展の高い様式にも共通なその一般的形態を考察する場合でさえも、生産手段、すなわち物象的な労働条件は労働者に従属するものとしては現れず、労働者がそれらに従属するものとして現れる。資本が労働を使用するのである。すでにこの関係がその単純なあり方において物象の人格化(*17)であるとともに人格の物象化である」(MEGA II/4.1, S. 121)。

以上に見てきたような、生産手段と労働者のあいだの関係の転倒こそが生産過程の物象化にほかならない。このような関係においては、資本はたんに労働力商品の購買者であるだけでなく、価値増殖を可能にする労働強度を強制するための、「労働にたいする、すなわち自己を発現する労働力または労働者そのものにたいする指揮権」となり、「さらに、労働者階級にこの階級自身の狭い範囲の生活欲求が命じるよりも多く労働することを強いる一つの強制関係にまで発展」する(MEGA II/6, S. 309)。

ここですでに示唆されているのは、このような転倒した生産過程における資本の力が、ほかならぬ賃労働によって、すなわち、労働がたんに人間と自然との素材代謝を媒介する行為として行われるのではなく、生産手段にたいしてそれを資本とするようにして関わるという仕方で行われることによって生み出されているということであり、それゆえ資本主義的生産様式の変革のためには私的労働を現実に遂行する賃労働それじたいを克服しなければならないということである。もちろん、生産過程の物象化を扱った第三篇ではそのための条件は与えられていないが、標準労働日をめぐる闘争をつうじて資本の労働にたいする指揮権に制限を加えることにより、変革のための条件を形成しうることはすでに指摘されている。

資本による絶対的剰余価値の徹底的な追求は、必然的に労働力の再生産と素材的に矛盾し、賃労働者の抵抗を呼び起こす。さしあたり賃労働者は「商品交換の法則」を盾にとり、労働力商品の担い手としての権利を主張し、労働日の制限を要求する。過度の労働時間は彼の労働力を破壊し、彼が労働力商品の担い手であることを不可能にしてしまうからだ。しかし、貨幣の人格的担い手である資本家もまた、「商品交換の法則」を盾にとり、労働力商品の購買者としての権利を主張し、労働力の最大限の使用を要求する。どちらの権利も「商品交換の法則」から発生したものであるにもかかわらず、賃労働者が自分の生命活動の一部を切り売りするという労働力商品の特殊性のために、互いに対立する。「同等な権利と権利とのあいだでは力がことを決する」(MEGA II/6, S. 241) のであり、労働日の標準化は階級闘争の産物として現れる。じっさい、労働者階級は長きにわたる闘争をつうじて標準労働日、すなわち労働力商品の再生産が可能な労働日の範囲内でしか労働力の使用を認めない権利を確立し、それを国家の法律に書き込ませ、制度に埋め込んでいったのである。ここでも重要なのは、標準労働日は法律や制度の産物ではない、ということである。資本の論理と素材の論理との衝突が必然的に要請する、労働力商品の人格的担い手としての権利を、階級闘争をつうじて社会的に承認させることが決定的なのである(＊18)。法律や制度はあくまでもこの社会的正当性を媒介するものにすぎない。工場法の「定式化や公認や国家による宣言は、長い期間にわたる階級闘争の結果」なのである (MEGA II/6, S. 285)。じっさい、階級闘争が停滞しているために労働力商品の人格的担い手としての権利が十分に承認されていない日本のような社会では、資本による違法行為が蔓延している。

こうして、労働者階級は標準労働日の確立をつうじて、「高度な活動のための時間でもある自由時間」(MEGA II/1, S. 589) を拡大するだけでなく、団結することを学ぶ。すでに若きマルクスが指摘していたように、労働者たちは「この団結をつうじて新たな欲求、社会的結合という新たな欲求を獲得する」(MEGA I/2, S. 289) のであり、「アソシエーションの維持のほうが彼らにとって賃金の維持よりも重要になる」(MEW 4, S. 180)。

同時にまた、標準労働日の確立は資本に生産力の発展を強制することによって、「生産過程の物質的諸条件および社会的結合を成熟させるとともに、生産過程の資本主義的形態の矛盾と敵対関係とを、したがってまた同時に新たな社会の形成要素と古い社会の変革契機とを成熟させる」(MEGA II/6, S. 475)。第四篇で問題になる生産力の発展は、資本主義的生産様式においては必然であるが、それはあくまで労働者たちの抵抗を前提としてのことである。というのも、資本は、それが搾取に有利であるかぎりで、前近代的な要素、たとえば家内労働などの古い生産様式と結合し、それを徹底的に利用するからである。

2　生産過程の物象化の実質化(第四篇)

前項でみた生産手段と労働者との関係の転倒は、はじめは形態的なものであるにすぎないが、資本はやがて労働の技術的条件じたいを自らの社会的形態に適合するように変容させ、この転倒を現実的なものとする。「すべての資本主義的生産にとっては、労働者が労働条件を使用するのではなく、逆に、労働条件が労働者を使用するということが共通しているが、しかし、この転倒は、機械とともにはじめて技術的な一目瞭然の現実性をもつものとなる」(MEGA II/6, S. 410)。いわゆる「資本のもとへの労働の形態的包摂」の「実質的包摂」への深化である。

ここでは、もはや賃労働者は物象の力によって資本に服属させられているだけではない。資本が編成する素材的な条件によってても服属させられる。資本は作業場内分業を組織することにより、労働を一面化・単純化し、労働者を分業に組み入れることによってしか生産できない存在へと変え、さらに大工業においては労働手段が機械となることによって素材的な次元で能動性を獲得し、労働者はその付属物にされてしまう。端的に言えば、労働者は生産過程を制御するための生産的知を喪失するのである。こうして資本は技術的な変革をつうじて賃労働者を従属させ、賃労働者にたいする支配を実質的なものにする。

したがって、資本による生産力の発展は、たんに相対的剰余価値を獲得するための純経済的な動機によって推進されるのではなく、それじたい階級闘争と不可分である。たとえ短期的には経済的なコストを負担することになったとしても、ストライキ等を弾圧するために、機械が導入されることがありうる。あるいは逆に、生産力の発展という点からみればいかに合理的であっても、階級闘争にとって不利であれば、生産力の増大は妨げられるであろう。たとえば、近代科学の生産過程への意識的応用としての大工業は「全体的に発達した個人」(MEGA II/6, S. 466) を要請し、それに対応する制度として技術学校および職業学校が生まれてくる。しかし、それにもかかわらず、「生産の資本主義的形態とそれに照応する労働者の経済的諸関係は、そのような変革の酵素とも、また古い分業の止揚というその目的とも真正面から矛盾する」(MEGA II/6, S. 467) のであり、技術教育および職業教育はつねに不十分なものにとどまってしまう。

それゆえ、資本主義的生産様式は自らが生み出した生産原理である大工業とすら矛盾せざるをえない。逆に言えば、マルクスも示唆しているように、労働者の階級闘争が、たとえ不十分であったとしても、制度的に職業教育および技術教育を充実させていくのであれば、近代的テクノロジーによって剝奪された生産的な知を労働者たちに取り戻し、そのことによって実質的包摂に対抗していくことができるであろう。

だが、生産過程の物象化の実質化は労働者たちに作用するだけではない。それは、人間と自然との間の素材代謝の媒介としての労働のあり方を変容させることにより、素材代謝の総体に深刻な影響を及ぼす。過程全体の目的が資本の価値増殖となり、生産過程では資本価値の担い手としての生産手段が労働者を支配する資本主義的生産関係においては、商品生産関係におけるように、たんに物象の属性を媒介としてしか私的労働の社会的性格を考慮することができないというだけでない。むしろ、資本は、価値増殖の論理に従って積極的に労働過程に介入し、そのあり方を根底から変容させていくのである。しかもその際、資本は、商品生産においては価値と使用価値に表される私的労働の二重の社会的性格以外の、社会的再生産にとって必要な契機を考慮することができないという事情を積極的に利用し、それを自らの強みに転化する。たとえば、商品生産関係において考慮される生産コストは個々の私的生産者が費やす抽象的人間的労働でしかないという事情は、生産力を高め、相対的剰余価値を獲得するための、無償の自然力の最大限の利用として現れる。いったん購買し、自らの私的所有物となった商品をどのように使用しようとも購買において支出された貨幣額が変更されるわけではないという事情は、購買した商品がもつ素材的「弾力性」の、剰余価値獲得のための最大限の利用として現れる。このように、資本の運動は、価値増殖という抽象的な論理に従って素材的世界を編成するのだから、多様で具体的な素材代謝と必然的に齟齬をきたし、それを攪乱してしまう。

『資本論』においてはマルクスはとりわけ農業における素材代謝の攪乱に注目している。「資本主義的農業のあらゆる進歩は、たんに労働者から略奪する技術における進歩であるだけでなく、同時に土地から略奪する技術における進歩でもあり、一定期間にわたって土地の肥沃度を増大させるためのあらゆる進歩は、同時に、この肥沃度の持続的源泉を破壊するための進歩である。〔……〕それゆえ資本主義的生産は、すべての富の源泉すなわち土地および労働者を同時に破壊することによってのみ社会的生産過程の技術および結合を発展させる」(MEGA II/6, S. 477)。『資本論』第三部草稿で指摘されているように、このような資本主義的農業は、職業教育の場合と同様に、「合理的農学」にすら矛盾する。「ジョンストンやコント等は、私的所有と合理的農学との矛盾に当面して、ただ一国の土地を一つの全体として耕作する必要性を念頭においているだけである。しかし、特殊な土地生産物の栽培が市場価格に左右されるということ、また、この価格変動につれてこの栽培が絶えず変化するということ、そして資本主義的生産の全精神が直接眼前の金儲けに向けられているということ、このようなことは、たがいにつながっている何代もの人間の恒常的な生活条件をまかなわなければならない農業とは矛盾している」(MEGA II/4.2, S. 670)。

このような素材代謝の攪乱に直面して、人間たちは自分たちの生活過程を維持するために、この攪乱をもたらす資本主義的生産様式に抵抗せざるをえなくなる。さしあたり、部分的な環境規制を求める運動がなされるが、やがて資本主義的生産様式それじたいが素材代謝の持続可能性と矛盾することが露わになり、この生産様式そのものの変革が問題となる。「資本主義的生産様式は「人間と自然の素材代謝の破壊、都市労働者の肉体的健康と農村労働者の精神生活の破壊と」同時に、この素材代謝のたんに自然発生的な状態を破壊することをつうじて、その素材代謝を社会的生産の規制的法則として、また十分な人間的発展に適合した形態において、体系的に再建することを強制する」(MEGA II/6, S. 476)。

ここで重要なのは、マルクスが環境破壊を文明論的に把握しているのではないことである。マルクスは、素材代謝の攪乱がまさにその媒介行為の特殊な形態に起因することを明らかにした。マルクスが第三部の草稿において、未来社会の展望を、たんにアソーシエイトした諸個人が労働配分や生産物分配のあり方を規制することにではなく、「アソーシエイトした人間たちが[……]この素材代謝を合理的に規制し、自分たちの共同的なコントロールのもとにおくということ、つまり、力の最小の消費によって、自分たちの人間性に最もふさわしくもっとも適合した諸条件のもとでこの素材代謝をおこなうということ」(MEGA II/4.2, S. 838)に求めたゆえんである。

三　再生産過程の物象化（第七篇）

1　単純再生産における再生産過程の物象化（第二一章）

すでにみたように、資本主義的生産関係を形成する賃労働が可能になるための社会的条件は、客体的な労働条件と主体的な労働力との分離であった。ところが、生産過程を連続する過程として、すなわち再生産過程として捉えるのであれば、賃労働が資本主義的生産関係のみならず、自らの前提をなす生産手段と労働力の分離そのものを再生産する。「労働者自身はたえず客体的な富を、資本として、すなわち彼にとって疎遠な、彼を支配し搾取する力として、生産するのであり、そして資本家もまたたえず労働力を、主体的な、それ自身を対象化し実現する手段から切り離された、抽象的な、労働者の単なる肉体のうちに存在する富の源泉として、生産するのであり、簡単に言えば労働者を賃労働者として、生産するのである」（MEGA II/6, S. 527）。賃労働者たちは自分たちの労働を資本の機能として、賃労働としておこなうことにより、「たえず客体的な富を、資本として、すなわち彼にとって疎遠な、彼を支配し搾取する力として、生産する」のであり、また、資本家は、そのような賃労働者自身が生み出した、賃労働者を「支配し搾取する力」によって賃労働者を支配し、従属させ、労働力と生産手段の分離を生産するのである。第三篇においては示唆されているにすぎなかったが、ここでは賃労働こそが資本主義的生産関係を再生産していること、それゆえ、その変革のためには賃労働を生産手段との本源的統一を回復した自由な労働に置き換えなければならないことが明確に示されていると言えるであろう。

さらに、ここで重要なのは、このような資本主義的再生産過程においては、社会的生産関係や生産過程のみならず、人間の生活全体を包括する再生産過程の総体が物象化するということである。すなわち、たえざる賃労働によって資本主義的生産関係が再生産され、資本が社会的生産を組織する主体となることにより、私的生産を社会的に媒介する流通部面や資本の生産過程にとどまらず、人間の生活過程全体が資本の論理によって編成されていくのである。

第三篇第八章の労働日の考察においては、賃労働者の一日の生活時間は労働日と自由時間に分割されたが、再生産過程においてはこのような区別は相対化される。というのも、自由時間に賃労働者がおこなう個人的消費や休息もまた、それが資本の支払う賃金に依存し、資本にとって不可欠な労働力を再生産するものである以上、「つねに資本の生産および再生産の一契機」にすぎないからである（MEGA II/6, S. 528）。もっとも、資本は自らが直接組織する生産過程とは異なり、この労働力の再生産過程に直接に介入する必要はない。歴史的に形成された社会的条件を前提するならば（＊19）、資本は労働力の再生産を「安んじて労働者の自己維持本能と生殖本能に委ねることができる」(ibid.)。ここでは、生活過程が同時に労働力の再生産過程となるだけではない。生活手段の入手を労働力の販売に依存している以上、賃労働者たちは生活過程において労働力を再生産せざるをえない。資本はただ自らが使用する労働力の対価として労働力の再生産に必要な商品を購買するための貨幣を支払いさえすれば、労働力の再生産過程をも自らの価値増殖に適合的なものとして編成できるのである。ここでは、「労働者階級は、直接的生産過程の外でも、生命のない労働用具と同じように資本の付属物」でしかない（MEGA II/6, S. 529）。まさに資本主義的生産様式とは「労働者が現存の価値の増殖欲求のために存在するのであって、その反対に対象的な富が労働者の発展欲求のために存在するのではないという生産様式」なのである（MEGA II/6, S. 567）。たえず繰り返される賃労働によって、再生産過程においてこのような転倒した関係が成立するのが、再生産過程の物象化である。

もちろん、資本は労働力の再生産のために何の介入も必要としないというわけではない。むしろ、資本は、国家の手を借りて積極的に労働力の再生産過程全般に介入し、個人的消費や休息が労働力の再生産という資本の目的に合致するように制御しようとする。第二一章で直接挙げられているのは労働力の移動の制限ないし管理であるが、それにとどまらず、治安や公衆衛生、都市機能、社会保障制度などは資本主義的生産様式に不可欠な労働力の再生産を保証する役割を果たす。とはいえ、労働者階級は、標準労働日の場合と同じように、闘争をつうじて労働力商品の担い手としての権利を拡張し、それらの制度を自らにより有利なものに改善していく可能性を有している。

2 資本蓄積における再生産過程の物象化の深化（第二三章）

資本主義的生産様式の目的は剰余価値の最大化なのだから、資本主義的再生産過程は、現実には単純再生産ではなく、拡大された規模での再生産、すなわち資本蓄積の過程として遂行される。ここでは、再生産過程の物象化はたんに労働者階級の資本家階級への「経済的隷属」（MEGA II/6,

S. 533）として現れるだけではない。資本蓄積の運動が再生産過程の全体を編成する主体として現れるのである。ここでは、再生産過程の物象化がさらに深化し、賃労働者たちの雇用や生活にきわめて大きな影響を与えるようになる。

第一に、資本蓄積の運動が社会的生産を編成する主体であるかぎり、資本蓄積の大きさが独立変数であり、賃金の大きさはそれによって規定される従属変数とならざるをえない。「労働者階級によって供給され資本家階級によって蓄積される不払労働の量が、支払労働の異常な追加によらなければ資本に転化できないほど急速に増大すれば、賃金は上がるのであって、他の事情かすべて変わらないとすれば、不払労働はそれに比例して減少するのである。ところが、この減少が、資本を養う剰余労働がもはや正常な量では供給されなくなる点に触れるやいなや、そこに反動が現れる。収入のうちの資本化される部分は小さくなり、蓄積は衰え、賃金の上昇運動は反撃を受ける。つまり、労働の価格の上昇は、やはり、ある限界のなかに、すなわち資本主義システムの基礎を単にゆるがさないだけではなく、増大する規模でのこのシステムの再生産を保証するような限界のなかに、閉じ込められているのである」(MEGA II/7, S. 541)。

第二に、資本は、資本蓄積にともなう素材的生産条件の変化による資本構成の変化、すなわち資本の有機的構成の高度化をつうじて、たえず相対的過剰人口を生み出し、賃労働者たちに苛烈な競争圧力を加え、彼らをより従属的な存在へとつくりかえようとする。資本は労働者をたえずより大きな規模で雇用しながら、彼らをたえず失業させることによって、彼らの賃金をある一定の範囲に抑え込み、失業者との競争の圧力のもとに就業労働者にたいしてさらなる長時間労働を強制する。

このような長時間労働はさらなる失業者を生み出さざるをえない。また、このように形成された潜在的な貧困状態は、賃労働者を奴隷よりもはるかに従属的な主体へと変容させてしまう。「奴隷はただ外的な恐怖に駆られて労働するだけで、彼の現存（彼に属してはいないが、保証されてはいる）のために労働するのではない。これにたいして、自由な労働者は自分の必要に駆られて労働する。自由な自己決定、すなわち自由の意識（またはむしろ表象）やそれと結びついている責任の感情（意識）は、自由な労働者を奴隷よりもはるかにすぐれた労働者にする。なぜなら、彼はどの商品の売り手もそうであるように、彼の提供する商品に責任を負っており、また、同種の商品の他の販売者によって打ち負かされないようにするためには、一定の品質で商品を提供しなければならないからである。奴隷と奴隷保有者との関係の連続性は、奴隷が直接的強制によって維持されているという関係である。これにたいして、自由な労働者は自ら関係の連続性を維持しなければならない。というのは、彼の現存も彼の家族の現存も、彼がたえず繰り返し自分の労働能力を資本家に販売することに依存しているからである」（MEGA II/4.1, S. 101f.）。資本は、このような「資本の専制」をつうじて、自らの資本蓄積の条件をつくり上げるのである。

だが、労働者たちはやがてこのようなメカニズムを見抜き、自分たちの生活を守るには、失業者たちの生活を保障しなければならないということに気づく。彼らは「労働組合などによって就業者と失業者との計画的協力を組織して、かの資本主義的生産の自然法則が彼らの階級に与える破滅的な結果を克服または緩和しようとする」（MEGA II/6, S. 583）。マルクスの時代にはクラフトユニオンが主流であり、労働者たちは自分たちでお金を出し合って共済制度をつくり、失業者の生活を保障しようとしたのである。

一九世紀の末になり、やがて非熟練労働者が大半になると、労働組合は、国家の負担で公的な生活保障制度をつくることを要求するようになる。実際、これによって雇用保険が生まれ、さらにはその他の諸々の「リスク」に対処するための社会保障制度が生まれていった。労働者階級は、資本による絶対的剰余価値の追求から身を守るために労働日の制限の法制化を求め、資本による生産的知の剝奪に対抗するために公的職業訓練を要求したのと同じように、資本による相対的過剰人口の創出に対抗するために自分たちの生活保障の制度化を要求し、実現していったのである。

もちろん、このような「制度」によって資本主義の矛盾を解消することはできない。労働者階級は「福祉国家」的制度を形成することによって資本主義の矛盾を抑制し、労働力商品の売り手としての生活を守ることはできるが、それはあくまで「福祉国家」的制度が資本主義の存続に寄与するかぎりでしかない。しかし、それでもこのような「福祉国家」的システムに一定の意義があるのは、労働日の制限が資本主義の矛盾を一部緩和するものでしかないにもかかわらず、労働者階級のアソシエーションの形成にとって非常に積極的な意義をもっているのと同じである。じっさい、今の日本をみれば誰でもわかるように、労働者たちが長時間労働に縛り付けられ、生産的な知を徹底的に奪われて従属的に労働させられ、失業や半失業の恐怖におびえながら資本の専制に屈服しているような状態では、労働者たちがアソシエーションを形成する動きを活性化させていくことはきわめて困難である。アソシエーション運動の前進はありえない。労働者たちが闘争のなかでさまざまな権利や制度を勝ち取る経験を積むことなしには、

むすびにかえて

以上の議論を総括しよう。

第一に、物象化を生み出すのは、何よりも労働の特殊な形態である。私的労働によって発生する生産関係の物象化を基礎にして、賃労働がおこなわれ、資本の価値増殖運動が成立し、生産過程の物象化が発生する。生産過程の物象化を生み出す賃労働は、資本主義的生産関係そのものを再生産し、再生産過程総体の物象化を生み出す。

第二に、物象化のもとで、人びとが物象の人格化として行為することにより、物象の論理、資本の論理が浸透していく。商品および貨幣の人格化として行為することにより、物象に依存した排他的な近代的所有こそを正当なものとみなし、欲望の対象を価値それじたいに求める近代に固有な実践的態度が形成される。生産過程においては資本のもとへの労働の実質的包摂によって労働者たちは生産的知を剥奪され、再生産過程においては失業の恐怖によってより従属的な主体へと変容させられる。

第三に、とはいえ、物象による人格の編成、したがって素材代謝の編成は持続的な素材代謝の維持、さらには合理的な生産力の発展と矛盾し、賃労働者たちの闘争を呼び起こす。絶対的剰余価値の追求は標準労働日の確立および短縮を求める闘争を、実質的包摂は制度的な職業教育の充実を求める闘争を、資本による人間と自然とのあいだの素材代謝の攪乱は環境規制を求める闘争を、相対的過剰人口の恒常的な創出は制度的な生活保障を求める闘争を生み出す。

第四に、物象化と労働者の階級闘争のせめぎ合いのなかで変革の条件が成熟していく。物象化の進展に抗して労働者が勝ち取った制度的改良は、いずれも矛盾を解決するものではなく、たえず資本によって切り崩される可能性があるが、それでも労働者の生活条件を改善し、資本の力を弱めるとともに、その闘争において労働者たちが団結の経験を積み、アソシエーション形成能力を高めていく。他方では、労働者が勝ち取った制度的改良は、ただちに資本に取り込まれ、その制限を資本は生産力の上昇によって突破しようとするが、そのような生産力の上昇自体が新たな矛盾に陥り、労働者たちの抵抗を受けざるをえない。このようなせめぎ合いのなかで、社会的生産力が発展し、労働者たちの社会的結合が推し進められるとともに、労働者たち自身のアソシエーション形成能力、すなわち自己統治能力が発展し、変革の客体的および主体的条件が成熟する。以上が、マルクスが『資本論』第一部において、その理論展開をつうじて示した変革構想であったと思われる。

註

（1）マルクスのアソシエーション論については、大谷禎之介『マルクスのアソシエーション論』桜井書店、二〇一一年、および、田畑稔『増補新版 マルクスとアソシエーション』新泉社、二〇一五年を参照。

（2）Harry Cleaver, *Reading Capital Politically*, University of Texas Press, 1979 はこの点を強調した『資本論』解釈をいちはやく提示している。

（3）資本主義の解放的作用にたいするマルクスの評価の変化については、ケヴィン・アンダーソン『周縁のマルクス』平子友長監訳、社会評論社、二〇一五年を参照。
(4) 経済学哲学手稿(MEGA I/2)の「疎外された労働」断片を参照。
(5) 既存の物象化論にたいする批判的検討は、拙著『増補改訂版 マルクスの物象化論』社会評論社、二〇一八年を参照。
(6) マルクスの未完成な草稿を読む際には、古い概念と問題構成にもとづく錯綜した外観のなかに新たな概念と問題構成を見いだす「徴候的読解」(アルチュセール)が必要となるが、完成稿であり、通俗化が意識されたテキストである『資本論』第一部の解釈においては、むしろ、完成された明瞭な叙述のうちに「隠された方法」を見いだし、その「方法」から叙述の理論的構造を把握することが必要となる。
(7) なお、資本主義的生産関係とは、資本主義的生産様式の、諸個人の関わりによって形成される関係としての側面に注目する概念である。
(8) この物象化論の三つの次元については、前掲拙著『増補改訂版 マルクスの物象化論』の補論1も参照されたい。
(9) もちろん、『資本論』において資本主義的生産様式以前の商品も登場するが、資本主義の商品を考察するための例証として登場する場合がほとんどであり、それ自体が考察の対象となるわけではない。なお、付言しておけば、資本主義的生産様式における商品交換と前近代社会における商品交換を二項対立に捉える必要はない。そもそも両者の現象が同じ「商品交換」というタームで記述されるかぎりにおいて、そこには一定の共通が存在する。以下で述べるように商品は私的労働の産物なのであるから、生産の私的性格がどれほど強いのか、別の言い方をすれば、生産がどれほど伝統的、倫理的、宗教的等々の共同体的規制から解放されているのかによって、労働生産物がどの程度、ほんらいの商品形態としての性質(資本主義的生産様式における商品がもつような)を発揮するのかが規定されるのである。それゆえ、現実の社会ないし歴史を分析する際には、商品形態の支配=物象化、あるいは価値法則の貫徹の程度を漸次的に把握することは可能であり、また必要である。したがって、デヴィッド・グレーバーが言うように、前近代的市場においては相互扶助と矛盾しない民衆的信用といったような肯定的な契機も存在しうるのであるが、このような把握とマルクスの商品論はけっして対立するものではないのである。つまり、マルクスのいう商品形態の廃棄とは、けっして諸個人による交換の廃棄を意味するものではない。ここで重要なのは、商品形態をたんなる財の交換と同一視しないことである。

(10) この点の詳細については、拙稿「抽象的人間的労働と価値の質的規定性について」上・下、『立教経済学研究』第六七巻第四号／第六八巻第一号、二〇一四年を参照されたい。

(11) 「素材代謝」はStoffwechselの訳語であり、一般的には「物質代謝」と翻訳される。本稿では、素材Stoffとの関連を重視し、「素材代謝」と訳すことにする。

(12) 『資本論』においても物象の人格化から生じる転倒した認識についての言及はあるが、それを概念化することはしていない。ここでは、大谷禎之介『図解　社会経済学』桜井書店、二〇〇一年の命名に従った。

(13) なお、貨幣章に関しては、構成がほぼ同じであり、より詳細な叙述がある『経済学批判』の貨幣章も参照する。

(14) マルクスが貨幣章で「制度」という術語を用いていないにもかかわらず、それによって第三の次元を概念化したのは、もちろん、制度経済学、とりわけ制度主義的アプローチのマルクス経済学への応用であるレギュラシオン学派を意識したからである。ここでいう「制度」とは、さしあたり「慣習」や「人為的組織」「法律」などを意味するが、ここではとくに、それらが物象化と物象の人格化の軋轢ないし矛盾を媒介するという側面に注目し、その限りでのみ、取り扱う。したがって、ここで問題になるのは、制度そのものの内的論理ではなく、物象化および物象の人格化との規定関係である。

(15) 「ここでイーデンは、それならば「ブルジョア的制度」は誰が創造したものか、と問うべきだったであろう。法学幻想の立場から彼は法律を物質的生産関係の産物ではなく、反対に生産関係を法律の産物とみなしている」(MEGA II/6, S. 563)。

(16) なお、物象化論が明らかにするのは制度にたいする物象的規定関係だけであり、この制度そのものについては物象的規定関係を前提として別途検討されなければならない。これについてはヨアヒム・ヒルシュの一連の研究を参照されたい。

(17) なお、このように「物象の人格化」が「人格の物象化」と対になって使用される場合には、前者は第一節第二項でみた内容を意味するのではなく、物象化とほぼ同じ内容を意味する。

(18) このような資本の論理とは対立する労働力商品の人格的担い手としての権利は、のちに「社会権」という名のもとに広く承認されていくことになる。

(19) シルヴィア・フェデリーチが主張するように、資本主義的生産様式が成立するためには、社会的生産を担う賃労働者の規律化だけではなく、労働力再生産の領域の活動様式をも規律化しなければならなかった。近代化にともない、「魔女狩り」という形態で、労働力再生産についての知識を領有していた女性へのテロリズムが多発したことは、このことをまざまざと示している。このような再生産領域の規律化がなければ、資本は労働力の再生産を「安んじて労働者の自己維持本能と生殖本能に委ねる」ことはできない。

第四章

資本の統治術

大黒弘慈

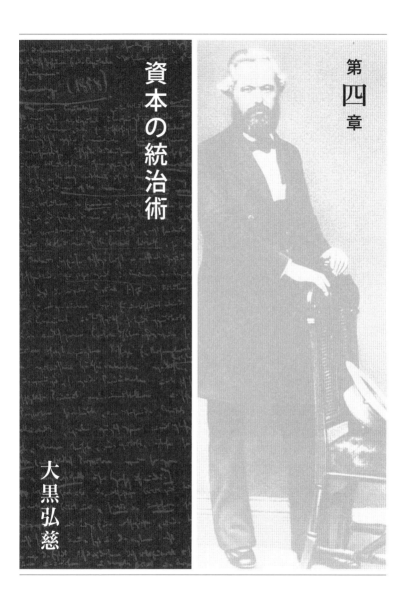

一　「経済学批判」とは？

『資本論』には「経済学批判」という副題がある。現行『資本論』体系が一八五〇年代末に構想された『経済学批判』体系プランを引き継いだものか、それとも新たなプランのもとに更新されたのかは、いわゆる「プラン問題」として知られているが、差し当たり注目すべきは、『資本論』の表題に「経済学批判（Kritique der politischen Ökonomie）」の名称が残存していることである。それは、経済学が資本主義成立に不可欠の要因をなしているという認識に立ち、資本主義を根底から理解し批判するためには、迂遠に見えようとも経済学の検討を避けることができないということの表明であろう。しかし、批判されるべき「経済学（politischen Ökonomie）」とはそもそも何だったのか、まずはそれを問わなければならない。

当時主流の経済学が、数理的手法を発展させ「通常科学」と化した一九世紀以降のエコノミックス（economics）となる前に、一八世紀のポリティカル・エコノミー（political economy ないし économie politique）をおおむね母体としていたことは言うまでもない。しかし、それは隣接分野としての政治学から未分化のままにとどまる、政治と経済とのプリミティヴな複合物というのでもなかった。それは「政治的経済」というひとつの対象だったのであり、より厳密には「政治的でない経済」としての単なる「エコノミー」（オイコス・ノモス）＝「家族の財政」（家政）とは区別される「国家のエコノミー」、すなわち第一義的には「国家の財政」のことであった(*1)。つまり当時のコンテキストにおいては、自由な市場経済や国境の内外で展開される商業活動一般という意味は希薄だったのである。アダム・スミスの体系もまた、政策的な価値判断から自由で客観的・中立的な「市場一般」の観察(テオリア)ではなく、イギリスの国富を増進するという特定目的のための統治実践(プラクシス)としての「ポリス論」(内務行政全般)だったのである。そして権力とは無縁の客観的分析と一般に了解されている『国富論』(国富の性質と原因に関する探究)もまた、公収入・租税をめぐる財政論と並ぶ広義の統治論の下位部門としての性格をもつ。

ただし、このように指摘することで、スミスの社会理論は真理＝普遍理論を偽装したイデオロギーにすぎないという類の「観念学的批判」を経済学批判のかなめとみなすべきだと言いたいのではない。スミスは知が権力と相関的であることに十分自覚的だったのであり、そのうえで権力と知のある種の形態から別の形態への移行を、身をもって果たそうとしていたからである。それは「よりよく統治するためにはより少なく統治しなければならない」という「最小国家理性」、ミシェル・フーコーの言う「自由主義的統治理性」にほかならない。そこでは、統治が制限されなければならないのは国家理性それ自身のためであるとみなされ、統治が正当か不当かではなく、上手か下手かという点が「自然的秩序」(市場という真理陳述の場)に即して判断されることとなる。

マルクスの「経済学批判」が、実際に経済学《ポリティカル・エコノミー》の統治論としての側面を標的に据えていたか否かはもとより議論の余地があろう。さらにまた、フーコーによれば、今日の資本主義においては自由主義的統治が新自由主義的統治へと変貌を遂げている。フーコー自身は統治実践の系譜学という試みのなかでその変貌を詳細にたどったのであった。しかし、自由主義的統治や新自由主義的統治の根底にさらに「資本の統治」とでも言うべきものが潜んでいるのではないか、小論はそれを『資本論』のなかに探り出せないかという試みである。

もとよりマルクス主義国家論からするなら、フーコーの微視的権力理論はより広大な国家の支配を看過するものということになろう。逆にフーコーの側も、普遍理論や歴史主義とともにマルクス主義に対しても懐疑的であることから「系譜学」を唱えたという経緯がある。このようにマルクスとフーコーは必ずしも折り合いがよくない。それでも両者を接続する際には、労働力の再生産の資本のもとへの「実質的包摂」という視点がフーコーの「規律型権力」を裏書きするものとして強調されがちである。小論はそうした両者の対応づけにはこだわらず、フーコーの問題意識を参考にしながら、生産論の手前で、資本固有の統治のあり方を流通諸形態のうちに独自に探ろうと思う。

以上の視点に立つとき、自由主義的統治や新自由主義的統治に対抗しうる統治実践（プラクシス）の契機を、「経済学批判」の課題のうちに取り戻していくこと、これもまた禁欲されるべきではない。被統治者が精神性を介して「自己の統治」を行なう限りで、権力の形成は govern（統治）＋mentality（精神性）＝ governmentality（統治性）の問題であり、また、あからさまな「支配」ではなく被統治者が自ら従順であるように仕向けて統治を容易にする限りで art（統治術）の問題でもある。資本主義における統治する主体（何が統治しているのか）はもちろん重要な問題だが、小論は統治される主体（従属＝主体《サブジェクト》）に即して統治の様態（いかに統治されているのか）に考察を絞りたい。しかしあえて「資本の統治術」を問題にするのは、固定的な「支配体制」（国家の支配）でも、かといって変動常なき「戦略ゲーム」（市場の権力）でもなく、この二極の間の「統治技法」に照準することで、形成途上にある流動的な資本制システムの変更可能性を問いたいからでもある。

小論では以下、フーコーの「新自由主義的統治術」の考察を参考にしながら、その根底に横たわる資本固有の統治のあり方を、おもに『資本論』の流通諸形態を題材に探る。商品を駆り立てる価値表現は不可視の価値を可視化する試みだが、そのとき逆に商品どうしの敵対関係が等値関係によって不可視化される。こうした価値と権力の空間の様態を、おもに初版本文の「価値形態四」を再解釈し拡充しながら明らかにしたい。同時に商品世界と王権との比較を通じて、今日における資本の統治術に迫りたい（＊2）。

二　フーコーの「新自由主義的統治術」

フーコーは、統治のあり方を系譜学的に追跡する試みのなかで、一七世紀絶対主義の国家理性に代わって、一八世紀には経済学《ポリティカル・エコノミー》の誕生とともに経済的理性とでもいうべきものが新たに出現したと言う。そしてこの統治のための新たな合理性を「生政治」と命名する。つまり国家理性が、従順な臣民の群れに対して司牧的な教導を無際限に行ない、死なせる権力を宗としていたのに対し、新たな統治理性は、経済という不可視の領域の出現を前に、経済学という「真理の体制」によって「つましい統治」を行ない、国家の無際限の統治を停止させたと言うのである。しかしこのとき国家理性が消失してしまったわけではないという指摘が重要である(＊3)。新たな自由主義的統治にとって「自由」とは生産されるものであり、そのうえで自由と安全を仲裁し危機を管理することこそが自由主義固有の権力の核心だとフーコーは喝破するのである(＊4)。つまり自由な主体というのは、じっさいは王の超越的主権権力に代わって登場した規律型権力が、監視者の視線を主体に内面化させたもの、その意味で権力の相関項にすぎないというわけである。

いわば国家理性は、自由主義において改良されただけで新たな装いの下に継続しているのであり、市民社会による国家への「反教導《コントル・コンドュイット》」自体がもうひとつの「教導《コンドュイット》」になりうることを、このことは示唆している。じっさい規律型権力は一九三〇年代に経済介入主義へとつながり、自由主義的統治に危機をもたらすことになる。これに対し、二〇世紀に現れる新自由主義的統治は、国家の存在を非自明化し、逆に市場の創出から出発してそこから逆に国家の存在を保証しかつ監視しようとする。フーコーはこうした分析のもと、新自由主義的統治は、自由主義的統治ですら自然の所与とみなした「純粋競争」を能動的につくり出されるべきものとみなす、と言うのである。また、一八世紀の自由主義経済学が「交換と等価性」を市場の本質とみなしたのに対して、二〇世紀の新自由主義的経済学は「競争と不平等」をその本質として強調する、とも。

このことからわかるのは、新自由主義においてもまた、統治による介入はなくなるどころか、むしろ介入が能動的・恒久的になってゆくということである。新自由主義的統治は経済的プロセスそれ自体に介入するのではないが、市場の条件、いわば市場の「枠組み」(＊5)にのみ積極的に介入することによって管理型権力へ道を開いたのであり、ここにおいて統治はより巧妙になり、かえって隅々にまで行き渡ることになったのだ。あわせて国家は「触れるべからざる」自由放任の主体を、逆に「扱いやすいもの」にするために、ホモ・エコノミクスの定義を（交換する主体から投資する主体へと）微妙にずらすことで、本来統治不可能であった個人を統治可能な格子に変換するばかりでなく、ホモ・エコノミクスの膨張によって統治可能な領域をさらに拡大する。すると新自由主義もまた、自由主義の轍を踏むまいとして国家に対する市民社会の「反教導」を指向しながら、それ自体が「教導」になるという自由主義の行程を繰り返していることになる。のみならずこの「教導」は、人口という集団的な塊《マッス》に対してだけでなく、ホモ・エコノミクスという個別的なものに対しても行使されることになったと解釈できる。つまるところ新自由主義的な生権力は、枠組みから全体的なレベル、さらに個体的レベルに至るまで統治を隅々にまで行き渡らせることによって、逃げ場のない統治空間を出現させてしまったのだ。

このように見てくると、フーコーが明らかにしたのは、監視者の視線を主体に内面化させる「規律・訓練型権力」にせよ、生きている者を価値と有用性の領域に配分する「管理・調整型権力」にせよ、主体以前の主体を〈従属＝主体《サブジェクト》〉化する生権力の主体形成的側面と、さらに、そうした行程を隠蔽して主体にあらかじめ能動性と自律性が備わっているかのように偽装させる生権力の不可視性であるということになる。

当該の文脈に関する限り、フーコーは新自由主義的統治に対する反教導＝抵抗の可能性を自ら追究しているわけではない。しかし、新自由主義的統治から逃れる可能性を模索するのなら、資本における「矛盾」というマルクスの問題設定に立ち返る必要がある。フーコーは「生権力」を、生命の調整的なテクノロジーと身体の規律的なテクノロジーの複合物と捉えるだけでなく、さらに死なせる権力としての主権権力もまたここで完全に消失したわけではないとして、権力の諸形態の「系譜学的な重層性」を強調する(*6)。もしそのとおりだとするなら、今日の新自由主義的統治の分析に際しても、マルクスの問題設定をせいぜい自由主義的統治にのみ妥当する時代遅れと一蹴することはできない。それどころか、新自由主義的統治にも通底する資本の統治を根本から抉り出した点において、マルクスの問題設定を引き継ぎ、拡充することこそが求められているように思う。

三　不可視の価値空間——冒頭商品

『資本論』はもとより権力の分析を明示的に展開しているわけではない。資本制下の社会の富はまずは「巨大な商品の集まり」として現れるのであり、商品が富の細胞形態である以上、商品の分析から始めざるをえないのである。しかし市民社会の権利には必ず権力の媒介が不可欠であるように、市場経済の利益にもまた「力の論理」が先行する。この意味で「価値」もまたある種の「権力」と相関的である。もちろん、「民主主義は工場の前で立ちすくむ」の言葉どおり、権力の分析は資本—賃労働間の階級関係を中心とする労働過程に固有の問題として扱うべきという見方もできよう。しかしマルクスが、流通は平等であるという常識に棹さす古典派的市場観(あるいはその鏡像としての市場社会主義)を疑うところから始めたことに留意すべきである。

すでにアリストテレスの古代から、たとえば靴には履く用途と交換品としての用途の二つがあると指摘されてはいたが、マルクスは、資本主義的生産様式の富の細胞形態たる商品の二要因として使用価値と交換価値を列挙するだけでなく、その「矛盾」を資本主義的生産関係のかなめと捉える。主観的満足度たる効用とは異なり、使用価値は商品に有用性を与える物理的属性であるが、資本制下の商品の属性としては、それは「他人のための使用価値」として、また交換価値の「物質的担い手」として消極的要因をなす。他方、積極的要因としての交換価値は、偶然的に変動する交換比率としては商品の属性とはみなしがたいので、第三の物つまり「価値」に還元されなければならない（全集23a-50）。そのうえでマルクスは、即座にそれを「価値の実体」つまり「社会的必要労働時間」に再還元するのだが、同時に、直接認識が不可能な価値それ自体（価値一般ではなく、さしあたりはリンネルの価値）は「他の商品の使用価値量」（上着一着）によって表現せざるをえないとして、価値形態論を別途展開するのである。このように『資本論』の方法には、タテへの還元とは異質のヨコへの展開とでも言うべき筋が「流通形態論」というかたちで存在するのだが、見逃されてならないのは、この流通形態には「権力」というタテの垂直関係が別途刻まれるという点である。

たとえばマルクスは次のように記している。

> 「リンネルにたいして上着が価値を表すということは、同時にリンネルにとって価値が上着という形態をとることなしには、できないことである。たとえば、個人Aが個人Bにたいして王位にたいする態度をとるということは、同時にAにとっては王位がBの姿をとり、したがって

顔つきや髪の毛やその他なお多くのものを国王が替わるごとに取り替えることなしには、できないのである」（全集23a-70）（＊7）。

つまりここで述べられているのは、価値はそれ自体としては現前不可能だが、等価形態たる上着という現物形態をとって再現前するということであり、またこれは不可視の権力のあり方と同型であるということである。

しかし、次のような疑問が即座に浮かぶ。第一に、商品世界において一見すると平等な商品どうしの関係が、王と臣下の関係にも擬えられるべき権力関係を孕んでいることがここでの要点だとしても、商品価値が不可視であるのに対して、主権権力の方は、近代初期の王権か絶対主義期の王権であるかを問わず、王の身体として初めから目に見える形で現前している。この点こそ、可視的な主権権力と不可視の規律権力の時代間の相違としてフーコーが強調したことではなかったのか。第二に、かりに商品世界を王権に擬えることが可能だとしても、それは貨幣に対する商品の関係をまって指摘されるべきことで、商品どうしの関係の説明としてはやはり不適切ではないのか。かつて宇野弘蔵が『資本論』の当該箇所に好意的な丸山眞男を牽制して、物神性は商品の段階ではまだ説けないとしたのは、このことと関わるのではないのか。

これらの疑問に対しては、さしあたり中世王権の本質を「政治的身体と自然的身体の二重性」として規定したエルンスト・H・カントロヴィッチの見方が参考になる。王の身体には死すべき個人としての自然的身体の側面のほかに、象徴的な政治的身体としての側面があり、そこには人と神が共存していると言うのである（＊8）。ところが、大竹弘二によれば、そうした王の身体の二重性は中世の王権ではなく、あくまで近代初期にその発端が求められなければならないとしたうえで、主権者における人と神の共存は決してそれらの差異を抹消することができず、主権者の経験的身体は超越的身体をついに引き受けることはできないと言う（＊9）。

さらに大竹は、近代の主権概念は、そのあとも「王の二つの身体」の対立という困難を解決できたことは一度としてなかったと言う。それは、全能の主権者（無限）が自らの物理的限界（有限）につまずくという問題が、そもそも主権権力における権利上の機能と事実上の能力との齟齬に起因するものであり、法措定の絶対的権限を持つとされる主権者は、にもかかわらず実際の統治能力においては必然的に限界を持つからである。その限りで、この困難は、国王だけでなく近代政治の主権者たる私たち人民も免れえない困難、君主制と民主制の別を問わない困難だと言うのである。

以上の認識を踏まえ大竹は、目に見える形で現前している王の身体には、実は超越と経験との二重性があらかじめ刻み込まれており、この両者の対立・矛盾によって開かれる新たな空間のなかでこそ、統治権力が自律的に作動するのであって、盤石の主権者を基礎にして統治権力が作動するのではないという注目すべき指摘を行なう。そうすると、主権的権力が、フーコーの言う統治性に取って代わられるという権力構造の転換を、単なる時系列的な移行として捉えるべきではなく、統治が主権を凌駕するという「例外状態」が、「法や主権に基づく近代政治の下層につねにすでに存在し続けてきた」（＊10）というわけである。統治が主権を凌駕するという論点についてはいま措くとしても、このことは近代以降の規律型権力に連動した商品世界もまた王権（主権権力）に擬えうることを意味する。

先のマルクスの引用に戻ろう。そこでマルクスは、王位がBの姿をとることを、国王が替わるごとに「顔つきや髪の毛やその他なお多くのもの」も取り替えること、とパラフレーズしていた。それは、そもそも各国王が自然的身体（Bの姿）と象徴的身体（王位）に引き裂かれており、自らに与えられた権限と自らの能力の限界との齟齬に悩まされ続けるからにほかならない。その結果、国王が次々に挿げ替えられるにともない身体的特徴も次々に取り替えられることになるが、それだけでなく、この齟齬は、主権権力から相対的に自律した統治の空間が、すでに近代初期の時点で密かに広がりつつあったことをも示唆する。マルクスの慧眼は、この齟齬の起点を国王（B）自身ではなく、それ以外の個人（A）の視点にまで引き下げたところにある。超越と経験の対立・矛盾は、国王が感じる前に、取り巻きを含めたそれ以外の任意の個人Aを衝き動かしていたと言うべきである（＊11）。

他方、商品世界においては、貨幣もまた国王と同様に、金という自然的身体のほかに一般的等価という象徴的身体を併せ持つ。しかしマルクスはここでも、自然的身体と象徴的身体が一体化した貨幣を与件とするのではなく、商品どうしの関係のうちにその二重性の萌芽を見出すのである。それこそが等価形態に立つ上着が「その自然的身体のままで価値でもある」ことを表現した「単純な価値形態」段階における「価値物」という概念にほかならない。

しかしその際、上着（価値物）を個人B（国王）に擬えることまでは可能だが、リンネル（価値存在）を個人A（臣下）に擬えることはできない（＊12）。そしてここにこそ王権と商品世界との差異が認められなければならない。つまり上着は、「それ自身として実存する価値」というあり方をしており、価値が使用価値身体と一体化した「価値物」（Wertding）であるが、それに対して、リンネルのほうはいまだ「価値物」になりきれない両者の分裂した「価値存在」（Wertsein）にすぎない。ところが「価値存在」に相当するものを王権（主権権力）の圏内に見出すことはできないのだ。たしかに王権の圏内における個人Aは超越と内在の矛盾を王に先立って感じるであろう。しかし、それは個人Aに内在する何らかの性質が個人Bで表現されるというわけではなく、その限りで任意の個人Aが王になりうる可能性はない。

しかし、だからといって商品世界が一切の権力と無縁であることを即座に意味するわけではない。近代の統治空間（規律権力）においては、王権（主権権力）の場合とは逆に、任意の個人Aがいわば「価値存在」の地位に置かれている。これは裏面において、彼らが等しく新たな「王位」に開かれてもいるということであろう。見方を変えるなら、主権権力において王を引き裂いていた権利上の機能（象徴的身体）と事実上の能力（自然的身体）との齟齬という困難は、規律権力において人民みなに引き継がれることになるのだ。マルクスは、この近代の統治空間に連動した商品世界の力学を追究したのではないだろうか。そのためには、商品を単に価値と使用価値の二重性として捉えて済むものではない。それ自身は「有限」（使用価値）でしかない商品をして、到達しえない自己の分身を求め能動的に「無限」（価値）を表現することに追い込む「価値空間」が（＊13）、近代の統治空間に連動して個々の商品の背後にも密かに広がっていることを明らかにしたとは言えないか（＊14）。その際、価値表現とは、個人の自主的選択に委ねられたものではなく、資本に強いられた自己制御のあり方（一種の統治術）とは言えないか。

フーコーはかつて、超越的主権のあとを埋めるように「経験的・超越論的二重体」たる不安定な「人間」が登場したと説いたことがある。そのような近代的主体に連動して、新たに出現した経済という領域においても「感覚的であると同時に超感覚的でもある」（全集23a-96）分裂した商品が世界を埋め尽くすことになったのである。資本の統治術の探究は、こうした「価値空間」の存在を見定めるところから始める必要がある。

四　価値表現による可視化と不可視化——価値形態

『資本論』において、一般に価値形態論は最も難解な箇所と了解されている。しかし、それ以前にわれわれを戸惑わせるのは、価値実体・価値量（社会的必要労働時間）とも交換比率・使用価値量（交換価値）とも区別された「価値」それ自体、という捉え方である。通常理解されるように、価値形態論の課題とは、商品どうしの物々交換から貨幣形態のゲネシス（発生論）を説くことではない。商品どうしの二者関係から遡行して、その可能性の条件を「前進即背進」的に基礎づけ、それを価値概念として規定することにある。見ることも測ることもできない価値なるものをアプリオリに立てることはできず、それは貨幣によって初めて可能になる虚構だとする唯名論的な捉え方があるが（＊15）、マルクスの問題設定はそれとは異なる。マルクスは、貨幣をさらに遡行して、商品の価値に貨幣表現を見出させる「深層構造」をさらに進んで追究するのである。そしてそれを二者関係とは区別された第三者としての価値、貨幣とも異なる「空間の広がり」(＊16)、「〈場〉としての価値」として見出したと言うべきである。それは先の「価値空間」と異なるものではない。

ところで、このような問題意識は『資本論』現行版つまり第二版以降ではなく、初版本文の価値形態論、とりわけその「形態四」に最も顕在化している(＊17)。初版本文の形態二から形態三への移行は、現行版と同じく、左辺を右辺と置き換えるいわゆる「逆転」によっているのだが、その意味するところは、現行版がその逆転を即貨幣形態の成立と結びつけるのと大きく異なるのである。それは、商品どうしの二者関係から出発して商品の価値表現の行方を追跡すると、どの商品にも「逆の関係」が当てはまり、n個の形態二とその「逆転」としてのn個の一般的等価物、つまり「形態四」が成立してしまう、というものである。よって、一商品のみを一般的等価として排除すること(現行版・形態三)が論証不可能となってしまうのである。

この初版本文に固有の「形態四」が示唆するのは、対他的対自化を通した商品どうしの相互共軛的な「価値物」としての認知(＊18)でも、また物々交換を起点とする貨幣導出のアポリアを通じて背理法的に示される貨幣のアプリオリ(間接交換ルール)(＊19)というわけでもない。それが示唆するのはむしろ、貨幣にすら先立つ商品どうしの潜在的関係、可能性の条件としての「価値空間」の抉出と言うべきであり、さらにそこに一般的等価物(貨幣)の資格をめぐる主導権争い、ないし商品どうしの敵対性があまねく刻印されているということである。マルクスは、「商品は自分の価値を自分自身の身体または自分自身の使用価値で表現することはできないが、価値存在としての他の使用価値または他の商品身体に直接的に関係させることはできる」(傍点引用者)(＊20)ことを価値表現の「廻り道」として規定したが(＊21)、ここには「万人の万人に対する闘争」にも擬えられるべき商品どうしの敵対関係が、端緒に凝縮したかたちで見出せるのである。

それでは、形態四の重要性を踏まえたうえで価値形態論はどのように拡充されるべきか。マルクスの記述からは逸れることになるが、その要点を以下、簡潔に示してみよう。

◉——形態一

近代的な市場の特徴を最も抽象的な次元で捉えるなら、前近代的な共同体の構成員が相互に模倣衝動に衝き動かされ類似関係に支配されていたのに対し、個々の構成員が漏れなく商品所有者として、他の商品所有者と差異化を図ることを余儀なくされている、ということになろう。もちろん商品所有者の意向は、即自的には市場に登録された特定の商品を目指して「あれが欲しい」という対象欲求としてまずは表明される。しかしこの表明は、交換を通さざるをえないため、独自の商品を私も市場に登録しなければならないという社会的要請に伴なわれている。「あれが欲しい」という対象欲求は、私の商品が漏れなく他人のための使用価値となっている状況では「私の商品の固有性を認めよ」という承認欲望を必然的に伴なう。市場においては、外的他者に対する模倣衝動を抑え、自己の欲望の固有性と、自己の商品の使用価値の固有性が自覚的に捉え返されることになる。しかし、模倣衝動を抑え差異化を図ろうとする商品所有者の意図は、そのためにまずは「価値」という同質性を経由しなければならない。

こうして差異化の要求は、あらためて同質性によって補完され、「価値と使用価値のカテゴリー」によって規約化されてはじめて実現の可能性が開かれる。このカテゴリーのもとではじめて無限に多様な類似関係は、安定的な記号関係（反省された等価関係「これはあれと等しい」）へと縮減され、それによって合目的的かつ能動的な行為の端緒が開かれるのである。

ここで合目的的かつ能動的な行為というのは、端緒的には、たとえば私は二キログラムの茶が欲しいが、それに対してリンネル一〇ヤールなら差し出してもよいという形で表明される。それは最終的に「リンネル一〇ヤールは茶二キログラムと等しい」という等式として表現されるが、しかしこれはリンネル所有者の一方的な交換要求である。能動的な交換要求はかえって主導権をリンネル所有者から奪い、「直接的交換可能性」を相手に与えてしまうのである。

しかし主導権の逆転は使用価値レベルにとどまらない。リンネル所有者は茶の使用価値をリンネル商品の価値を表現する材料にしようという意向を同時に持っている。このとき等価形態に置かれる商品は一転して目的から手段（価値鏡）と化し、その限りでリンネルの価値表現は茶の所有者の意向から相対的に解放されるわけであるが、しかし価値表現の主導権はやはり茶の側にある。価値表現には等価の設定が不可欠であり、この等価設定は同時に等価の尺度（価値物）を要求するが、能動的な価値表現はかえって主導権をリンネルから奪い、「等価の尺度」としての資格を相手に与えてしまうのである。その際、「直接的交換可能性」と「等価の尺度」とを混同してはならない。

マルクスの価値形態論は、古典派（スミス）あるいは新古典派（メンガー）の貨幣生成論に擬えられることもあるが、根本的にそれらと異なっている。その最大の理由は「価値表現」をその根幹に据えているという点である。他人の使用価値に対する欲求は、自己の使用価値の差異を際立たせようとする承認欲望に必然的に伴なわれていたが、そのためにはさらに「価値」によって剪定され規約化されなければならなかった。しかし「価値表現」とは他の商品との「同質性」を積極的に主張することではないし、したがって「価値」は「同質性」に還元できるものでもない。「私の商品の固有性を認めよ」という承認欲望は継続しているのであり、使用価値上の質的な差異を際立たせようとすることが、価値による剪定を経ることによって、量的に差別化されることを通じてしか果たされないのである。

こうして相手商品との同質性を示すことは、同時に相手商品との間で優位性を競うことを不可避的に含んでしまっている。近代資本主義においては差異性の表現が（量的）優位性の表現とならざるをえない。水平性は垂直性に汚染され、同質性は優位性に汚染されている。あるいは「交換と等価性」（自由主義的統治）の根底にじつは「競争と不平等」（新自由主義的統治）が控えているのであって、逆ではない。

単純な価値形態は、以上のように、「リンネル一〇ヤール＝茶二キログラム」という同一の表現のうちに、少なくとも三つの様相が刻み込まれている。第一に、リンネル主導のもとで等価形態の商品茶が欲求の対象とみなされるとき、茶は「目的」とされるが、そのことで使用価値的な優位性（直接的交換可能性）はかえって茶に奪われる。第二に、リンネル主導のもとで等価形態の商品茶がリンネルの価値表現の手段とみなされるとき、茶は「価値鏡」となるが、そのことで価値尺度たる資格はかえって茶に奪われる。第三に、リンネル主導のもとで等価形態の商品茶との同質性を示そうとするとき、リンネルにとって茶は同時に「競争相手」ともみなされ、同質性は量的優位性を随伴することが明らかとなる。それぞれの様相において、右辺の「茶二キログラム」のうち「茶」「キログラム」「二」という要素がこもごも前景化することになるが、いずれの場合も虚構の「＝」（等価）の背後で、左辺と右辺の主導権争いが繰り広げられていることが、以上の考察によって明らかとなる。リンネルは水面下では、茶に対して、市場性（人気）の面でも、尺度としての適性の面でも、価値の高低の面でも優位に立とうとするが、そのぎりぎりの妥協点が件の等値表現として可視化されるわけである。等値表現は、水面下で繰り広げられる不可視の比較表現に先立たれていると言い換えてもよい（＊22）。

◉――形態二

近代において登場する経済人は、外界からの影響を遮断し、自身の商品の使用価値だけでなく自身の欲求についても、その固有性を強調することで模倣衝動を抑制しようとする。価値形態論の冒頭において示される単純な価値形態は、自己の檻に閉じ込められたこの経済人の在り方を端的に示している。しかし自立的であることを是とする経済人は、模倣衝動を抑制しようとしながら他方では模倣を前提とし、さらには模倣によって支えられているのである。

たとえば、リンネル所有者が茶を欲しているとき、当の茶所有者はリンネルを欲しいとは思っておらず小麦を欲しているかもしれない。このとき、茶に対する自身の欲求実現を貫こうとするならば、好むと好まざるとにかかわらず、リンネル所有者は茶所有者の欲求の向かう先（小麦）を参照し、それを擬態し、さらにはそれを先取りすることにさえなる。このプロセスは、さらに小麦所有者の欲求の向かう先（上着）の探索へと繋がることで、数珠つなぎに等価形態の商品の数を増やしていく。こうした他者の欲求の度重なる模倣を通じてさらに明らかになるのは、リンネル所有者に固有であるはずの、茶に対する初発の欲求もまた、他者からの暗示によるものではなかったのかということである。

それだけではない。リンネル所有者はまた、自身の商品がいかに他の商品とは異なる固有の使用価値を持つものであるかを同時に示さなければならなかった。しかし、他者の欲求の探索を通じて皆から欲しがられる最も市場性の高い商品が発見されると、私の商品も皆から欲しがられることを願うようになる。

こうして商品所有者は、自身の特殊な欲望を満たそうとしてますます他者の欲望に取り憑かれ、また自身の商品の使用価値特性を示そうとしてますます他者の欲望の対象たること（他者から模倣されること）を示していかなければならなくなる。模倣衝動を抑圧し、自身の自立性と特殊性を示そうとすることによってかえって、自己による他者の模倣と、他者による自己の模倣をますます前提としなければならなくなるのである。

単純な価値形態において見たように、「私の商品の固有性を認めよ」という承認欲望は即座に同質性としての「価値」によって剪定されるだけでなく、価値表現を経た承認欲望は、他者の商品との同質性のほかに、それに対する優位性を示すことを同時に負荷されていた。しかし、拡大された価値形態においては等価形態が複数化しており、それに伴ない価値表現の数だけ等価の尺度もまた不統一に浮遊し、ひとつに定まることがない。単一の尺度のもとでの系統的な比較が価値尺度の乱立によって果たされないのである。

◉——形態三

価値の優劣を競い、相手商品に対して優位性を示そうとする承認欲望は、一様なる価値尺度が出現してはじめて客観的に表現されるが、この尺度財は使用価値的に最も市場性の高い商品と同一視される傾向がある。しかしながら、全社会的に交換を求められる市場性の高い商品は複数あり、必ずしもひとつに定まるわけではない。そもそも商品所有者の初発の欲求じたいが他者の欲求からの暗示によるものであったのかもしれないことを考慮すれば、この欲求の可塑性を根拠に、自己の商品ですら皆から欲せられる市場性の高い商品と認定される可能性はあるのである。

このとき拡大された価値形態は一般的価値形態へと「逆転」される。もっとも、それはリンネル所有者の私的で一方的な承認欲望の表現にすぎないのであるが。「茶一キログラムはリンネル五ヤールと等しい」、「小麦一キログラムはリンネル一〇ヤールと等しい」、「上着一着はリンネル二〇ヤールと等しい」というように、自己のリンネル商品を最も市場性の高い商品に擬制することによって、同時にリンネル商品を価値尺度財に擬え、そのもとで茶と小麦と上着は直接比較可能となるのである。

◉——形態四

こうしてリンネル所有者は、使用価値上の一般性と価値上の超越性を自己の商品の「名」のもとに先取りし、自身がその資格を有することを、私的にではあるが、一方的に宣言する。そうした承認欲望を、だれしもが抱き「逆転」を試みるのだ。商品世界においては、こうしてすべての商品所有者が自身の優越性を示すことに汲々としながら、他者もまた自身の優越性を示そうとしていることを発見し、観察することになる。しかし、模倣を斥け他者と差別化を図ろうとする競争は、つねに、他者に遅れを取るまいとして、かえって模倣を目指す競争を要請してしまうのである。

一般的等価の成立に際してはこのような模倣の力学が働いていることは間違いないが、しかし模倣だけでは貨幣形態にまではたどり着けない。「形態四」が意味するのは、端的に一般的等価の乱立（貨幣形態の不可能性）にほかならないのだ。商品の「内的対立」は、こうして貨幣の座をめぐる商品どうしの「外的対立」となって可視化されるが、それは緊張関係を孕んだ等価性の連鎖というべきものである。このように、貨幣形態（等価）に先んじて、商品どうしの敵対関係（競争）が広がっているのである（＊23）。

では、なぜマルクスは、やがて第二版で「貨幣形態」によって置き換えられることになるにせよ、初版本文ではあえてこの「形態四」を残したのか。

この等価性の連鎖を収斂させる（ように見せる）ためには、緊張関係を宥めるに足る単一の「名」が必要である。しかし、そのような要素を商品世界内部に見出すことはできない。したがってこの「名」は上から押し付けられるか、外から導入されるほかない（＊24）。こうして商品世界の価値を統一的に示す単一の「名」は、商品世界の外部をも代表してしまうような「名」であり、それは単なる名目的なものを超える、ある種の「威信」を不可欠とする。マルクスの真意はともかく、形態四は貨幣形態への途絶を強調することで、逆説的に貨幣形態にとって不可欠の要因を炙り出しているように思われる。

形態四が示唆する、このような敵対関係を孕んだ等価性の連鎖は、むしろ今日のグローバル資本主義における国際通貨のヘゲモニー闘争のイメージに適しているかもしれない。その意味で、価値形態論で形態四の意義を強調することは、かえって純粋な価値それ自体の論理を歪めるという批判もありえよう。権力の作用は国境を前提とした国際的な通貨間競争のうちに発現する以上、そのような貨幣論固有の問題から、一国経済を前提とした価値表現の問題を切り離す必要があるというわけだ。しかし、一国内で貨幣がまず決まり、そのあとで国際通貨のヘゲモニーが決まるわけではない。価値表現にも国家とは別の次元で権力は作用しているのだ。そうした意味でなら、たしかに価値形態論を含む経済原論に暗黙裡に前提されてきた一国主義的枠組みを再考する余地があろう。

五　貨幣主権を超える資本の統治——貨幣の資本への転化

価値空間は貨幣を析出させることで終わらず、引き続き資本の運動を展開せざるをえない。その理路を、やはり商品世界と王権との比較を通じて、さらに探ってみたい。

絶対王政期の王権は、支配者がその栄光（威信）を華やかに上演する「代表的公共性」（ハーバーマス）によって特徴づけられる。しかし、先に引いた大竹によれば、ここで「代表」というのは、すでに存在している何かを忠実に「模写する」ことではなく、何ものかを「現前化」することではじめてそれに実在性を与えることにほかならない。主権的権力のもとでは、国王は臣民の意志や利害を忠実に「代理」するのではなく、秩序を象徴的に「現前化」することでそれに実在性を与え、可視的に顕現させる。儀礼を通じて王の身体が公的な空間に現れるということは、その美的効果を狙ったものであり、そこに王の政治的身体が持つ栄光としての「代表」機能がある。

それに対して、市民革命を経た代議制（代表）民主主義は、理念上は自由で平等な市民たちの討議に基づく「市民的公共性」によって特徴づけられ、国民の意見や利害を忠実に反映し、模写することが期待されている。しかし、代表としての国王の身体が持っていた不可侵性は、近代の議会制にもまた受け継がれていると大竹は言う。それは無定形な人民を主権者として「現前」させるという機能であり、さらに国民は政治的にも経済的にも平等であるという擬制を可視化させるという機能である(＊25)。共和国の新たな象徴的身体としての議会は、「国民」や「人民の意志」を映し出すのではなくつくり出すのであり、また討論による透明な公開性を通じてではなく、むしろ不透明なイメージ操作によって、代表としての議会に正統性を付与しようとする。その限りで栄光としての代表機能を王の政治的身体から受け継いでいると言うのである(＊26)。

一般に、主権者の公的現前あるいは公開性のもとでのみ統治に正統性が付与されるというのは、絶対主義の「代表的公共性」のもとであれ、民主的な「市民的公共性」のもとであれ変わらない。

しかし今日においては政治的公開性が機能不全に陥り、統治が政治的公開性の世界から離れて自立化しているというのが大竹の診断であった。こうした今日の民主主義の危機を、大竹が、統治が（法だけでなく）主権をも追い越す「例外状態」の常態化と認識していることは、先に触れたとおりである。そしてそのような「例外状態」は近代政治の下層につねにすでに存在し続けてきた。ここで追究したいのは、こうしたことが経済の領域とも連動しており、新自由主義的統治が目立ち始めるずっと以前から、資本の運動を可能にする商品世界（価値空間）と対応していたのではないかということである。

貨幣は一般に、議会の国民に対する関係に擬えられて、諸商品を忠実に反映し「代理」するものと了解されている（＊27）。しかし『資本論』には「量的な制限と質的な無制限との矛盾」という、それとは異なる貨幣規定が存在する。そして、この矛盾こそが貨幣蓄蔵者をして「絶えず蓄積のシシュフォス労働へと追い返す」（全集 23a-174）とマルクスは言うのである。貨幣はここでは、諸商品から民主的に押し上げられた諸商品の「代理」というよりは、王の象徴的身体の不可侵性を、金の象徴的身体のうちに「質的な無制限」という形で受け継いだものと捉えられている。それだけでなく「量的な制限」というもうひとつの属性との間で引き裂かれている点においても、貨幣は「代表」としての王の後継者といえる。貨幣においてもまた王と同じく、超越と経験の二重性は完全に一体化しておらず、このずれが新たな運動の空間をひらくのである。

じっさいマルクスは、このあと「貨幣の資本への転化」の冒頭部分においても、同様の指摘を資本に即して行なう。資本とは、マルクスによれば、運動の終わりが運動の始まりとなる無窮の運動体であるが、それは一〇〇ポンドも一一〇ポンドも「両方とも量の拡大によって富そのものに近づくという同じ使命を持っているから」(全集23a-198, 傍点引用者)と言うのである。つまり、貨幣は質的には、単なる諸商品の総和という以上に、「富そのもの」という全体を新たに現前させる「代表」であり、質的無限性たることを宿命づけられている。他方、量的には、つねに限られた貨幣額としてしか存在しえず、これが質的有限性と取り違えられる。この両者の矛盾が貨幣の自己表象＝自己媒介という資本の無限の過程を必然化すると捉えられてもいるのだ。

もちろん資本は貨幣から区別されなければならない。そもそも、貨幣を流通から引き上げることによってではなく、絶えず流通に投じることによって価値増殖を図ろうとすることが、「気の違った」貨幣蓄蔵者とは異なる「合理的な」資本家の行動原理なのだった。貨幣は、すでに存在する諸商品の単なる総和を超える「富そのもの」という追加的表象を新たにつくり出す限り、「代表」としての王の後継者である。しかし貨幣はまた他方で、諸商品から押し上げられた諸商品の「代理」という性格から完全に超越しているわけでもない。こちらの性格は、主権としての貨幣にあとからあてがわれた正統化のための擬制《フィクション》にすぎないのかもしれないが、そうした側面も貨幣から一掃することはできない(*28)。貨幣の超越性は安泰ではなく、諸商品の内在平面との依存関係の中でつねに相対化されざるをえないのである。貨幣は不動の超越的尺度として商品世界の外から君臨している限りは、あらためてそれ自身の価値を問われることはない。しかし、近代の価値空間は、貨幣をも世俗的な諸商品の内在空間に差し戻し、その価値をあえて問題にする。

ところが、貨幣の価値は原理的に測ることができない。すでに見たように、すべての商品は貨幣でその価値を統一的に表現するが、貨幣の価値の大きさは、諸商品が価格を繰り返し実現していくなかで受動的に曖昧に知覚されるのみで、統一的な価値表現の回路を断たれているのである。したがって原理的に不可測の貨幣の価値の大きさをどうにか確定しようとして、貨幣は流通の中でさまざまな商品に姿かたちを変え、その価値の大きさをそのつど確証していかざるをえない。資本がG－W－Gと姿態変換を繰り返すのは、そのためである。貨幣蓄蔵者が貨幣を流通から救い出すことによって価値の無窮の増殖を行なうのに対して、資本家がたえず繰り返し流通に投げ込むことによってそれを行なうのは、端緒的には不可測の貨幣価値を流通の中でどうにか確定しようとするからなのである。

六　資本の統治と事物の政治

貨幣は、近代の価値空間の中では諸商品からなる世俗的領域と完全に手を切るわけにはいかない。いましがた諸商品の「代理」という貨幣の性格を、正統化のためにあとからあてがわれた擬制《フィクション》と述べた。しかし正確を期すなら、貨幣は公開の舞台で正統的な手続きを経て諸商品の中から決然と選ばれた「代理」ではなく、実際は、すべての商品が日々密かに行なう価値「表現」の意図せざる結果である。そして価値表現とは、当事者が、交換の現場で、商品の中にたしかに存在してはいるが不可視・不可測の価値を、他の商品の使用価値身体を利用してどうにか可視的世界に引きずり出し、量的に確定することであった。

したがって貨幣は、一方で「代表」としての王権から不可侵の性格を受け継ぎながら、他方でこのような価値「表現」の促迫《ドライヴ》を、たんなる「価値存在」にすぎない諸商品とともに受け続ける相対的存在である。その意味で貨幣はつねに二重性を帯びているのだ。一般的には、市場という公開の場において、貨幣という主権を介した実際の交換によってはじめて価値実現がなされ、この決然たる価値実現を正統性の根拠として資本の運動が可能になると捉えることができるだろう。しかし、新自由主義的統治に連動して今日目立ってきた「金融化」現象に認められるのは、実際に転売を行なわずとも評価益だけで巨利を得る金融資本の登場である。そこでは未実現の価値もまた「評価」の対象となり、評価益や評価損を含めた資本価値全体の評価値が増えるという価値増殖の形態が顕著となる。しかしそこでも、金融取引を通して不断に資産を入れ替えるというように、姿態変換はじつは継続している。市場の外でただ貨幣を握りしめている貨幣蓄蔵者が資本家でないように、ストックもそのまま貨幣の形で所有されるのではなく、価値増殖のために不断に資産項目を組み替えることが水面下で要求されるのだ。統治が主権を追い越すように、経済の領域においてもまた、貨幣による正統化の手続きを経ることなく、資本の自律的運動が水面下で密かに進んでいるのである（＊29）。

このことは、「貨幣と商品という二つの価値姿態を交互に入れ替えながら増殖する価値の運動体」という資本の原義を思い起こすなら、何ら不思議はない。資本は価値が主体である以上、貨幣から始まり貨幣で終わる必要は必ずしもない。貨幣が資本に転化するというよりは、価値が直接に資本へと転化するのである。その意味で、今日の金融化現象は、資本の原義に回帰しているという解釈も成り立つ。

しかし逆に言えば、資本の統治を覆すには、貨幣を標的に据えこれを部分的に改変するだけではもはや不可能である。あらゆるものに価値表現を迫る価値空間そのものに照準を定める必要があるのだ。この価値空間を据え置く限り、新たに考案された諸種の貨幣（仮想通貨、地域通貨等々）もまた投機の具に供せられていくだけだろう。

今日の新自由主義的統治は、繰り返すように、法や主権の限界に現れる執行権力の暴走（統治の肥大化）という例外状態が常態化した状況と言える。こうした主権の失効と対をなす統治の自律化は、官僚機構テクノロジーの発展と経済合理性追求の徹底とも密接に関係しているが、こうした傾向に抗して、国家主権の空白を埋める国民主権の再確立を唱えるだけでは不十分であろう。大竹がアガンベンに依拠して指摘するように、「主権と統治」は結託しているのであり、両者の結託による「栄光装置」の外で「無為」の可能性を模索することが肝要である。もちろんここで「無為」というのは、栄光を引き継いだまま統治の空間を新たに開くような主権者の「無為」ではない。特定の目的（使用）に支配された統治の活動に対して、境界から「無用性」をもって介入することと解するべきである。

経済の領域に即して言えば、たしかに価値空間をドラスティックに変えることは難しい。しかし古い使用を無力化し、それを不活性化することを通じて新しい使用の創造をもたらすような使用価値レベルでの「無為」は、栄光（威信）に裏付けられた統治の肥大化を、少なくとも中断させる有効な手段ではあろう。価値空間の中で、使用価値は交換価値の「物質的担い手」に切り下げられ、「他人のための使用価値」に貶められている。しかし、緊密に張り巡らされた目的―手段連関の中に捕らえられた社会的有用性の空間に亀裂を入れ続けることを通じて、価値空間に揺さぶりをかけることが肝要である。それは来たるべき「経済」に向けての場つなぎの措置にすぎないかもしれないが、特定の目的（使用）とも、栄光（威信）とも無縁の無力な者たちにも開かれた「非人間の政治／事物の政治」（＊30）への道を、少なくとも指し示している（＊31）。

註

（1）ジャン＝ジャック・ルソー「政治経済論（統治論）」阪上孝訳、『ルソー・コレクション 文明』白水社、二〇一二年、所収。
（2）本章は、拙著『模倣と権力の経済学』（岩波書店、二〇一五年）、『マルクスと贋金づくりたち』（岩波書店、二〇一六年）の成果を踏まえながら、これを拡充する試みでもある。
（3）ミシェル・フーコー『生政治の誕生』慎改康之訳、筑摩書房、二〇〇八年、二九頁。
（4）同前、八〇頁。
（5）同前、一七三頁。
（6）フーコー『社会は防衛しなければならない』石田英敬・小野正嗣訳、筑摩書房、二〇〇七年、二五一頁。
（7）この引用箇所自体は、単純な価値形態の「二　相対的価値形態」「a　相対的価値形態の内実」からのものである。
（8）エルンスト・H・カントロヴィッチ『王の二つの身体』上・下、小林公訳、ちくま学芸文庫、二〇〇三年。

(9) 大竹弘二『公開性の根源――秘密政治の系譜学』太田出版、二〇一八年、三八頁。
(10) 同前、一六頁。
(11) マルクスは先の引用文直後の「三　等価形態」においては、単純な価値形態における等価形態の不可解さのうちに貨幣形態の謎が潜在しているという文脈で、上着の等価物としての妥当性を王と臣下の関係に擬えている。王は他の人が彼に対して臣下として振る舞うから王であるにすぎないのに、反対に彼が王だから自分たちは臣下だと思い込む、というわけである(全集23a-78)。
(12) 宇野弘蔵『資本論五十年』下、法政大学出版局、一九七三年、七一二頁、参照。宇野は商品で物神性はまだ説けず、貨幣で初めて物神性が説けるという文脈で、単純な価値形態の等価物を即座に王様に擬えるマルクスとともに、それを肯定的に引く丸山眞男を牽制している。しかし宇野の強調点は、価値と使用価値の二重性が、商品の場合はいまだ「分裂している」(価値存在にすぎない)というところにある。
(13) 近代的主体とは、有限でしかない自己が、到達しえない自己の分身つまり無限を求める「折り目」であり、この意味でカントの言う「経験的＝超越論的二重体」にも擬えられるというのが、ほかならぬフーコーの見方であった(フーコー『言葉と物――人文科学の考古学』渡辺一民・佐々木明訳、新潮社、一九七四年、三三八頁)。カント自身は、王を引き裂いていた神の無限性と人間の有限性の二元論を、近代的主体に内在する不可避的二重性として捉えなおしたと言うべきである。
(14) 真木悠介・大澤真幸『現代社会の存立構造／『現代社会の存立構造』を読む』(朝日出版社、二〇一四年)において、大澤は真木に倣い、近代社会における人びとが価値・役割・意味などの「普遍性をめざす競争」から降りることができないことを「～からの疎外」ではなく「～への疎外」と呼んでいる(三二五頁)。
(15) 代表的な見解として、イ・イ・ルービン『マルクス価値論概説』竹永進訳、法政大学出版局、一九九三年、それに連なるものとして、向井公敏『貨幣と賃労働の再定義』ミネルヴァ書房、二〇一〇年、アンドレ・オルレアン『価値の帝国――経済学を再生する』坂口明義訳、藤原書店、二〇一三年などが挙げられる。
(16) 廣松渉『資本論の哲学』平凡社ライブラリー、二〇一〇年、一四二頁。

(17) マルクス『初版　資本論』江夏美千穂訳、幻燈社書店、一九八三年、五七―五八頁、『マルクス・コレクション3』今村仁司ほか訳、筑摩書房、二〇〇五年、三〇九―三一一頁。
(18) 廣松、前掲書、一九三―一九四頁。
(19) 向井、前掲書、一六八頁。
(20) マルクス、前掲書、江夏訳、四〇頁、今村ほか訳、二九一頁。
(21) かりに、等価形態にある商品を先に「価値物」にすることによってしか価値表現できないことを「廻り道」と解釈するとしても、じつは使用価値と価値が完全に折り重なった「価値物」なるものは、理念上はともかく現実には存在しない。単純な価値形態における上着だけでなく貨幣ですら、じつは価値と使用価値が完全に一体化してはおらず、価値表現はついに「廻り切らない」ことが資本の運動を必然化するのである。
(22) 江原慶「価値の量的表現論」、『経済学論集』八二（一）、二〇一七年七月、参照。
(23) 価値空間を貨幣で埋めるということは、不可視の価値に自然的身体を与えて「可視化」（価値表現）する反面、商品世界の敵対的性格を平等な空間で偽装するという再「不可視化」をあらたに招き寄せる。マルクスは貨幣の物神性を、背後の関係を単に隠蔽するだけでなく、関係をあらわにする糸口でもあるとして、この両義性を「象形文字」に擬えているが（全集 23a-100–102）、この意味で物神性を半透明な媒体という視点から検討する必要がある。またこの可視化と不可視化は、貨幣のみならず、貨幣を攻撃する一八世紀の啓蒙主義（古典派経済学）にも見られることを、マルクスは交換過程論で展開しているが（全集 23a-121）、交換過程論をこの意味でイデオロギー論の視点から検討する必要がある。これらの点は拙著『マルクスと贋金づくりたち』でも触れた。
(24) 「名」が上から押し付けられる場合は計算貨幣に、外から導入される場合は新奇な商品たる金属貨幣になるだろう。マルクスの狙いは「貨幣が（特定の）商品であること」（貨幣商品説）を示すことではなく、「（すべての）商品が貨幣でありうること」（商品の貨幣性）を示すことにある。その際、価値形態論は、形態四を分岐点として貨幣が二つの型へと分岐する可能性を内包している。

(25)「可視化」に伴なう再「不可視化」(と正統化)は、交換過程論で焦点化された貨幣のイデオロギー効果と同型である。
(26)代表するものが代表されるものと本来何の関係もなく、それゆえに何ものによっても代表されないものを必然的に残すことが、かえってすべてを代表する虚構的存在を招来してしまう理路を明らかにしたマルクスの『ルイ・ボナパルトのブリュメール一八日』は、この文脈においてあらためて検討される必要がある。
(27)商品の可除部分と貨幣の可除部分を機械的に対置する貨幣数量説の貨幣観はその典型である。
(28)貨幣はいわば類似と記号の混成物であり、金属と名目の二重性を刻印された存在である。詳しくは、拙著『模倣と権力の経済学』二八七頁、参照。
(29)今日の「企業統治」(コーポレート・ガバナンス)の趨勢は、さまざまなステークホルダーによる企業の不正の監視を謳いながら、その実態は、株主主権のもとに企業価値を不断に高めていくことではないか。
(30)大竹、前掲書、五二三頁、参照。
(31)資本の統治術の全体を炙り出すためには、もちろん流通過程の分析だけでは不十分である。新自由主義段階において目立つ「資本の統治術」の特徴としては以下の点が挙げられる。①主権権力の「威信」がひそかに受け継がれている。②自己制御の統治術として価値表現が徹底し、あらゆる領域に競争が蔓延している(労働者も「企業」に擬せられる)。③「階級から格差へ」と喧伝されるが、階級は消滅したのではなく不可視化されただけであり、資本家階級は金融権力として上方に隔離され自律的に膨張している。④労働者階級内部では、労働倫理(働かざる者食うべからず)と負債倫理(借りた物は返せ)が徹底し、ワーキングプアが、スーパーリッチ労働者(不可視の資本家の代理)を賞賛する反面、アンダークラス(働かないのに借りるだけ)を道徳的に糾弾して、下方に放逐する。そこではメリトクラシーが徹底し、アンダークラスの「異常」を可視化することで、ワーキングプアがみずからの「貧困」を不可視化することを知らず識らず強いられる。不安定な自己が他者からの承認を求めて共通の敵(無力な者)を叩き、「正常な」空間で序列化に明け暮れるという構図がここにはある。

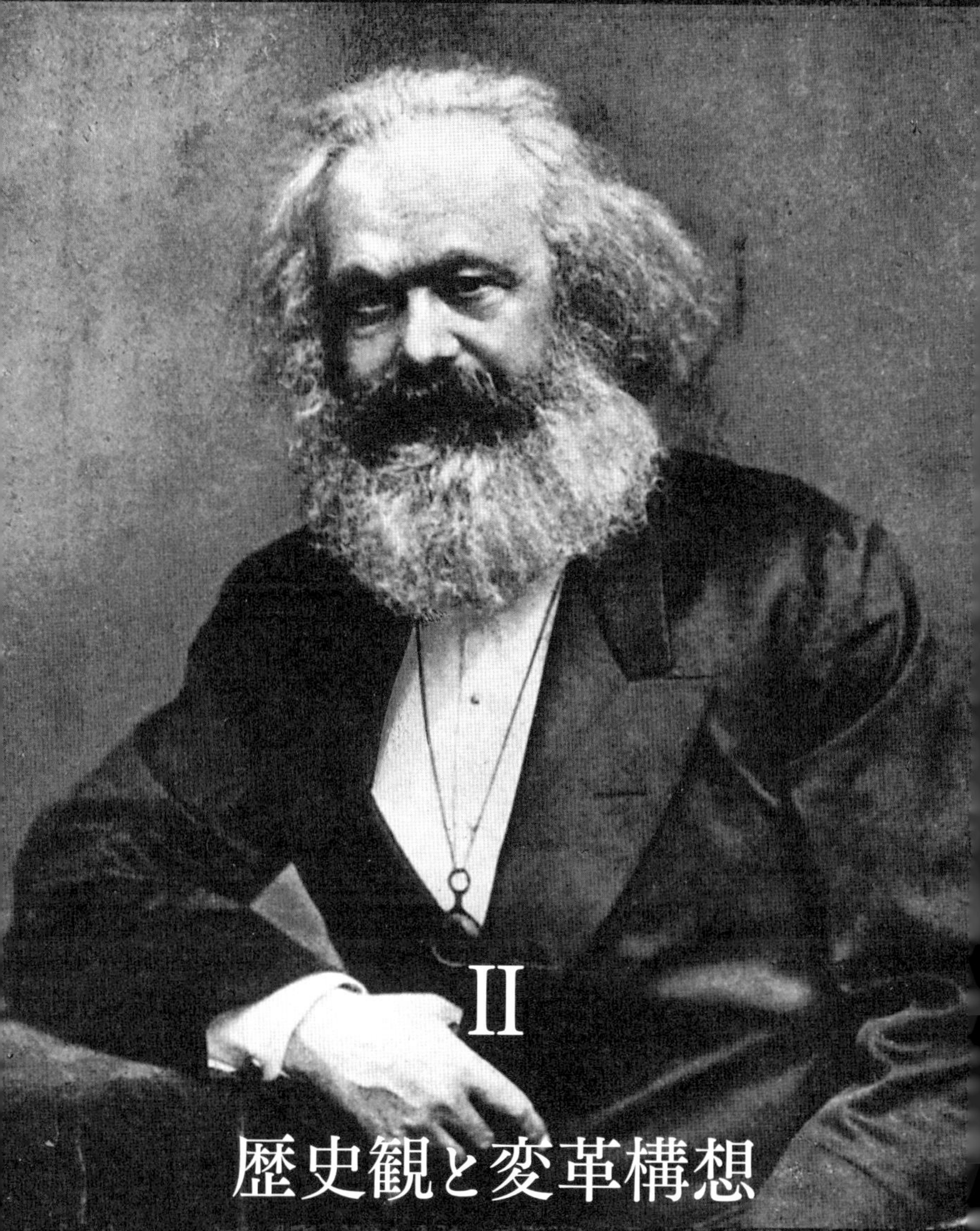

II

歴史観と変革構想

第五章

マルクスの「生活過程」論

田畑　稔

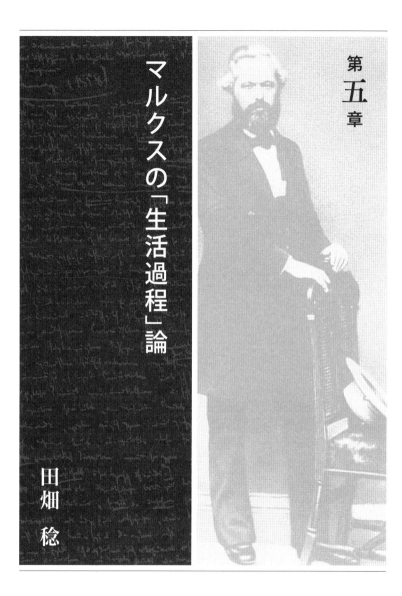

以下で我々は、マルクスの「生活過程（der Lebensprozeß）」の概念に着目し、若干の整理と補足を加えつつ、マルクス思想全体の再構成のための足場を提示することにしたい。やや煩瑣な議論も不可避なので、最初に暫定的結論である「マルクス「生活過程」全体図」を示し、続いてその理由説明に移るという順序で進めることにする。

一　マルクス「生活過程」全体図の暫定的定式化

我々はマルクスの「生活過程」の全体図を次のように暫定整理する。「部分過程」各々の特殊な位置の限定を、それらの〈端初規定〉と呼ぶことにし、その暫定的定式も併せて提出しておく（＊1）。なお、カギ括弧に入れてある表現はマルクスに確認できるものである。

◉――マルクスの「生活過程」全体図

Ⅰ　「総過程」としての生活過程（「人間たちは生活する」）

・「現実的生活過程」……現に作動しつつある（wirkend）存在様相の下に見られた「総過程」

・「社会的（gesellschaftlich）生活過程」……単位社会における「総過程」

・「歴史的生活過程」……マクロな変容過程として見られた「総過程」

II 「生命過程」……人間たちの「生活過程」の地盤（element）をなす過程

・地球環境下の生命史的生態学的過程

・ヒトおよび「身体的生活過程」（生理学的身体過程）

III 「部分過程」（近代社会における分化で見たそれ）とその端初規定

・「物質的生活過程」「生活諸手段の生産、分配、交換、消費」の諸行為、諸構造、諸過程

・「社会的（sozial）生活過程」……「人間たちの相互諸行為」、その諸構造、諸過程

・「政治的生活過程」……「社会の公的総括」の諸行為、諸構造、諸過程

・「精神的生活過程」……認識、価値判定、行為コントロール、想像、表現、学習の諸活動、その諸構造、諸過程

IV 「［個人的］生活過程」

・「総過程」を〈織り込み〉つつ営まれる人格的（persönlich）生活過程

・「身体的生活過程」（「生きられる」身体過程）を含む

二　『ドイツ・イデオロギー』執筆最終局面での「生活過程」急浮上

実は、「生活過程」の概念は『ドイツ・イデオロギー』第一部全体の執筆の最終局面で突然のよ

うに浮上する。まずは新メガ版編者の見解（MEGA I-5-832-850）に依拠して経緯を確認しておこう。『ドイツ・イデオロギー』第一部の「I　フォイエルバッハ」は基本的には「予備作業（Vorarbeit）」に終わっている。これらは、

(1)「II　聖ブルーノ」の一部として、マルクスの後の頁付一から二九までが書かれ（執筆推定一八四五年一〇月末〜一一月末）、

(2)「III　聖マックス」の一部として三〇から三五までと四〇から七二までが書かれ（同四五年一二月末〜四六年三月半ば）、

(3)この三カ所を「I　フォイエルバッハ」用の粗稿として抜き出すための調整作業が行われ（同四六年三月半ば〜五月末）、

(4)マルクスにより通し番号の頁付がなされ、「「フォイエルバッハ」のための草稿束」が成立した（四六年六月初め〜六月半ば）。

(5)続いて「3.［断片］」と「5.［断片］」の二つの浄書断片が書かれ（同五月三〇日〜七月半ば）、

(6)「I　フォイエルバッハ」の冒頭部分を何度か書き直し（四六年六月初め〜七月半ば）、

(7)「序言」案が執筆された（四六年七月末〜一二月末）ものの、ここで中断となった。

「生活過程」はこの「5.［断片］」（*2）で急浮上してくる。たった一ボーゲン（二つ折り裏表四頁）の短いこの「5.［断片］」に、削除分を含めると一〇カ所も「生活過程」が出てくるのである。「現実

的生活過程」が五カ所、「歴史的生活過程」「身体的生活過程」「物質的〔……〕生活過程」「活動的生活過程」「一定の諸個人の生活過程」が各一カ所である。いかにも唐突の感は拭えない。

この「5.〔断片〕」以外では、その直前と思われるマルクスによる「原稿束」への書き込み（マルクスによる通し頁の最後の頁＝七二頁の次の空白頁）一カ所しか確認できない（＊3）。この書き込みは「「フォイエルバッハ」のための原稿束」成立の時点とその後を繋ぐ位置にあり、「5.〔断片〕」に直接連続していると思われる。

「諸個人はつねに自分から出発してきたし、つねに自分から出発している。彼らの諸関係は彼らの現実的生活過程の諸関係である。彼らの諸関係が彼らに対立して自立化するということ、彼ら自身の生活の諸力が彼らに対立して強大なものになるという事態はどこから来るのか。／一言で言えば分業であって、分業の諸段階はつねに発達した生産力に依存しているのである」(MEGA I-5-123)。

マルクスはまず、「諸個人はつねに自分から出発してきたし、つねに自分から出発している」こと、つまり諸個人がさまざまな直接的動機や問題意識や目的意識や価値意識や諸表象をもって生活し行為しているという事態からの出発を確認する。当該諸個人の生活や行為への内在からのこの出発は、マルクスの思想の根幹にあるクリティシズムを示している。

しかしすぐ続けて、諸個人を彼らの「現実的生活過程」に置きいれて自覚的に捉え返し、したがってまた「諸個人の諸関係」を「彼らの現実的生活過程の諸関係」として自覚的に捉え返すことを要請するのである。すると諸個人が「分業」という歴史的に成立している構造の中で特定の細部機能を担い、諸機能や諸行為や諸産物を相互に交換しあう姿で生活を再生産し続けている事態が見えてくる。マルクスは宗教者、法律家、政治家、裁判官など「イデオローグたち」を論じた七二頁の次の空白頁にこの書き込みをしているので、ここに言う「分業」は物質的生産における分業でなく、「総過程」としての「現実的生活過程」の「部分過程」への機能的分化を支える「分業」である。だからこの最初の書き込みからして、「現実的生活過程」が「物質的生活過程」とは別概念であることが確認できるだろう。

先取り的に言えば、「現実的生活過程」は部分諸過程に分節化しつつ不断の相互媒介を通して進行する「総過程（Gesamtprozeß）」としての人間たちの「生活過程」を、現実性という存在様相において捉える概念である。これに対し「物質的生活過程」は、一八五九年のマルクスの「土台 Basis」という比喩表現を借りて言えば「ベーシックな（基底的な）」「部分過程」である。「総過程」には当然、「基底的」「部分過程」〈も〉含まれるので、マルクスは「現実的な」〈したがってまた〉「物質的な」とか、「現実的な」〈つまり〉「物質的な」という表現をする。しかし両概念はカテゴリー上の機能をまったく異にしているのである。我々は以下の「5.［断片］」精読からこのことを確認するだろう。

問題を鋭角的に提示するためにここでもう一つ先取りしておこう。実はこのマルクス書き込みと同じ空白頁（マルクスによる通し最終頁＝七二頁の次の頁）に、エンゲルスが「I　フォイエルバッハ。

唯物論的な観方と観念論的な観方の対立」と書き込んでいる。この書き込みはマルクスの死後、「フォイエルバッハ論」（一八八六年）執筆時に書き込んだものと推定されていて新メガ版では本文から除外されている。ところが旧メガ版（一九三二年）のアドラツキー編集では「I　フォイエルバッハ。唯物論的な観方と観念論的な観方の対立」が第一部第一章のタイトルとして〈抜擢〉され、「序文」の直後に置かれてしまった。大月全集版の原本であるMEW版（一九六二年）でもそれが踏襲された。このエンゲルスの書き込みは、マルクスの死の三年後に「哲学の根本問題」の導入を図った晩年のエンゲルスの関心を示すものである（＊4）が、「生活過程」への着目の欠如を象徴的に物語っている。

三　「5.［断片］」における「生活過程」関連諸テーゼの精読

「5.［断片］」は六つの段落からなっているが、第二段落が斜線で削除されている（新メガ版では本文から除外）。煩雑な議論になるが精読は避けられない。残念ながらここでは紙数に制限があるので、骨格紹介しかできない。詳論の全体は拙論（＊5）を参照されたい。

◉――第一段落

「社会的編成や政治的編成の、生産との関連」を扱っている。最初に「社会的編成や国家は一定の諸個人の生活過程から不断に生じてくる」ことが確認される。これは「［個人的］生活過程」への批判的内在視点である。そのうえで但し書き的に、ただしこの諸個人を「自分の表象や他人の表象に現象する」姿で捉えるだけではだめで、「現実的（wirklich）であるような、つまりは作動（wirken）し、物質的に生産しているような諸個人」として、したがってまた「一定の物質的な彼らの恣意に依存しない諸制約、諸前提、諸条件の下で活動的であるような諸個人」として反省的に捉え返す作業、この媒介をマルクスは要請しているのだ。

この場合、問題は「現実的であるような諸個人」と「物質的に生産しているような諸個人」は同じ事柄を表現しているのかということだ。明らかに違う。前者は「作動的（wirkend）」な存在様相にある「総過程」としての「生活過程」においてある諸個人を捉えることを要請し、後者は「基底的」「部分過程」としての「物質的生活過程」においてある諸個人を捉えることを要請するのである。繰り返しになるが、「総過程」には当然、「基底的」「部分過程」〈も〉含まれるので、「現実的な」〈したがってまた〉「物質的な」とか、「現実的な」〈つまり〉「物質的な」という表現がなされる。しかし二つの概念が要請する認識の方向は大きく異なっている。

◉——第二段落

斜線で全文削除されているが、第一段落で出てきた「表象（Vorstellung）」が再論されていて、文脈上欠かせない。諸個人がもつ諸表象は「諸個人の現実的諸関係や諸活動の、彼らの生産の、彼らの交通の、彼らの社会的関係行為や政治的関係行為の［したがって総過程としての生活過程の］意識的表現」なのである。もちろん「現実的な意識的表現」の場合もあれば「幻想的な意識的表現」の場合もあるが、いずれの場合にせよ「物質的に条件づけられている現実的な諸個人の精神」とは〈別に〉、バウアーやシュティルナーのように「それだけで分離した精神（ein aparter Geist）」を主張することなどできない。

一方に生産、交通、社会的関係行為や政治的関係行為を包括する「現実的生活過程」と不可分の「現実的諸個人の精神」を置き、他方に「それだけで分離した精神」を置く〈この線引き〉に注意すべきである。「それだけで分離した精神」が攻撃され、「現実的生活過程」の中で「作動している」「現実的諸個人の精神」がこれに対置されているのだ。さらに言えば、「それだけで分離した」というのは当該精神の単なる自己了解（ヘーゲル『精神現象学』風に言えばfür es）にすぎず、事態を反省するマルクスにとっては（für uns）、あくまで「現実的諸個人の精神」の特定の歴史形態として解読さるべきものなのである。

◉——第三段落

第三段落後半で次の周知のテーゼが登場する。「意識（Das Bewußtsein）とは意識的な存在（das bewußte Sein）以外の何物でもなく、そして人間たちの存在とは彼らの現実的生活過程（ihr wirklicher Lebensprozeß）のことなのである。もしイデオロギー全体において、人間たちや彼らの諸関係が、暗箱カメラの場合のように逆立ちして現象するとすれば、この現象は諸個人の歴史的な生活過程から生起するのであって、それはちょうど網膜上の対象の倒立が諸個人の直接的な身体的生活過程から来るのと同様である」。
この「意識〈的な〉存在」と訳した das bewußte Sein は、長年にわたり、「意識〈された〉存在」と定訳されてきた。つまり「現実的生活過程」〈を〉意識するのであり、意識内容ないし意識対象が「現実的生活過程」であると理解されてきたのである。中野徹三はこの定訳を正当にも客観主義と批判し、「意識〈する〉存在」と訳すべきだと主張した。つまり「現実的生活過程」〈が〉意識するのである。しかし私の理解では、「人間たちの存在」を「彼らの現実的生活過程」であるとする立場は、「現実的生活過程」を対象側に振り分けるか主体側に振り分けるかという問いそのものの克服を迫っているのである。諸個人の「現実的生活過程」は、諸個人の意識の対象であるだけでなく、意識している当の諸個人自身の意識過程を含む「現実的生活過程」でもある。熟睡状態を除いて諸個人の「現実的生活過程」は当然、自分自身の「生活過程」に「向かってある」状態で、つまりは「生活過程」を意識し〈つつ〉行われるのであって、意識過程も精神的生活過程も「総過程」としての「現実的生活過程」の不可欠の契機なのである。これが私の理解であった(＊6)。

◉——第四段落

ここでは「現実に活動的な人間たちから出発し、彼らの現実的生活過程からこの生活過程のイデオロギー的反射や反響の発展が叙述される」とか、「意識が生活を規定するのでなく生活が意識を規定するのだ」とか、「現実的で生活している諸個人自身から出発し、意識を〈彼らの〉意識として考察する」と、「現実的生活過程」が強調されている。つまり物質的生活過程による意識過程の制約でなく、物質的生活過程を含むが意識過程をも含む総過程としての「現実的生活過程」による部分過程としての意識過程の条件づけが語られているわけである。

第四段落には「モラル、宗教、形而上学、その他のイデオロギー、そしてそれらに照応する意識諸形態は、これとともに、もはや自立性の仮象（Schein der Selbständigkeit）を保持しない。それらは歴史を持たないし、発展も持たないのであって、物質的生産や物質的交通を発展させている人間たちが、彼らの現実と一緒に彼らの思考や思考の所産を変えるのだ」ともある。「自立性の仮象を保持しない」という指摘は、意識過程をあくまで「部分過程」として、「総過程」である「現実的生活過程」による制約の下で了解するということである。当該意識として（für es）「自立性」が意識されていても、マルクスにとっては（für uns）「現実的生活過程」の一契機なのである。「それら［モラル、宗教、形而上学、その他のイデオロギー、そしてそれらに照応する意識諸形態］は歴史を持たないし、発展も持たない」というテーゼは、極論に聞こえるが、「総過程」としての「歴史的生活過程」から「自立」した歴史（たとえば自立的な宗教史）が否定されていると了解できよう。「自立性の仮象」は否定されても、それらが「総過程」としての「現実的生活過程」を構成しつつ「作動」し続けていることは何ら否定されていないし、その意味での宗教史について語ることが否定されているわけではない。

◉——第五段落

ここには「活動的生活過程」が出てくる。マルクスは「この活動的生活過程を叙述する」という姿勢によって、「死せる諸事実の集合」に囚われている「抽象的経験主義者たち」や「想像された主体の想像された行動」にこだわる「理念主義者たち」と自己とを区別しようとしている。「活動的生活過程」は生活主体（個人または集団）の活動を前景において生活過程を捉えるものだろう。別の箇所では（マルクス頁付二五頁への欄外書き込み）「いわゆる客観的歴史記述はまさに歴史的諸関係を活動（Tätigkeit）から切り離して把握する点にある。反動的性格」（MEGA I-5-51）ともある。

「活動的（tätig）」は動詞「する（tun）」や名詞「行為（Tat）」の形容詞形で、「変革的実践」だけでなく労働や相互行為、再生産的行為や創造行為、日常実践や変革実践、経済的行為や社会的行為や政治的行為や精神的行為などを包摂する非常に広範囲な外延をもっている。後で整理するように、マルクスの「生活過程」は総過程も部分過程も、行為、構造、過程の三つの層からなっている。しかし構造は行為の構造であり、過程は行為の構造の生成や再生産や崩壊の過程であるが、行為なしに構造や過程があるわけではないのである。

◉——第六段落

最後のこの段落で、「人間たちの実践的活動（die praktische Betätigung）や実践的発展過程を叙述すること」を目指す「現実的でポジティヴな学（die wirkliche, positive Wissennschaft）」が宣言されている。これに伴い、「自立的な哲学」は生存基盤を失うことも宣言される。「人間たちの歴史的発展の考察から抽象される一般的成果の総括」の必要性は確認されるが、ただしそれは後のマルクスの表現では単に「導きの糸」にすぎず、歴史哲学のように「それによって歴史的諸時代が刈り込んで整えられる処方や図式」なのではない。困難は史料の考察や整理、現実的叙述にあるのであって、「現実の生活過程や諸個人の行動の研究」によってしかこの困難は克服されないのである。

以上、「5. ［断片］」の六つの段落を精読すると、マルクスが彼の新しい歴史観の定式化の最終局面で「生活過程」を、とくに「現実的生活過程」を、急浮上させた意味も浮かび上がってくる。基底的部分過程としての「物質的生活過程」に着目しつつも、物質的と精神的の伝統的二元対置にはまり込んでしまうことは避けるために、総過程としての「生活過程」が立てられ、その歴史的分節化と相互媒介の過程を経験的に追跡するという姿勢を確保しようとした。これにより「物質的生活過程」の在り方による社会的、政治的、精神的生活過程の「条件づけ（Bedingungen）」だけでなく、総過程としての「生活過程」による分節化した部分過程（「物質的生活過程」を含む）の「条件づけ」、したがってまた部分過程相互の「条件づけ」と相互媒介という、きわめて複雑な歴史過程を捉えるために不可欠な視点も確保しようとしたのである。

ただし、マルクス解釈史のその後の経過を考えると、マルクスが〈明示的に〉そのことを表明して〈いない〉ことを強調しておくことも不可欠である。その理由としては、一八四五／四六年のマルクスの論争上の力点が「物質的生活過程」の強調にあったこと、逆に諸契機への分化と相互媒介による過程的な総体という理解はヘーゲルから受容し身についている思考様式であってわざわざ前景化する必要を感じなかったことなどが思い浮かぶが、結局のところこの作業自体が未完に終わっていることに求めるべきだろう。

四　ヘーゲル『論理学』「理念論」の「生命過程」論との関連

マルクスが「生活過程」の概念を急浮上させたとき、ヘーゲルの「生命」および「生命［生活］過程」が下敷きされていたのは間違いないと思われる。ヘーゲルでは『自然哲学』の第三部「有機的自然学」でも「生命」が扱われ、「生命過程（Lebensprozeß）」という言葉も用いられている。しかし『自然哲学』の「生命過程」は経験的整理にとどまっている。やはり『論理学』「理念論」で出てくる「生命」「生命過程」との関連が注目されるべきだろう。

「生命体は推理連結であり、推理連結の諸契機各々自身が、生命体内部にある諸システムであり諸推理連結なのだ。これらの推理連結は活動的な諸推理連結、諸過程であるが、生命体そのものの主体的統一においては単に一つの過程なのである。生命体はしたがって、三つの過程［身体過程、同化過程、類過程］を経過するところの、自己自身との推理連結の過程なのである」（『エンチクロペディー』二一七節）。

ヘーゲルでは、「生命」は「三つの過程を経過する」「活動的な推理諸連結、諸過程（tätige Schlüsse, Prozesse）」である。つまり「AはBである」（たとえば人間の本質はXである）とか「AはBを条件づける」（土台は上部構造を条件づける）といった単純な判断構造をしていない。「AはB、C、

D……などに分化し、分化した諸契機の活動的相互媒介の諸過程を通してA自身を再生産し続ける」というあり方をしている。また、B、C、D……など分化した諸契機自身もさらに諸契機に分化しつつ、活動的な相互媒介を通して自己を再生産する構造を持っているのである。

ヘーゲルでは「生命」の第一過程は「生きている個体」の内部過程であって、諸分肢に分化し、また「感受性」「興奮性」「再生産」などの内的諸機能に分化しつつ、個体としての統一を不断に更新する過程である。これは先に見たマルクスの「身体的生活〔生命〕過程」にあたる。第二過程は、欲求をもって「前提」としての「無機的（非身体的）自然」に否定的に関係行為しつつ、それを自己に同化（assimilieren）する過程である。第三過程は同一の「類（Gattung）」に属する「他の個体」と関係行為し、繁殖により「類」を再生産しつつ個体としては死滅する過程である。だから「生命（生活）」は身体過程、同化過程、類過程の三過程からなる活動的複合過程、過程の過程として見られることになる（『エンチクロペディー』二一六節から二二二節）。

ここでとりあえず何点か留意しておきたい。まず第一。「生命〔生活〕過程」は、「実在的土台」と「法的政治的上部構造」といった一八五九年のマルクスの誤解を招いた比喩表現（静止状態と空間的相互分離）とはまったく異なり、「活動的な推理諸連結、諸媒介」の過程である。また「土台」が「上部構造」を条件づける（bedingen）といった単純な制約関係では尽くされない。諸契機への分化と諸契機間の相互媒介による不断の自己再生産の過程であり、しかも諸契機自身もさらに諸契機への分化と相互媒介の過程をなしている、というはるかに複雑なロジックを要請する。したがってまた不断の経験的研究なしには把握不能のものでもある。

第二。『論理学』（いわゆる『大論理学』、初版一八一六年）ではヘーゲルは三過程のそれぞれに、身体過程には「生きている個体」、同化過程には「生命過程」、類過程には「類」というタイトルを付している（Bibliothek版第二部四二三頁以下）が、第一過程や第三過程、さらには総過程が「生命過程」ではないということではない。マルクスの「物質的生活過程」はヘーゲルのこの第二過程に対応し、それが人類史段階、厳密には近代史段階で展開する姿を捉えようとするものである。もちろんマルクスでは「生活過程（Lebensprozeß）」は単に「生命過程」ではなく、あくまで人間たちの「生活過程」なのであって、その基底的部分過程である「物質的生活過程」も単なる「同化過程」や「物質代謝過程」ではなく、それを労働や相互行為や精神諸力発揮や文化的ストックの非常に複雑な過程で媒介する「活動的推理諸連結、諸過程」である。

第三。ヘーゲル『論理学』の「生命過程」は、マルクスと異なり「生活過程」の「生命過程」的地盤を扱うにすぎず、この点はマルクスの「生活過程」とは大きくずれている。概括的に言えば、マルクスの「物質的生活過程」「社会的生活過程」「政治的生活過程」「歴史的生活過程」に該当するものはヘーゲルでは『精神哲学』第二部「客観的精神」で扱われ、マルクスの「精神的生活過程」に該当するものは同第一部「主観精神」と第三部「絶対精神」で扱われると言ってよい。つまりマルクスが人間たちの「生活過程」の歴史的に分節化し相互媒介する諸過程と見ているすべては、ヘーゲルでは「精神」の歴史的に分化し相互媒介する諸過程なのである。ヘーゲルでは歴史の総過程は「精神過程」なのであり、マルクスでは歴史の総過程は「生活過程」なのである。マルクスの「生活過程」は基底的部分過程として「物質的生活過程」を置いている点で唯物論的である。しかし社会的、政治的、精神的生活過程などが人類史を通して歴史的に分化してくるのであり、この分化は構造化されている歴史的現実なのだ。だから基底的部分過程である「物質的生活過程」自身も総過程としての「生活過程」によって制約されながら〈しか〉、つまりは他の部分的生活過程と不断に「活動的推理諸連結、諸過程」の下に置かれながら〈しか〉進行しないのである。

五　「生活」系概念連鎖の中で「生活過程」の位置を探る

今、『ドイツ・イデオロギー』第一部関連草稿でみても、必ずしも概念的に整理されているわけではないが、「生活過程（Lebensprozeß）」は、非常に多くの「生活」系概念群と連鎖関係にあることが了解される。①「生活諸欲求（Lebensbedürfnisse）」（MEGA I-5-21）、「生活規範（Lebensnorm）」（Ibid., 476）、「生活手段（Lebensmittel）」（8, 11, 51）、「生活の生産（Lebensprodukution）」（28, 47）、「生活表出（Lebensäußerung）」（278, 319, 449）、「生活展開（Lebensentwicklung）」（190）など、欲求―充足系であれ価値―実現系であれ、生活諸主体の活動や行為に直接かかわる概念群、②「生活諸条件（Lebensbedingungen）」（8, 25, 46, 47, 93, 94, 97, 98, 301, 342, 475）、「生活諸関係（Lebensverhältnisse）」（58, 346）、「生活位置（Lebensstellung）」（66, 94, 194, 320, 471, 501）など、反省レベルの認識を媒介したうえで生活諸主体や彼らの活動や行為を了解するための概念群、③「生活様式（Lebensweise）」（11, 58, 384）、「生活状態（Lebenslage）」（89, 409）など、マクロであれミクロであれ生活の在り方を特殊性において対比的に特徴づけることを要請する概念群、④「生活領域（Lebenssphäre）」（249）を表す「物質的生活（das materielle Leben）」（26, 111, 113）、「社会的生活（das gesellschaftliche Leben）」（31）、「直接生活（das unmittelbare Leben）」（45）、「普通生活（das gemeine Leben）」（48）、「通常生活（das gewöhnliche Leben）」（66）、「商業的産業的生活（das kommerzielle & industrielle Leben）」（115）、⑤生活の段階的変化を表す「生活諸段階（Lebensstufen）」（177）、⑥生活の具体的な実質を表す「生活内容（Lebensinhalt）」（111, 475）、⑦生活についての見方を表す「生活観（Lebensanschauung）」（475）などが挙がるだろう。

ここではとりあえず第一と第二の概念群の関係に目を向けておこう。第一概念群は生活当事者により大なり小なり直接意識され実践される概念群であるのに対して、第二概念群の場合、「生活諸条件」は彼らを「条件づけている」ものの総体へと、「生活諸関係」は彼らが入り込んでいる「諸関係」の総体へと、最後に「生活位置」は社会的生活空間において占める彼らの「位置」へと、反省を進めつつ、この反省を媒介しながら、生活諸主体、彼らの意識や行為を了解することを要請する。もちろん「諸条件」「諸関係」「位置」の一定部分は生活諸主体自身の自覚的行為により「自らを条件づけ」「自ら関係行為し」「自ら位置を占める」層をなしている。しかし、生活諸主体はこういう自覚的限定の層をはるかに超えた「諸条件」「諸関係」「位置」〈に於いて〉生活しているのであって、だからこそ反省的媒介が要請されるのである。

しかし当然のことながら、このような反省的媒介による了解でマルクスの思想全体が完結するということではない。あくまでそれは中間段階なのであって、次には「生活過程」へと、つまりは「諸条件」「諸関係」「位置」に〈於いてある〉当該生活諸主体が分節化した諸契機を活動的に媒介しつつ、〈一つの〉あるいは〈統一された〉「生活過程」が進行する事態へと実践においても認識においても迫らねばならない。深度は別にして反省するのはミクロであれマクロであれ生活諸主体自身なのであり、生活諸主体は反省しつつ生活するのである。反省自身が生活過程の契機であり、反省の契機を媒介しつつ生活過程を活動的に進展させていく。こういう了解に至らねばならない。単純化して言えば、生活過程は総過程も部分過程も、行為―構造―過程の三層をなしているのである。

さて、同じ『ドイツ・イデオロギー』「I　フォイエルバッハ」関連草稿には、「生産過程」(Ibid., 45)、「生産様式」(29, 33, 41, 45, 64, 106)、「生産諸条件」(133)、「生産諸関係」(133)、「生産諸力」(21, 29, 38, 43, 44, 133 ほか)、「生産手段」(106) など、『資本論』で前景に出ている「生産」系連鎖概念群も確認できる。「生産」系連鎖概念群と「生活」系連鎖概念群は「生活の生産(Lebensprodukution)」(28, 47) の概念で文字どおり連結している。この場合の「生産」系概念群は「生活過程」の部分過程である「物質的生活過程」のそのまた部分過程であるが、この「生産」自身もまた諸契機に分節化しつつ活動的に媒介統一される「過程」をなしているのである。

『経済学批判要綱』(一八五七／五八年)への「序論」にはこうある。生産、分配、交換、消費はすべて「一つの全体の諸分肢、一つの統一の内部の諸区分肢を形成」している。生産は他の諸分肢と対立する規定としての生産自身に「力を及ぼす(übergreifen 干渉する)」だけでなく、他の諸分肢・諸契機にも「力を及ぼす」。「過程は生産から常に新たに始まる」。一定の生産が一定の消費、分配、交換を規定し、またこれら諸契機相互の諸関係を規定する。ただし生産も「その一面的形態においては」他の諸契機により規定され、「さまざまな諸契機の間の相互作用(Wechselwirkung)が生起する」。「こういったことは、あらゆる有機的全体のケースで言える」のだ（MEGA II-1-35）。

マルクスはここで生産―分配―交換―消費という分化した諸契機を経過する過程（「物質的生活過程」）で生産に対し「力を及ぼす（干渉的）」契機という特殊な位置を与えている。「5.［断片］」で我々が確認したのは総過程としての「現実的生活過程」による部分諸過程の条件づけと「基底的」部分過程としての「物質的生活過程」による条件づけの区別と並存であったが、類似のことが「物質的生活過程」内部にも確認できるのである。

もう一点。マルクスは『資本論』で「機械体系」を扱った折に「総過程（Gesamtprozeß）」「部分過程（Teilprozeß）」「特殊過程（Sonderprozeß）」「段階諸過程（Stufenprozesse）」といった表現を用いている（MEW 23-400/401）。もちろん「機械体系」では特定の目的のため人為的に作られた「システム」の、諸契機を循環する過程が扱われているにすぎないのに対し、「生活過程」の方は地球史的生命史的人類史的近代史的人格史的規模で生成展開し、無数の偶発的創発的事態を組み込み、また分節化した諸契機それ自身がさらに諸契機の活動的媒介過程であるといった、超複雑な過程である。だからまったく違うモデルで迫らねばならないのは言うまでもない。とは言え、「総過程」「部分過程」（あるいは「特殊過程」）というマルクスのこの区別自体は「過程」の一般構造を表すものであって、「総過程」の歴史的分節化と「部分諸過程」間の活動的相互媒介による「総過程」の展開という「生活過程」の把握にも有効であると考える。

六　経済学批判諸草稿および『資本論』における「生活過程」

『経済学批判要綱』(一八五七/五八年執筆)には「生活過程」が一〇カ所確認できる。そのうちの三カ所が「資本の生活過程」(MEGA II-1-418, 523, 738)であり、「[労働者の]毎月一定の生活過程」(Ibid., 212)、「[個人の]生活過程」(390)、「人間の[人生段階的]生活過程」など個人の「生活過程」を表すものが三カ所(212, 390, 524)、「社会的(gesellschaftlich)生活過程」(582)、「実在的生活過程」(583)、「地球の生活過程(宇宙的過程)」(604)、「生産的生活過程」(698)が各一カ所である。

『経済学批判』(一八五九年)の「序言」には、「物質的生活の生産の様式が社会的(sozial)[生活過程]、政治的[生活過程]、そして精神的な生活過程一般を条件づける(bedingen)」という周知の定式が出てくる。これについては後に詳しく論じる。

『経済学批判草稿一八六一—六三』には、職人時代の労働者たちが労働の諸局面を自分で次々経過していたのに、工場内分業の結果、諸機能諸局面の相互分離、固定化、人格化が進んで、その一つが「彼らの専一的生活過程」(MEGA II-3-252)に転化するという記述、また商業資本や利子生み資本が産業資本主義段階では「産業資本自身の生活過程の諸形態」に転化しているという記述が見られる(Ibid., 1466)。

『経済学批判草稿一八六三—六七/六八』には、「現実的な社会的生活過程」(MEGA II-4-1-64)とか「新たに形姿化された(gestaltet)社会的生活過程」(Ibid., 129)、「資本の生活過程」二カ所(Ibid.,

4-1-127, 4-3-356）のほか、「資本の生活行程（Lebenslauf）」（Ibid., 4-3-292）という類似表現も確認できる。

『資本論』では、第一部では「生産手段自身の生活過程」「資本の生活過程」（いずれもMEW 23-329）、ほぼ同じ意味で「近代産業の生活行程（Lebenslauf）」（MEW 23-661に二カ所）、第二部にも「資本の生活過程で占める位置の相違」（MEW 24-194）、第三部には「労働者の活動的生活過程」（MEW 25-97）という表現が確認できる。

これらの事例を見る限り、「生活過程」が大きく四つの事柄を表現するために用いられているといえよう。第一は「現実的な社会的生活過程」のように、想定されている単位社会における総過程としての「生活過程」を指す。第二は「資本の生活過程」のように、人間たちの「生活過程」の歴史的転倒性を印象づける表現である。第三は身体の、日々の、人生諸段階の「生活過程」が比喩として資本の循環や変態や成長を特徴づけるために用いられている。第四は資本に包摂されつつ生きる労働者たち諸個人の日々の「生活過程」である。

『資本論』では「資本の生活過程」を人間たちの「生活過程」の転倒形態として描こうとする姿勢が前面に出てくる。マルクスは「死せる労働と生きた労働の転倒（Verkehrung）」を次のように描いている。「生産手段を用いるのはもはや労働者ではなく、労働者を用いるのが生産手段なのである。生産手段は、労働者の生産的活動の素材的要素として費消（verzehren）される代わりに、生産手段が労働者を生産手段自身の生活過程の酵素として費消するのであり、資本の生活過程とは単に自己自身を価値増殖する価値としてのその運動にある」（MEW 23-329）。

『資本論』の「相対的過剰人口」を扱った箇所では、「生活過程」でなく「生活行程（Lebenslauf）」という類似表現が用いられているが、「近代産業に特有な生活行程」が、まるで生き物のように、外部の「人間素材」の「吸収」と「排出」を繰り返しつつ、「膨張」と「収縮」の循環を行う姿で描かれている（MEW 23-661ff.）。

『経済学草稿一八六三―六七』の「第六章　直接的生産過程の諸結果」でも次のように描かれる。

「主体の客体への転倒（Verkehrung）とその逆［の転倒］という、イデオロギー領域で宗教において現れるのとまったく同一の関係が、物質的生産において、現実的な社会的生活過程において［……］現れる。［……］それのみが自由な人間社会の物質的土台を形成しうる、社会的労働の容赦なき生産諸力の創造を多数者の犠牲で強制する。人間はその精神諸力をまずは独立な諸力として宗教的に形姿化（gestalten）せねばならないのとまったく同様に、この対立的形態が通過されねばならないのだ」（MEGA II-4-64/65）。

「資本の生活過程」といっても諸物件の自己運動ということではない。人間たち自身の「生活過程」の歴史的に形姿化されたあり方にほかならない。ただし生活当事者たち自身に対して「物象化（物件化 Versachlichung）」された姿で立ち現れるこの運動を、その実体、実質に解体すれば、人間たち自身の「生活過程」にほかならない、と確認することにマルクスの眼目があるのではない。なぜ人間たち自身の「生活過程」が「資本の生活過程」という転倒形態で構造化されてくるのか、これを歴史―論理的な媒介で示すことにある。

疎外論や物象化論はマルクス思想の核心部分にある批判理論である。彼の理解する「生活過程」も当然ながら、否定的対立的諸形態を過程的に媒介し「活動的に推理連結」する「歴史的生活過程」なのである。だから疎外や物象化を克服する歴史運動自身も過程的に構想され過程的に実践されるのであって、過程的媒介なしに〈人間本来〉への還帰を訴えるタイプとはまったく異質なものになる。還帰すべき〈本来性〉として生活当事者により意識されているものは、実際には、敵対的諸現実に直面した生活諸主体により可能態として過程的に構想されるものにほかならないのである。

七　労働者たちの「生活過程」と「〔個人的〕生活過程」の問題

マルクスでは〈常にすでに〉一定の社会の在り方／一定の個人の在り方なのであって、「社会的生活過程」と「〔個人的〕生活過程」は不断の相互媒介関係において了解されねばならない。ただし『資本論』や関連諸草稿で前景に置かれているのは「社会的生活過程」、とりわけ社会的生産・流通過程の特定の歴史諸形態であって、これを〈織り込み〉つつ〈織り上げ〉られる「〔個人的〕生活過程」は後景に置かれ、文脈上の必要に応じて時折、スポットライトが当たるにすぎない。「労働日」や「機械システム」などを扱った箇所では、労働者たちの「〔個人的〕生活過程」と「資本の生活過程」の衝突が描かれ、労働者諸個人の生活再生産のための諸条件獲得要求運動が資本に対抗して活性化する歴史的事態が描かれていて、これらの箇所はマルクスを「[個人的]生活過程」論の展開へと繋ぐ接点となりうるだろう。

マルクスは「彼［労働者］がぐっすり眠り腹いっぱい食べるだけで、何とか生活し、それゆえ一定の生活諸過程を日々（täglich）反復できる」ことに驚きの目を向ける資本主義弁護論者に対して、労働者は労働と消費の反復の後も依然として「自分の生きた直接的労働それ自身しか交換できない」ことに目を向けるべきだと指摘している（MEGA II-1-212）。

『資本論』第三部には次のような叙述がある。「労働者は彼の生活の大部分を生産過程で過ごすので、生産過程の諸条件は大部分、彼の活動的生活過程の諸条件なのであり、彼の生活諸条件なのである。しかも［資本家にとっては］この生活諸条件における節約（Ökonomie）こそが利潤率を上げる方法なのだ」。マルクスはこの「節約」について具体的に、「過度労働」、「狭い不健康な空間への詰め込み」、「危険に対する防護策を怠ること」などと列挙し、「労働者のために人間的なもの、快適なもの、あるいは単に耐えられるものにする」ための施設などは、「資本主義的立場から見ると完全に無目的無意味の無駄使い」なのである（MEW 25-96/97）と書いている。

『資本論』第一部第八章「労働日」は、「[個人的]生活過程」という視点から見て最も重要な箇所である。資本家たちは「剰余労働への狼男的渇望」をもっているから「生活日（Lebenstag 一日の生活）」の少しでも多くを「労働日（Arbeitstag 一日の労働）」で埋めようとする。これに対して、社会の側から「労働力の正常な（normal）維持」と「正常なモラル的身体的発達諸条件と実行諸条件」が再生産できる限界内に「労働日」を制限すべしと要求する対抗運動が生じる。この対抗運動は「生活日」が次の諸活動からなっているべきだと主張する。労働、睡眠、休息、食事、陽光や外気、社会的諸機能を果たす（Erfüllung sozialer Funktionen）、交友（geselliger Verkehr）、人間的教養、精神的発達、身体的精神的生活諸力の自由な遊戯（freies Spiel der physischen und geistigen Lebenskräfte）である（MEW 23-280/281）。

この「生活日」を構成するべき包括的活動リストを確認するならば、「[個人的]生活過程」が自分をユニークに〈織り上げる〉ために〈織り込む〉のはまさに総過程なのであり、したがって「[個人的]生活過程」それ自身も実質から見れば総過程であることが確認できるだろう。

ただし、「[個人的]生活過程」を主題的に展開するという視点に立てば、世界論では親密圏を中核に人称的（persönlich）に分節化した生活世界、時間論では「人生」、知では「日常知」、そして存在のユニークさと実存的危機などについて、マルクスにおいては実践的問題意識としてはもちろんあったが、理論的な課題設定というレベルで言えば、残念ながら不在であった。

八 『経済学批判』「序言」の「定式」における「生活過程」の四分節化

前後するが、一八五九年の「序言」に戻ろう。この「序言」には、ヘーゲル法哲学批判の「成果（Ergebnis）」として〈短い定式〉が、またその後の経済学批判の研究の「一般的帰結（das allgemeine Resultat）」として〈長い定式〉が、提示されている。マルクス自身にとってはこれら定式の暫定的性格は自明だろう。一面では自分の研究の「一般的帰結」であり、他面では以降の「自分の研究に導きの糸として役立つ」方法的機能を果たすのである。当然、研究の進展に応じた更新の必要も示唆されていると読める。実際、最晩年の「ザスーリッチへの手紙草稿」(一八八一年)などを読めば、二〇年以上も前になる五九年の〈定式〉のかなり深刻な更新の必要性が自覚されていたように思われる。

〈長い定式〉は三つの部分からなっている。前段は近代社会の共時的な構造、中段は「社会革命の時代」、後段は「経済的社会構成体」転変の視点で描かれた人類史図式である。それぞれが暫定的図式的なものであろうが、このうちの前段部分に次のテーゼが出てくる。「物質的生活の生産の様式が社会的(sozial)[生活過程]、政治的[生活過程]、そして精神的な生活過程一般を条件づける」(MEW 13-8/9)。近代における人間たちの「生活過程」が「物質的生活過程」「社会的(sozial)生活過程」「政治的生活過程」「精神的生活過程」という四つの部分過程に分節化しているというマルクスの認識がここに表れている。そして、「物質的生活の生産様式」は他の三つの生活過程「一般(überhaupt)」を「条件づける」とある。この「一般」は「条件づけ」が大枠に及ぶだけだということであろう。

一八四六年の「5.[断片]」が五九年に参照されたのは文面から明らかだが、四六年と同様、五九年でもマルクスは「物質的生活過程」による他の三過程に対する「条件づけ」と総過程による部分的生活諸過程(「物質的生活過程」を含む)に対する「条件づけ」という、重大な差異をもつ事態を明示的には語っていない。

従来は、この「生活過程」四分節化のテーゼの直前に置かれている次のテーゼの方が注目された。「これら生産諸関係の総体は、社会の経済構造、つまりその上に法的政治的上部構造が聳え立ち、また一定の社会的意識諸形態がそれに照応しているところの実在的土台をなしている」。しかし「土台（Basis）」や「上部構造（Überbau）」といった建築物とのアナロジーは適切でない。相互に空間的に分離し、ともに静止状態にあるからだ。「生活過程」は非常に複雑に分節化した諸契機の「活動的相互媒介」であり、さらには生成過程、構造過程、崩壊過程の相互移行を含む過程的に進行する事態なのである。たとえば、〈長い定式〉でも前段の共時的構造から中段の「社会革命の時代」に移るや否や、人間たちは物質的生活過程における衝突を「法的、政治的、宗教的、芸術的、あるいは哲学的な、要するにイデオロギー的［観念学的］な形式において意識し、これを闘い抜く（ausfechten）」過程が描かれている。つまり、「社会革命の時代」には「闘い抜く」政治的生活諸過程や精神的生活諸過程が前景に出てきて「生成の過程」を媒介するのであって、総過程が前景化するのである。

九　「社会的（sozial）生活過程」の問題

以上で冒頭に置いた「全体図」提示の主要根拠について一応の概観を終えた。続いて「全体図」についていくつかの補足説明をしておこう。

単位社会における生活総過程である「社会的（gesellschaftlich）生活過程」（MEGA II-1-582, II-4-1-64, 129など）と他者たちと相互行為する過程という部分的生活過程である「社会的（sozial）生活過程」の両者について、マルクスは後者に英仏語系の「sozial」を当てて区別しようとしているが、日本語訳では区別がつかないので厄介である。一八五九年の「序言」の「社会的（sozial）生活過程」をどう理解するか、長年にわたり解釈者たちを当惑させてきた。たとえば古在由重は、土台にも上部構造にも属さず両者の境界にあるような「新聞の社会面で扱われる「世間」」が「社会的（sozial）生活過程」にあたるとした（＊7）。

私の場合は、「アンネンコフへの手紙（一八四六年一二月二八日付）」の「その形態が何であれ、社会（la société）とは何でしょうか。人間たちの相互的行為の所産（le produit de l'action réciproque des homme）です」（MEGA III-2-71）を典拠に、「人間たちの相互諸行為、その諸構造、諸過程」を指すものと考える。人間たちは直接の身体行為（性交や授乳や抱擁や握手や殴打など）であれ、言葉を介した言語行為であれ、贈与や売買や武力行使や手紙のような物件や貨幣や武器や文字媒体を媒介にした相互行為であれ、他者たちとの無数の相互行為を行い続けている。一連の関係行為（Verhalten）が構造化された姿が関係（Verhältnis）であって、母子関係、パートナー関係、集団構成員関係、支配服従関係、その他無数の「関係」各々はきわめて複雑な関係諸行為の構造化されたあり方である。さらに、これら「諸関係」から「集団」「交通」「社会的編成」などへと展開されねばならない。

だが、諸個人間の「相互行為」はすべての部分的生活過程で不可欠なので「社会的（sozial）生活過程」をどう限定するかは難問である。たとえば「物質的生活過程」は労働のみならず「相互行為」の複雑な媒介を通して〈しか〉営まれない。「政治的生活過程」でも「精神的生活過程」でも同じことが言える。

けれども「物質的生活過程」の場合で考えるとして、あくまで生活手段の生産・分配・交換・消費の過程にかかわる〈限りで〉、「相互諸行為、その諸構造や諸過程」の一部〈も〉扱うにすぎないのであって、「相互諸行為、その諸構造と諸過程」〈それ自体〉が対象なのではない。『資本論』に即しても、所有、分業、交換、競争、協業、指揮、権力、社会抗争など「相互諸行為、その諸構造と諸過程」の重要な基本諸概念が扱われている。それらが「社会的（sozial）生活過程」全体の展開を大きく「条件づける」こともそのとおりである。しかし、「物質的生活過程」は母子関係や婚姻関係や親密圏、言語行為や言語体系そのもの、コミュニケーションやメディア、集団や交通一般、社会編成や社会類型、社会の階級・階層編成、都市・農村編成などを直接扱うのではない。

ここで、マルクスが「社会的（sozial）生活過程」の固有性を意識していた興味深い事例を一つだけ挙げておきたい。「社会的生活のすべての領域で獅子の分け前は媒介者（Vermittler）の手に入る」。経済領域では金融業者、仲買人など、民事訴訟では弁護士、政治では議員や大臣、宗教では「仲保者」イエス、さらには「仲保者」と民衆の「媒介者」である牧師である（MEW 23-772）。この事例が端的に示すとおり、「媒介者」という社会的生活位置の特殊性は、物質的生活領域、政治的生活領域、精神的生活領域の区別を超えて作動するのである。同様のことは共同体、官僚制、権力、ゼクテ、アソシエーションなど非常に多くの事柄にも当てはまる。あえてこの機会に確認しておけば、「社会的（sozial）生活過程」とりわけアソシエーション論にかかわるML主義の理論的ネグレクトは、現実の「相互行為」のあり方の是非について沈黙を強要した抑圧社会の副産物であった。

十　部分諸過程への歴史的分節化についての誤解

総過程としての「生活過程」の四つの部分的生活過程への歴史的分節化は、総過程としての社会的歴史的生活過程内部における機能的分化であって、それぞれの機能（物質的生活、社会的生活、政治的生活、精神的生活）を果たすために非常に複雑かつ流動的に編成され更新され続けている行為群や集団群や制度群のネットワークからなっている。

たとえば我々はシンボリックには、「物質的生活過程」では工場や農場やスーパーや台所、「社会的生活過程」では家族や地域社会や会社、「政治的生活過程」では議事堂や官庁や市役所、「精神的生活過程」では教会や大学や劇場などを思い浮かべる。しかし、これらのそれぞれは機能的に編成された行為群や組織群のネットワークの中にそれぞれの位置を占めているだけである。しかもここに挙がった事例のどれをとっても、四つの領域それぞれの中に、中心であるか半周辺であるか周辺であるかは別にして、自分の位置を占めてもいるのである。たとえば「会社」は、現在の日本では「物質的生活過程」で支配的位置を占めるだけでなく、「社会的生活過程」「政治的生活過程」「精神的生活過程」においてもきわめて重要な位置を占めているというように。

「個人的」生活過程」は四つの部分的生活過程のすべてにおいて裾野をなしているのであるが、

ここでは四つの部分的生活過程は各人の活動諸領域として、あるいは会社や台所や書斎やテレビや公園という個人生活の時間—空間編成として、部分的生活過程相互の流動性ははるかに大きくなり、むしろ「生活内容」として見れば総過程が前景化すると言えるだろう。

十一　総過程が部分諸過程を「条件づける（bedingen）」という事態

部分諸過程への歴史的分節化の面と分化した部分過程間の活動的相互媒介の面は、もともと総過程としての「生活過程」の二つの基本運動として一体のものなのであり、ともに総過程による部分諸過程の「条件づけ（Bedingen）」を表現している。若干の事例提示をしておこう。『経済学批判』「序言」冒頭で、マルクスは「ブルジョワ経済学の体系」を「資本、土地所有、賃労働」「国家、外国貿易、世界市場」の順で考察すると書いている（MEW 13-7）。これに先立つ『経済学批判要綱』のプラン（MEGA II-1-43, 151）でも同様で、世界市場の展開ではすでに「国家」が組み込まれている。これは「物質的生活過程」の展開に際しても「国家」を媒介的契機として組み込むかたちで総過程が前景化するということである。「政治的生活過程」の展開の側から見ても、「社会の公的総括」の複雑な編成において、経済国家や国家の総括的経済機能の展開の問題として総過程が前景化するということである。

「精神的生活過程」でも、近代においては世俗化過程を通して宗教の国家や諸科学との分離が進むが、伝統的な学（Wissenschaft）も実証的専門諸科学（Fachwissenschaften）へと分化し、さらに諸科学は直接的生産諸力へと転化し、自動機械体系の形で「対象化」され、「生産過程の精神的潜勢力は手の労働から分離し、労働に対する資本の諸権力へ転化」（MEW 23-446）する。このマルクスの叙述でも、「精神的生活過程」の歴史的展開において、「物質的生活過程」との相互媒介を進める形で総過程が前景化するのであり、逆に「物質的生活過程」の歴史的展開の面からこれを見れば、一七世紀の科学革命に見られる「精神的生活過程」の新展開という媒介を通してはじめて、産業革命や産業資本主義の展開に繋がるのである。先に述べたとおり、一八五九年の「序言」の〈長い定式〉の中段でも「闘い抜く」政治的生活諸過程や精神的生活諸過程が前景に出てきて「生成の過程」を媒介するのである。

一般化して言えばこうなるだろう。分化している部分諸過程の各々は、裸で登場するのではなく、特殊な諸形態の複合として現象しており、マルクスは歴史的な「形態（Formen）」「形姿（Gestaltungen）」などの言葉を用いて、これら歴史的に現に再生産されている特殊諸形態の概念把握の重要性を訴えている。しかしこれら歴史諸形態は、あくまで総過程内部で活動的相互媒介において過程的なありかたをしており、偶然性（偶発性）、所与性、照応性、干渉性、補完性、相互分離と固定化、敵対性、創発性、形態転換、ゲシュタルト・チェンジなどの諸概念はこれをとらえようとするものであろう。総過程が前景化するといっても歴史哲学のように神や「理性」が有限者＝人間たちを利用し転倒させつつ世界目的を実現するというモデルとはまったく異質なのである。

十二　「生活過程」は行為、構造、過程の三つの層を持つこと

最後に、「生活過程」は総過程についても部分過程についても、行為、構造、過程の三つの層を持つことを確認しておきたい。「生活過程」は「生命過程」を地盤に持っている。しかし動物一般は、とりわけ人間たちは、諸行為を通して「生活過程」として「生命過程」を営むのである。「生活過程」では行為（Handlungen, actions）なしに構造も過程も成立しない。先に見たとおり、「アンネンコフへの手紙」でマルクスは「社会」を「人間たちの相互的行為の所産」と見ている。言語行為なしに言語構造だけが自立してあるわけではない。市民たちの無数の「公的総括」行為なしに国家だけが自存しているわけでもない。構造とは諸行為の構造であり、過程とは諸行為の構造の生成や再生産や崩壊の過程であって、必ず「諸行為」により担われるのである。

「過程」には、共時的なあるいは循環的な構造諸契機を活動的に媒介する契機移動・局面移動も含まれる。これを構造過程と呼んでおこう。しかし「序言」の〈長い定式〉の中段で「その生成の過程（Prozeß ihres Werden）」が語られているように、過程論は生成過程、構造過程、崩壊過程という相互に関連するがまったく論理を異にする諸側面を持っている。このことを含めて、生活過程は総過程も部分過程も行為、構造、過程の三層からなることが確認されねばならない。

おわりに

以上、我々は二一世紀の現実に向けてマルクスを「開く」という姿勢で、マルクスの「生活過程」に着目し、整理・補足し、「全体図」を提示した。能力の許す範囲においてではあるが、一方にマルクスを置き、他方に近現代史の現実展開を置きながら、「全体図」に沿いつつ「現実的生活過程」(とくに現実性の存在論)「生命過程」「物質的生活過程」「社会的生活過程」「政治的生活過程」「精神的生活過程」「個人的生活過程」、最後に「歴史的生活過程」の各論的展開が次の課題となる。

なお、マルクスは一八四五年以降、明確に脱哲学の姿勢をとっているが(*8)、マルクスが「暗黙裡に前提している(implicit)」哲学的立場を〈我々が〉自覚化し現代哲学と対質しようとする場合にも、この「生活過程」が鍵になると考えていることも、付記しておきたい。

註

(1) 本稿で直接扱えなかったものについて、若干、補足しておく。①「生命過程」は「生活過程」の自然史的先行条件であり、また「生活過程」にとっての外部環境でもあるが、それだけではなく、人間自身の自然として、「生活過程」それ自身のエレメント(地盤)でもある。この意味で「生命過程」は「生活過程」の〈先に〉存在し〈周りに〉存在するだけでなく〈中に〉も位置を占めている。②「物質的生活過程」は「生命過程」に密に連接するが、同じではない。「生命過程」を、生活手段、その生産、分配、交換、消費、それらのための組織や道具の形成やそのための精神諸力の発揮など非常に複雑な媒介（中間項の挿入）を通して再生産する過程である。③「社会的（sozial）生活過程」をめぐる問題については本稿で言及している。④「政治的生活過程」の端初規定については国家論の枠組みで一九九三年の論文で発表した（拙著『マルクスと哲学』新泉社、二〇〇四年、第九章）。これは暴力装置や階級支配の道具論を超越的に押し立てたレーニン『国家と革命』の根本欠陥を明らかにし、マルクス国家論とグラムシの陣地戦論やヘゲモニー論との連続面を示そうとしたものである。⑤「精神的生活過程」の端初規定についてはマルクスから直接抽出する作業は困難である。ただ、私は一九八九年と一九九〇年の論文でマルクス意識論の端初規定を内在的に定式化する作業を行っており（『マルクスと哲学』第二章、第三章）、本稿では暫定的にそれに依拠して定式化しておく。「精神的生活過程」は往々にして宗教や哲学や科学や芸術や教育などの領域面、教会や大学や劇場や学校などの制度面で意識されがちであるが、〈端初規定〉はこれらと混同されてはならない。⑥「個人的生活過程」をめぐる問題については本稿で言及している。

(2)「5.〔断片〕」は、廣松版ではマルクスによる頁付一三から一六への異稿として扱われている。渋谷版では最終局面で書かれたものを冒頭に配置しているが、そのうちの〔5〕が新メガ版の「5.〔断片〕」にあたる。

(3)『ドイツ・イデオロギー』第一部全体でも、「Ⅲ　聖マックス」に一カ所しか出てこない（MEGA I-5-320, MEW 3-347）。ただし用紙破損の箇所のため正確な判読は不能である。

(4) 詳細は前掲拙著『マルクスと哲学』補論1「エンゲルスによる「哲学の根本問題」導入の経緯」を参照。

(5) 拙論「マルクスにおける「生活過程」の位置について（上）」、季報『唯物論研究』第一四二号、二〇一八年二月、「同（下）」同一四三号、二〇一八年五月。

(6) 拙論「マルクスの意識論」（季報『唯物論研究』第三三／三四号、一九八九年一一月）、「マルクス意識論の一般規定――意識＝反映説との対比の試み」（『札幌唯物論』第三五号、一九九〇年七月）、および拙著『マルクスと哲学』第二章「マルクス意識論の端初規定」参照。なお、中野徹三はマルクスの「生活過程」

について先駆的仕事を行っている。『マルクス主義の現代的探究』(青木書店、一九七九年)および、とくに『生活過程論の射程』(窓社、一九八九年)である。これらとの異同については私の仕事の全体が出たときに検討いただけると思う。

(7) 拙著『マルクスとアソシエーション』新泉社、補版新版、二〇一五年、三五―三六頁に古在由重の解釈を批判的に紹介している。

(8) 拙著『マルクスと哲学』第一章「哲学に対するマルクスの関係」参照。

第六章

マルクス政治理論の転回

大藪龍介

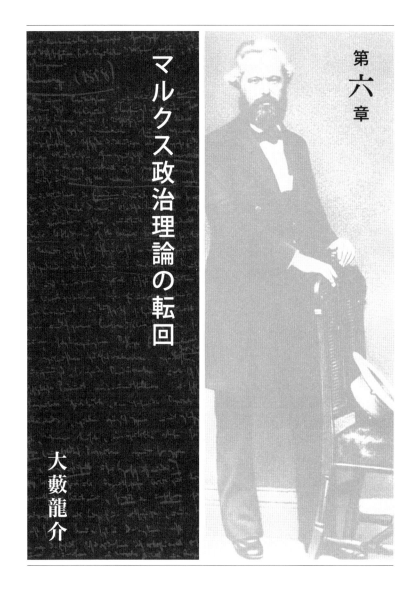

マルクスの政治理論研究は、理論的生涯の大半を傾注し『資本論』の学問的成果を遺した経済学研究と対比すれば様相を異にしており、卓越した業績を築いたとは評し難い。

本稿の課題は、マルクスのブルジョア政治体制に関する考察およびプロレタリア革命による変革構想の発展的転回を明らかにし、その達成の意義と限界を見極めることである。

一 フランス三部作

1 『フランスにおける階級闘争』——階級闘争史観への偏倚と革命熱望

マルクスの政治理論を代表するのは、『フランスにおける階級闘争』『ルイ・ボナパルトのブリュメール一八日』『フランスの内乱』のいわゆるフランス三部作である。この三作においてマルクスは、七月王制から第二共和制、第二帝制、さらに第三共和制への政治体制の相次ぐ劇的で鮮烈な転変に当面して、諸階級間の闘争と諸党派の対立抗争を視軸に体制の変動過程を分析しプロレタリア革命の方途を模索した。

四八年二月に革命が起き、第二共和制が成立した。直前に共産主義者同盟を結成したマルクスは、盟友エンゲルスとともに、『共産主義派宣言』を起草し革命運動に踏み出したばかりであった。

二月革命はオーストリア、ドイツの三月革命に飛火し、革命の火の手は他のヨーロッパ大陸諸国でもあがった。

マルクスはドイツの三月革命に加わるためにケルンに移り、『新ライン新聞』を創刊して活動を繰り広げたが、フランス二月革命の進行についても留目し論評した。

四月、初の普通選挙権に基づく憲法制定国民議会選挙においてブルジョア共和派が大多数を制し、二月革命の一翼を担った小ブルジョア共和派、社会主義派は大敗して排除され追い落とされていった。六月、国立作業場の解体を機に労働者大衆が決起した。その情報に接するやマルクスは、「反乱はこれまでに起こったもののうちで最大の革命、プロレタリアートのブルジョアジーにたいする革命に発展している」(全集 5-111)と捉えた。反乱はブルジョア共和派カヴェニャック将軍の指揮によって血の海に沈められた。

一二月一〇日共和国大統領選挙において、晴天の霹靂のごとくルイ・ボナパルトが大勝した。マルクスの状況認識と観測はこうであった。「情勢は、一見複雑化しているように見える。が、事実はきわめて簡単である。〔……〕王制復古か、それとも――赤色共和制か、これが今やフランスにおける唯一の二者択一である」(6-207)。

『新ライン新聞』の論調は、四八年諸革命の高揚が束の間に終わって、マルクスが大陸諸国から追放され四九年八月にロンドンに亡命した後、革命の再高揚を信じ共産主義者同盟の再建を進めるなかでまとめた『階級闘争』に引き継がれた。

五〇年初めに書かれた『階級闘争』の第一~三篇の冒頭言によると、四八年から四九年までの年代記は、一連の革命の敗北が逆に結束した強力な反革命を生みだすとともに革命党を成長させて革命の前進の道を切り開いた過程にほかならなかった。

考察の主軸は、ブルジョア、労働者、小ブルジョア、農民などの諸階級間の闘争、およびブルジョア共和派、王党派（正統王朝派とオルレアン派の秩序党）、小ブルジョア共和派（山岳党）、社会主義派、ボナパルト派などの諸党派の対抗・連繫であった。

労働者大衆の六月蜂起は「ブルジョア秩序の存続か滅亡かの闘い」(7-29)であり、その流血鎮圧によりブルジョア共和派の支配は「ブルジョア・テロリズムに転化」し「ブルジョア独裁」(31)が公然となった。ブルジョア反革命独裁に対抗して、「プロレタリアートは、ますます革命的社会主義［……］の周囲に結集しつつある。この社会主義は、革命の永続宣言であり、階級差異一般の廃止［……］到達するための必然的な過渡点としてのプロレタリアートの階級的独裁である」(86)。

一二月一〇日の共和国大統領選挙でのルイ・ボナパルトの圧勝は、なによりも「農民のクーデター」(41)であった。

ボナパルト大統領統治下、五〇年三月の立法国民議会補選での山岳党の進出とボナパルトの大臣の落選は、「四八年六月［事件］の撤回」であり「一二月一〇日［大統領選挙］の撤回」(88)であった。ボナパルトの統治は「革命の温床になった」(91)。「わが後には大洪水あらん!」(同)。

かかる分析・観測は、階級闘争史観に偏しプロレタリア革命を熱望する党派思想の高ぶりを示していた。

一方、マルクスはフランスの資本主義、社会階級構造の現状についての分析を深めた。復古王制下では大地主が、七月王制下では金融貴族が支配したが、労働者階級の力量の増大に対応し、第二共和制では資本家階級と大土地所有者階級を二大主力とするブルジョア階級の諸分派の共同支配にいたった。「イギリスでは工業が優勢であり、フランスでは農業が優勢である。〔……〕フランスの工業はフランスの生産を支配していない」(76)。産業革命は始まっていたが進行は緩慢であり、産業資本家階級は未成長であった。相関的に、「産業ブルジョアジーに対する産業賃金労働者の闘争は、フランスでは局部的な事実であって、〔……〕革命の国民的内容となることはできなかった」(18)。

プロレタリア革命の諸条件の不在にもかかわらず、革命は勝利への途上にあり決戦が迫っているとする議論には乖離があった。その空隙を埋めていたのは、フランス一国に経済的、社会的な成熟が欠けていても、資本主義世界の最中枢イギリスとの世界市場的構造連関からして、また各国に波及している四八年諸革命の国際的な性格からして、来たらんとしている革命はフランスが引き金を引くが、「ブルジョア的宇宙の造物主」(450) イギリスを巻き込んだ「全ヨーロッパ的な革命戦争」(17) として展開するとの予想であった。

五〇年四月、マルクスらは亡命中のブランキ派の指導者たちと革命的共産主義者万国協会を結成した。そのブランキ派は、四八年五月憲法制定国民議会が開かれると群衆とともに議会に押し入って議会解散を宣言し革命政府を樹立しようとしたが、国民軍と正規軍に撃退され、ブランキはまたも捕囚の身となって革命の舞台から早々と姿を消していた。

五〇年五月、国民議会は秩序党の主導で有権者総数を三分の二に減らす普通選挙制限法を可決した。普通選挙制は共和制とともに二月革命勝利の証にほかならなかった。七月にかけて結社の自由や出版の自由を弾圧する法を制定した。

五〇年秋に書かれた『階級闘争』第四篇は、論調を一変して、革命党は追い払われ、勝利した諸党派が統治権力をめぐって争っている様を描いた。

2 『ルイ・ボナパルトのブリュメール一八日』の意義と決定的限界

五一年一二月〜五二年三月、マルクスは『ブリュメール一八日』を著し、第二共和制の全経過を振り返り再論した。

本冊子は有名な言説をもって始まる。「ヘーゲルはどこかで、すべて世界史上の大事件と大人物はいわば二度現われる、と言っている。ただ彼は、一度は悲劇として、二度目は茶番として、とつけくわえるのを忘れた」(8-107)。マルクスは、とりわけ大ナポレオンの甥ルイ・ボナパルトの五一年一二月二日クーデターをもじり、ボナパルト政権の短命性を暗示した。しかし、ルイ・ボナパルトの統治は二番煎じの戯画にすぎなかったのであろうか。

続いて、第二共和制の目まぐるしい変転、政権の次々の入れ替わりを、最高権力機関の変転とそれを担う党派勢力の抗争を軸にして叙述し、遷移してきた諸時期を、「カヴェニャックと憲法制定議会の独裁」(124)、「秩序党の議会的独裁」(188)、「ボナパルトの独裁」(187)などと規定した。独裁とは権力分立の停止による特定の一機関への全権力の集中の意であったが、ここにも『階級闘争』と同じく独裁概念の濫用があった。

理論的前進もあった。『階級闘争』でのフランス資本主義、社会階級構造の把握を踏まえて、国家権力機構についての歴史的、構造的特質を分析した。絶対君主制時代に発生した国家機構は、大革命によって全国的に統一され増強されてナポレオン第一帝制下でできあがった。復古王制と七月王制の時期には橋や鉄道などが公共事業として国家行政の対象となり、第二共和制期には革命に対抗する政府の弾圧手段を強めた。かくして「膨大な官僚・軍事組織をもち、多くの層に分かれた精巧な国家機構をもったこの執行権力、五〇万の軍隊とならぶもう五〇万の官僚軍、網の目のようにフランス社会の肉体に絡みついて、その毛穴をふさいでいるこの恐ろしい寄生体」(192)、巨大な中央集権的国家構築物が現出した。

この考察により、『階級闘争』までの「恐慌―革命」に「国家―革命」の視点が複合され、「恐慌―国家―革命」の構図の素地が形成された。

ボナパルト統治権力については、「フランス社会で最も人数の多い階級、分割地農民を代表する」(194)。人口の四分の三を占める農民大衆の支持がボナパルトの大統領選挙での大勝やクーデターの圧倒的な承認の直接要因をなした事実から、「ボナパルト家は農民[……]の王朝」(同)と捉えた。

さらに、保守的な農民は資本の支配で困窮にさらされ次第に革命化したと見込んで、労働者と農民の革命的同盟を展望した。「ナポレオンの王制復古に絶望するとき、フランスの農民は自分の分割地に対する信仰を捨てる。この分割地のうえに建てられた国家構造物全体が崩壊し、プロレタリア革命は合唱隊をうけとる」(8-200)。しかし、この論点は後述する『ブリュメール一八日』第二版において削除される。

クーデターによるボナパルトの全権力の掌握は「ブルジョア階級の政治的支配の決定的で完全な転覆」(191)であり、革命による権力奪取への反転への条件の成熟であった。「革命は、初めに議会権力を完成して、それを転覆できるようにした。[……]今では、革命は執行権力を完成し[……]自分の破壊力をことごとく執行権力に集中できるようにする」(192)。『ブリュメール一八日』は半ば『階級闘争』の続編として、プロレタリア革命の切迫を観望しボナパルトのクーデターを「ブルジョア支配の転覆」(128)と位置づけるなど、重大な誤認を包有していた。

執筆がクーデター直後であったことに帰せられない理論的欠陥を指摘する。

四九年五月の立法国民議会選挙における秩序党の圧勝以降、国民議会・立法権力とボナパルト大統領・執行権力の闘争が激しくなり、第二共和制は行きづまりを呈した。議会は「ブルジョア大衆との決裂」(188)にいたり、ブルジョア階級も彼らの代表議会党派を見捨てていた。軍隊の掌握を進めてきたボナパルトは、この機にクーデターにより議会指導者たちを拘束し国民議会を解散させ、同時に議会が廃止した普通選挙権を復活させた。クーデターの直後にはその承認を求めて国民投票を実施し、圧倒的な支持を得た。議会・政党政治の定着したイギリスでの政権交代とは異なる軍事的制圧と国民投票を併用したブルジョア政治体制の改編であり、個人独裁に民主主義を混成するボナパルティズム体制の新生であった。その歴史的意味合いをマルクスは洞察できなかった。

いま一つ、ボナパルトは『ナポレオン観念』(一八三九年)、『貧困の絶滅』(一八四六年)において人民の権利と権威の原理との両立、社会問題の重視という自らの理念を提示しており、それらは第二帝制の諸施策として具体化される。だが、マルクスはこれら二書を検討したふしがない。彼は、同時期のユゴー『小ナポレオン』と同様、ボナパルトを「ルンペン・プロレタリアートの首領」(155)などと徹底的に卑小な俗物として描いた。

総じて『ブリュメール一八日』は機知溢れる諷喩、洒落た文学的修辞で綴られているが、ボナパルト統治権力の解析には理論的骨格の狂いが存した。劈頭のボナパルトとその統治の二番煎じとしての暗喩も、ボナパルトとその統治権力の歴史的特性の析出の欠乏の表象として捉え返される。

3 転換へ

「新しい革命は、新しい恐慌に続いてのみ起こりうる。しかし、革命はまた、恐慌が確実であるように確実である」(7-450)。だが、恐慌襲来の再三の予測は、的外れに終わった。内部分裂し抗争してきた共産主義者同盟は五二年一一月に解散し、マルクスは革命運動の第一線から身を退いた。五六年前半にマルクスは「ボナパルティズム」(11-597)の語を初めて用いた。ボナパルトの統治は第二帝制としてすでに定着していた。

待望の恐慌は、最初の世界恐慌として、五七~五八年にやってきた。だが、革命に類する出来事はどの国にも何一つ起きなかった。マルクスの深刻な挫折、唯物史観の再錬成については、第三節において言及する。

さらに歳月を経て、マルクスは六九年の『ブリュメール一八日』第二版発行に際して、系統的に一連の箇所を削除した。削除箇所は、「その［ブルジョア的な］再起を不可能とするような仕方で転覆」（8-191）したクーデター―ボナパルト支配の一時性―プロレタリア革命の接近という論脈での説示である。マルクスは「いまではもう通じなくなった暗示を削るだけ」（8-543）と記したが、一連の削除は五二年当時の分析と観測における謬点の認知を内意した。

ところで、エンゲルスは後年、『ブリュメール一八日』第三版（一八八五年）に付した序文でこの小著を「天才的な著作」（21-253）と称揚し、『階級闘争』一八九五年版に付した序文では、『階級闘争』第一〜三篇とは異なり第四篇では「きっぱりとこうした［革命の新たな高揚の］幻想を捨てている」（22-506）と述べた。この言述が現在にいたるまで無批判に踏襲され、『ブリュメール一八日』は『階級闘争』の誤りを克服した歴史研究の傑作として伝承されてきた。しかし、マルクスのフランスに関する政治理論の転換は、『階級闘争』第一〜三篇と第四篇との間ではなく、『ブリュメール一八日』と『フランスの内乱』との間にあった。

4 『フランスの内乱』――第二帝制権力分析の到達点

第二帝制がプロイセンとの戦争に敗北し倒壊して第三共和制が発足した直後、七一年三月、パリ・コミューン事件が起きた。パリの民衆の反乱をめぐって、マルクスは国際労働者協会の活動の一環として『内乱』を執筆した。近代フランス史の概説のなかの第二帝制についての要点をとりだす。

第一点、「帝制の支配のもとで、未曾有の産業活動の一時期が、証券仲買、金融詐欺、株式会社投機の羽目を外した跋扈が始まった」(17-564)。資本主義の世界的な躍進の一環として、フランスの産業も飛躍的な発達をとげた。第二帝制期に国家の指導と介入に振興され、産業革命が完成し産業資本主義が確立した。

第二点、「皇帝制度は、その産業のあらゆる無礼講、その投機の卑劣さ、その生活のあらゆるけばけばしいきらびやかさを欲しいままに発揮させることで、それがブルジョア「秩序」の真に適切な統治であることを立証する」(579)。ボナパルト統治権力のブルジョア性は明白であった。

第三点、「農民は、第二帝制［……］の受動的な経済的基礎であった。［……］第二帝制は、プロレタリアートに対する積極的な闘争のなかで、農民の受動的な支持に支えられて生みだされた」(514)。農民はボナパルトによって政治的に組織された受動的な支持階級にすぎなかった。

第四点、第二帝制権力について、「クーデターをその出生証明書とし、普通選挙制をその認可証とし、剣をその帝笏とする」(314)。クーデターによって生誕したが、国民投票によって全国民的な承認を勝ちとり、第二共和制の過程で廃止された普通選挙権を復活させて、独裁についての国民の信任の更新を重ねた。軍事的・官僚的強権支配と民主主義の合成によって政治的秩序を造出し保持し、〝権威帝制〟から〝自由帝制〟への過程を辿った。

第五点、「国家権力は、外見上は社会の上に高くそびえていた」(同)。階級超越的な外観は、ボナパルト政権の農民、労働者、ブルジョアなどあらゆる階級の間の泳ぎまわりや国民的栄光を鼓吹する広報・宣伝などの新規の諸施策により倍加されていた。

第六点、第二帝制権力の歴史的位置に関して、「皇帝制度こそは［……］成熟しきったブルジョア社会が遂に資本による労働の奴隷化の手段に転化した、あの国家権力の最もけがれた形態であると同時に、その終局の形態である」(317)。第二帝制権力は、産業資本主義の構築に適応しつつブルジョア社会とともに新たな発展段階に進んだブルジョア国家形態であった。「成熟しきった」のではなかった。ブルジョア国家の「終局の形態」と位置づけるのは、パリ・コミューンのなかに透視したプロレタリア革命と新たなる社会・国家像を基準としたものであり、現実には誤認であった。

如上の論点は、彼の第二帝制に関する考察の到達点であった(＊1)。

二　イギリス政治体制の分析

1　五〇年代前半の政治的諸党派批評

マルクスはロンドンに移住して以降、経済学研究を本格化して経済学批判——『資本論』草稿作成——に沈潜する傍ら、生計費を稼がなければならないのっぴきならない事情もあって、数多くの時局評論をアメリカの進歩的新聞に、後年にはドイツの民主主義的新聞にも寄稿するのに労力を費やした。そのなかのイギリスの現況と歴史についての評論から資本主義の最先進国の政治体制をめぐる所説を取りだして検討する。

五二年八月、『ニューヨーク・デイリー・トリビューン』に寄稿した最初の論説では、総選挙を闘った諸政党について批評した。

トーリ党について、「穀物法の廃止をもたらした厄年である一八四六年と、この廃止がトーリ党にあげさせた苦悶の叫びは彼らがもっぱら地代だけの熱狂者なのだということを証明したし、同時にまたオールド・イングランドの政治制度と宗教制度に対する彼らの愛着の秘密を暴露した」(8-329)。

「ウイッグ党は、トーリ党と同じく、大ブリテンの大土地所有の一部分をなしている。[……] 彼らをトーリ党から区別するものは何なのか? ウイッグ党は、ブルジョアジーの、商工業中間階級の、貴族的代表者である」(331–332)。

故ピール首相の遺した新党派、ピール派は、「どの政党に自分がくっついたら良いかについて、まだ結論に達していない」(334)。

五二年の総選挙で成立したウイッグ党とピール派連立のアヴァディーン内閣は、「旧党派は消え去ってゆくのに新党派はまだ固まっていない過渡期の政権の無力をあらわしている」(9-47)。

これらの「多かれ少なかれ過去のものに属する」党派に対し、「自由貿易論者(マンチェスター学派の人達、議会および財政改革論者)は、現代のイギリス社会の正式の代表者、世界市場を支配しているイギリスの代表者である。彼らは、[……] その社会的な力を政治的な力としても利用し、また封建社会の傲慢な最後の残存物を根こそぎにしようと努めている産業資本の党派を代表している」(8-335)。

とりわけマンチェスター学派について、「彼らの最後の言葉は、必然的にブルジョア共和制であり、そこでは生活のあらゆる領域で自由競争が最高度に支配し、ブルジョアジーの共通の階級的利益と営業との対内的および対外的な管理に欠くことのできない最小限度の統治権力だけがせいぜい残されているにすぎず、そしてこの最小限度の統治権力もできるだけ簡素に、経済的に組織される」(同)。今後、「彼らが単独で政治的支配権を握り、政治的支配権と経済的覇権とが同一者の手に統合され、したがって資本に対する闘争が現政府にたいする闘争ともはや区別されなくなる瞬間――その瞬間から、イギリスの社会革命が始まるであろう」(336)。

マンチェスター学派は、イギリス産業革命の中心地マンチェスターの工場主コブデン、ブライトを先頭に、三八年に反穀物法同盟を創立、四六年に議会は外国からの穀物輸入を制限あるいは禁止した穀物法の廃止を勝ちとり、長期にわたってきた土地貴族の支配体制を産業資本主義に照合する政治体制へ変革する運動を推進していた。

最後にチャーティストは、産業革命をつうじて生みだされた賃労働者階級の政治的部隊として、三七年以来、普通選挙権をはじめとした六箇条の「人民憲章」を掲げて大々的な国民請願署名運動を重ねてきていた。

注目すべきは、普通選挙権についてのきわめて高い評価であった。「普通選挙権はイギリスの労働者階級にとっては政治的権力と同意義のものである。[……] 普通選挙権の実施は、大陸で社会主義的方策の名で尊ばれているどんなものよりも、はるかに社会主義的な一方策となるであろう。この場合、このことの不可避の結果は、労働者階級の政治的制覇である」(336–337)。人口の大多数を占め、階級的に鍛えられ階級意識を有する労働者階級は、普通選挙権を活用し政治権力を獲得するであろうとの見通しであった。

全般的に、経済的動向の政治への自動的な反映の論調が特徴的であった。

2 五〇年代後半からの政治・国家体制改編の解明

五〇年代前半までのマルクスは、イギリスやフランスの情勢に革命的危機を見出し、四八年諸革命の再高揚の観望を倦むことなく表明した。

五〇年代後半になるとジャーナリストとして、ドイツの『新オーダー新聞』を寄稿先に加え、政論活動を続け健筆をふるった。関心の焦点は、経済的、社会的に決定的階級となっている産業資本家階級が政治的にも制覇する過程であり、土地貴族が支配する国家の変容であった。

「イギリスの貴族は、一八三〇年以来、もっぱら商工中間階級の利益になるように国内政策を遂行することを余儀なくされながら、それにもかかわらず、対外政策と軍隊の独占権を維持していたおかげで、政府のあらゆる部署をその手に保ってきた」(10-597) が、「中間階級が徐々に貴族階級から権力を奪いつつある」(654)。「中間階級」とは、経済的支配階級でありながら政治的にはなお支配の座にのぼっていない資本家階級の地位を表す語であった。

この変動期の国家では、「支配階級と決して一致しない統治者層」(11-42) が存在し、産業資本家階級の利害と要求を貫徹する諸々の政策・法を「内閣や議会や行政部や陸海軍を独占的に支配している」土地貴族 (90) が執行した。「イギリスの国家構造は、実のところ、公式にではないが事実上市民社会の決定的な部面のすべてを支配しているブルジョアジーと、公式の統治者である土地貴族との間の、年を経た、時代遅れの古くさい妥協にすぎないものである」（同）。

ところが、産業資本家階級の代表として躍進し、マルクスが政治的覇権を手にすると予測していたマンチェスター学派は、五七年総選挙において「完敗」し、コブデン、ブライトも落選した。「自由主義ブルジョアジー、工場主、大商会の圧倒的多数は、ブライト反対の票を投じた。［……］自由主義ブルジョアジーのこの脱落は、なぜ起こったのか？」（12-162）

総選挙前の五五年に（第一次）パーマストン自由党内閣が成立し、翌年にパーマストンはアロー戦争（第二次アヘン戦争）を引き起こして、武力による中国市場の拡大を推進した。それを産業界は歓迎していた。平和的な自由貿易論のマンチェスター学派は、砲艦外交によって海外市場を開拓・拡大する年来の自由貿易帝国主義を実行したパーマストンの前に、自由主義的ブルジョアジーの支持を奪われて敗退したのだった。

さらに、パーマストン内閣の下で国家権力機構の中枢、庶民院と内閣の間に重大な変化が進行した。「一八四八年から一八五八年にいたるヨーロッパの歴史を書かなければならない未来の歴史家は、一八五一年にボナパルトがフランスにたいしておこなった訴えと一八五七年にパーマストンがおこなった連合王国に対する訴えとの相似性に驚かされることであろう。［……］ボナパルトと同じくパーマストンも、立法権力のくだらぬおしゃべりと干渉のしつこさを押さえる強力な執行権力が必要だと主張しなければならない」（148）。パクス・ブリタニカの対外政策の遂行をつうじて「内閣の無答責の力」（15-355）が「慣行上の特権」（10）と化し、ボナパルト政権と共通する「強力な政府」が現出した。

マルクスは、名誉革命以来一世紀半有余にわたってきた議会の優越が政府の優越へと転移し、イギリスとフランスでの国家の類型的相異や発現形態の差異にもかかわらず、「[フランスにおける]皇帝の権力簒奪とイギリスにおける内閣の権力簒奪」(12)に通貫する産業資本主義段階の国家権力機構改編の基本動向を析出した。

当時のイギリス国家の内部構造に関する好個のルポルタージュ、バジョット『イギリスの国家構造』(一八六七年)は、議院内閣制における議会と内閣の不断の共働をつうじて内閣が議会に優位するにいたっていることを描出し、内閣を「国家の最強力団体」(『英国の国家構造』深瀬基寛訳、清水弘文堂、一九四七年、四〇頁)と位置づけた。パーマストン内閣時代に露わになった政府の最優越の看取は、マルクスの慧眼であった。

マルクスの新聞への寄稿は六二年二月が最後になり、イギリス政治についての論説も終わりを迎えた。

この間、トーリ、ウイッグは名誉革命以来の名門貴族率いる院内議員派閥の朋党 faction から、第一次選挙法改正を機に明確な政綱を掲げ、党首以下の議員、党務専従活動家、支持者大衆の階統制組織たる政党 political party へと発達し、保守党、自由党に転化していた。資本家階級の労働者大衆に対する専制的支配を土台に、ブルジョア二大政党が労働者大衆の支持の調達を競い合う議会制民主主義の体制が築かれつつあった。

『資本論草稿』『資本論』に散在するイギリス政治に関する諸記述については、土地貴族が統治権力の座に長らくとどまり続けているのはなぜか、これを解明する論点だけを取りあげる。「大土地所有者階級の生命の驚くべき粘り強さ」（25-932）の基底は、資本主義的生産の発達であった。「資本主義的生産とともに商品生産が発展し、したがってまた価値の生産が発展するのと同じ度合いで、土地所有が土地の独占によってこの剰余価値のうちのますます大きくなる部分を横取りする能力、したがって自分が取る地代の価値を高くし、また土地そのものの価格を高くする能力も発展する」（823）。大土地所有者は資本主義の発達とともに衰滅するのではなく、近代社会の骨組をなす三大階級の一つを占めるのだった。『共産主義派宣言』以来の全社会の労資二大階級への分裂論は「近代社会の三大階級」（1130）論へ転回した。

しかも、「産業資本家達はまだまだ「国務に従事したり哲学したりする」どころではない」（485）が、「土地所有者は自分の所有地はスコットランドにあるのに彼の全生涯をコンスタンティノープルで送ることができる」（796）。議員への歳費支給はなかった時代だし、充分な資産と閑暇を有するのは政治家の必須の要件であった。産業資本主義時代にいたっても、大土地所有者は産業資本家の経済的支配と分業し協業して政治的支配に携わるのに最適の階級的地位にあった。

イギリスは「旧来の貴族的伝統が最も近代的なブルジョア社会のなかへ入りこんで栄えている国」（15-493）となった。産業資本家階級も貴族制に同化しその保存に転じていた。

3　革命路線の模索と民族問題への着目

六八年第二次選挙法改正の実現により、都市の労働者階級は念願の選挙権を獲得した。しかし、

〃ヴィクトリア朝の繁栄〃と称される空前の栄華を迎えたなかにあって、チャーティスト運動の終焉後の労働者階級は労働組合を中心とする経済闘争に注力し、政治的には自由党を支持し「自由＝労働」の同盟を形成した。

「さしあたり労働者革命にとって最も重要な国であり、しかもこの革命の物質的条件が成熟している唯一の国」(32-551)、イギリスにおける革命が国民的多数派による平和的変革路線であるのは疑いないとして、その見通しは至難であり、新たな指針を模索せざるをえなかった。

六〇年代後半からアイルランド問題について調査、検討を重ねたマルクスは、その結論としてイギリスの革命的変革の展望を開く新たな方向を導き出した。「イギリスにおける社会革命［……］を促進する唯一の手段、それはアイルランドを独立させることだ。アイルランドの民族的解放が、イングランド労働者階級にとって［……］彼ら自身の社会的解放の第一条件である」(同)。

一八〇一年のイギリスへの併合後の近近の歴史に限っても、アイルランドでは植民地的社会構造の解消を求める独立運動、自治運動が続いてきた。アイルランド零細借地農民はイングランド土地貴族に対する激しい反地主制闘争を繰り広げた。宗教ではアイルランド人の多数は国教徒ではなくカトリックであった。これらが原因となり、労働者階級も分裂しイングランド人労働者はアイルランド人労働者への「宗教的、社会的、また民族的な偏見」(550)を抱いていた。アイルランド問題は民族問題と固く結びついていた。

四八年革命段階のマルクスは、民族解放運動の焦点だったポーランド問題について、イギリスこそ資本主義の発達とブルジョアジーとプロレタリアートの対立が最も進んだ国だから、ポーランドの解放はイギリスの革命にかかっているとの立場をとっていた。だが、ここに民族解放を突破口として社会革命を展望した。いわば階級闘争一本鎗から民族闘争と階級闘争の複合への転換であった。それにしても、イギリスにおけるプロレタリア革命の見通しを立てるにはさらにいくつもの問題を解明し解決する必要があった。経済と政治の直結論から脱し、政治の相対的であれ独立した構造の究明に踏み入らなければならなかった。

イギリスでは六七年の第二次選挙法改正後、議会制民主主義の定着が進んだ。『資本論』の完成に精魂を傾けていたマルクスは、議会制民主主義政治体制の世界史的な原型の出現を眼前にしながら、その分析をおこなうことがないまま没した。

イギリスの政治・国家体制に関するマルクスの所論は、独自の著作の不在が示すように、きわめて限定的であった。

三　プロレタリア革命論考

1　四八年革命段階の論点

四八年革命当時の『共産主義派宣言』を中心にしたプロレタリア革命をめぐる枢要な論点を箇条的に摘記することから始めよう。

①マニュファクチュアに代わって現れた大工業は世界市場をつくりだし、商業、陸海交通の未曾有の発達をもたらした。資本主義経済ははかりしれない発展を遂げている。それにつれて「全社会は、敵対する二大陣営に、直接に相対立する二大階級に、すなわちブルジョアジーとプロレタリアートとに、ますます分裂していく」(4-476)。資本家と労働者との二大階級への全社会の分裂の進行は必至である。

②資本主義的生産に内在する矛盾は、「周期的に繰り返し襲ってきて、ブルジョア社会全体の存立をますます威嚇的に脅かす商業恐慌」(481)として爆発する。恐慌は労働者階級を貧窮の底に突き落とし、プロレタリア革命に連動する。

③それでは、プロレタリア革命にどのように達するか。

「すべて社会改良というものは、プロレタリア革命と封建的反革命とが世界戦争をもって勝敗を決するまでは、ユートピアにとどまる」(6-393)。フランス二月革命で労働者は多くの生産協同組織 association を設立したが、「交換銀行や労働者協同組合の空論的な実験に熱中する」のは「必ず、失敗するに決まっている運動」(8-115)にすぎない。現下の闘争を革命か反革命かの階級決戦と捉え、改良(闘争)を否定しそれに革命(闘争)を対置していた。

④労働者階級の解放を終局的目標とするプロレタリア革命において、変革の核心は所有問題であった。一言では「私的所有の廃止」(4-488)である。

⑤プロレタリア革命は「まずもって政治的支配を獲得し」(493)なければならない。政治権力を樹立するや、「ブルジョアジーから次々にいっさいの資本を奪いとり、いっさいの生

産用具を国家の手に［……］集中」（494）する諸方策を実施する。まず国家権力を奪取する政治革命をおこない、生産手段を国家所有化して新社会を建設する国家中心主義的革命路線であった。

⑥将来の階級なき社会への移行の長期にわたる過渡期を想定し、革命後の政治・国家体制に関して、プロレタリアート独裁を敷く。「階級闘争は必然的にプロレタリアート独裁に導く［……］、この独裁そのものは、いっさいの諸階級の廃絶への、階級のない社会への過渡期をなすにすぎない」（28-407）。

⑦資本主義経済の発達とともに世界市場が生まれ、国境を越えて各国の工業生産や消費、生活諸関係が一様化する。それにつれて、「諸民族が諸国民に分かれて対立している状態は、［……］今日すでに次第に消滅しつつある」（4-493）。今後その傾向はますます進展し、「国民内部の階級対立がなくなれば、諸国民の間の敵対関係もなくなる」（同）。

エンゲルスは、いくつかの弱小民族について「歴史の歩みによって無惨にも踏みつぶされ」「衰亡した民族の残片」（6-168）であり、「自分達自身の歴史をもったことがなく」「生存能力をもっておらず、どんな独立にも決して到達できない」（271）と論じた。しかし、強大な諸民族が形成した国民および国民国家のもとで、弱小な諸民族は強大な異民族の国民国家に編入されて抑圧され大民族への同化、融合を強制され、国民国家内部に民族的マジョリティとマイノリティの対立が存在した。エンゲルスはその現実を是認し弱小民族の消滅を当然視した。同様の見地をマルクスも共有していた。彼らは、階級（闘争）を根本原理として民族（闘争）には独立の位置を与えず、プロレタリア革命闘争の勝利的遂行によって諸民族間の対立も解決できると思考した（＊2）。

さて、①の資本家と労働者の二大階級への社会の分裂論については、『資本論草稿集』での「近代社会の三大階級」論への転換を、第二節において明らかにした。四八年革命当時のマルクスは、資本主義経済のグローバル化の鋭い予測の反面、資本主義社会の階級編成について誤った見通しを立てていたのだった。

⑦の階級（闘争）と民族（運動）の論目の転換についても、第二節において論及した。マルクスは大民族への小民族の同化の強制をともなう国民化、国民国家建設の史的動向を容認し、プロレタリア階級闘争によってブルジョア階級支配を除去すれば諸国民の対立も諸民族間の対立もなくなると確信していた。だが、後期になり、アイルランドの民族的独立をイギリスのプロレタリア革命の梃子とする立場に転じた。民族に固有の問題を見出し民族解放闘争に独自の意義を与えたのだった。

以下では、残りの五論目を念頭において、マルクスの革命論考の発展的転回を辿る。

2　五九年の転換――社会革命論の再定式

五〇年代前半、革命の再高揚を待望し続ける過程で、景気変動の循環性と政治情勢との関連についての認識が生まれた。「現代の産業は、沈滞、好況、過熱、恐慌、不況という大きな局面を通って周期的な循環をえがき」、それに照応して労使間の闘争が激化したり弱まったりする（9-163）。五七～五八年の世界恐慌は、何の政治的変動も引き起こさず全般的好況に再転した。マルクスは深く反省し、「全然初めからやりなお［そう］」（13-7）と決意した。

再出発を期するマルクスは、四八年このかたの歴史の省察に立って、唯物史観を錬磨し『経済学批判』の「序言」において定式化した。

社会革命に関する二つの提題に止目する。

「社会の物質的生産諸力［……］の発展のある段階で、［……］既存の生産諸関係［は］、生産諸力の発展諸形態からその桎梏に一変する。その時に社会革命の時期が始まる。経済的基礎の変化とともに、巨大な上部構造全体が、あるいは徐々に、あるいは急激に覆る」(同)。

発達する生産諸力の生産諸関係との衝突は、恐慌として噴出する。社会革命の基盤となる恐慌は、景気の循環過程における周期的なそれではなく、発達をとげた生産諸力と生産諸関係との対抗的矛盾が極点に達した地点での最終的な恐慌である。経済的構造変動につれて政治的変革が起きる。政治革命は急激にだけでなく徐々にも進展する。

「一つの社会構成は、それが生産諸力にとって十分の余地をもち、この生産諸力がすべて発展しきるまでは、決して没落するものではなく、新しい、さらに高度の生産諸関係は、その物質的存在条件が古い社会の胎内で孵化されてしまうまでは、決して古いものに取って代わることはない」(同)。

社会構成の転換は、一方で生産諸関係のなかで生産諸力があますところなく発展しきり、他方で社会の内部に高度の生産諸関係が生まれて発達することを要件とする。新社会への発展を可能にする諸契機は、現存の生産諸条件のうちに胚胎している。「もしわれわれが今日あるがままの社会のうちに、階級なき社会のための物質的な生産諸条件とそれに照応する交通諸関係とが隠されているのを見出さないならば、いっさいの爆破の試みはドン・キホーテ的愚行となるであろう」（資本論草稿集 1-140）。

こうした社会革命論には、四八年革命以降の歴史的経験の総括が織りこまれていた。政治革命により一挙的に国家権力を奪取しそれを槓桿として経済的変革を推進するというかつての革命論は斥けられ、社会諸関係に張り巡らされ構造化されている経済・政治・文化の複合的な総体を多様な方途で変造する社会革命論へ進展した。

同時に、マルクスの理論的営為は経済学研究へと決定的に重心移動した。マルクスの生涯における最大の理論的転換点は五〇年代後半にあった。第一節で跡づけたフランスの第二共和制—第二帝制の考察の転移とも、それは符合した。

マルクスは経済学批判と経済史研究に邁進するなか、六〇年の一論説で協同組合の発展と拡張に関する報告書に特別の興味を示し、労働者生産協同組合に資本主義社会が胎内に宿している新しい社会の要素を見出した。同時期の『資本論草稿』のなかでは、「労働者自身によって設立された協同組合工場［……］は、生産上の機能者としての資本家が労働者にとって余計なものになった［……］ということの証拠を提供している」（全集二六第三分冊 641）。

民主主義の問題でも新たな見地を示し、「ブルジョア民主主義」（資本論草稿集 1-275）の存立を追認した。『共産主義派宣言』では「労働者革命の第一歩は、プロレタリアートを支配階級の地位に高めること、民主主義を闘いとることである」(494)と宣明し、民主主義の獲得とプロレタリアートによる国家権力の奪取とは相即的であった。ブルジョア政治体制内での民主主義の発展はマルクスの意想外にあった。ところが、イギリスでは一九世紀中葉には自由党はもとより保守党も民主主義を打ちだして国民大衆の政治的組織化を競い合った。ブルジョア政治体制内に編入される民主主義を、マルクスは軽侮の意味をこめて「ブルジョア民主主義」と呼んだ(*3)。

3 国際労働者協会の社会革命路線——協同組合型社会とコミューン型国家の接合

六四年、国際労働者協会が創立された。マルクスは総評議会の一員として熱心に国際労働者協会の活動にかかわり、「国際労働者協会創立宣言」をはじめとする重要文書を執筆する重責を担った。文書の一つで、マルクスは四八年革命敗北後の歳月を振り返り、とくに労働者生産協同組合運動の前進を労働者階級が闘いとった大きな勝利として挙げ、協同組合工場の「偉大な社会的実験の価値」(16-9)を高く評価した。「この運動の大きな功績は、資本に対する労働の隷属に基づく、窮乏を生みだす現在の制度を、自由で平等な生産者の協同社会 association という、福祉をもたらす共和制度と置き換えることが可能だということを、実地に証明する点にある」(194)。とはいえ、「社会的生産を自由な協同組合労働の巨大な、調和ある体系に転化するためには」「国家権力を、資本家と地主の手から生産者自身の手に移す」ことが不可欠であり、それを結節点とした「社会の全般的条件の変化が必要である」(同)。

ここで、『共産主義派宣言』段階の③ならびに⑤の論目の根本的な転換を確認できる。改良主義として排却していた労働者生産協同組合について、労働者達による自主的な生産条件の改善運動を担い、さらに新しい社会の生産組織の母胎となる意義を積極的に評価した。改良（闘争）に革命（闘争）を対置して個々の改良（闘争）を退ける立場の克服であり、個々の改革を着実に重ねて革命の大事業へと前進する改良（闘争）と革命（闘争）の有機的な結合への路線転換であった。

また、目標とする労働者階級の経済的解放を「労働の解放」（10）として表明した。経済体制変革の主題は所有の問題から労働の問題に移動し、所有問題の眼目は「私的所有の廃止」から「個人的所有［の］再建」（23-995）や協同組合的所有の形成に変わった。

パリ・コミューンは、第二帝制が崩壊し第三共和制に転換する際に起きた首都の共和主義的市民反乱であった。総評議会の委託で『フランスの内乱』を執筆したマルクスは、コミューンの新旧混在する諸々の実践のなかから新たな創意に溢れた挑戦を抽出して資本主義体制後の世界を予示した。

新しい社会の経済的構成をめぐって、「労働の奴隷制の経済的諸条件を自由な協同労働の諸条件と置き換えることは、時間を要する漸進的な仕事でしかありえない」（17-517）。長期に及ぶ移行過程において、「協同組合的生産」（319）を社会的生産形態として建設する。「もし協同組合の連合体が共同計画に基づいて全国の生産を調整し、こうしてそれを自分の統制の下におき、資本主義的生産の宿命である不断の無政府状態と周期的痙攣とを終わらせるべきものとすれば――諸君、それこそは共産主義、「可能な」共産主義でなくて何であろうか！」（319–320）

理論的白眉は、社会による国家権力の再吸収を方位とするコミューン型国家論の開発であった。

軍事的＝官僚的機構に関して、人民大衆に対する統治機構として構築されてきた常備軍・警察、行政諸機関の強大で中央集権主義的な国家機構を一新しなければならなかった。①常備軍を廃止し、人民大衆が武装する民兵制、警察も民警制、②市会議員はもちろん、判事や裁判官などのすべての公務員の選挙制と解任制、③すべての公務員の労働者並みの賃金など。

国家権力機構の編制について、各地区のコミューンを基体として、中心都市に派遣委員会議 an assembly of delegates が置かれ、地区会議から委員が送られてパリの全国派遣委員会議 the National Delegation を形成する。派遣委員は選挙人の拘束的委任を受任しいつでも解任可能である。

中央と地方の関係についても、「地方自治体の自由」(318) に基づく分権的な連邦制をとる。自治体政府は処理可能な事柄は須らく自ら遂行する。「中央政府には少数の、だが重要な機能が残る」(316)。中央政府は外交、軍事、司法、大規模公共事業などについて、専権的にではないが、その任を果たす。

如上のコミューン型国家創出の変革指針は、卓抜であり、一世紀半近い歳月を経た今日でもラディカルな革命思想としての輝きを失っていない。

革命過程においては、「階級闘争が、そのさまざまな局面を最も合理的な、人道的なしかたで経過することができるような合理的環境をつくりだす」(517)。革命の勝利的遂行が「奴隷所有者の散発的な反乱」の激烈な反動を呼び起こし、「社会革命の手に剣を握らせる」ことがありうる(同)。ブルジョア階級の反乱に当面すれば、革命勢力は武力を行使せざるをえない。だが、マルクスはコミューン革命をプロレタリアート独裁と性格づけることはなかった。

現実のパリ・コミューンでは、政府軍のパリ制圧攻撃が迫るなかでジャコバン派、ブランキ派を先頭に評議会多数派はいっさいの権力を集中掌握した公安委員会を設立した。少数派は国際労働者協会派を中心に、人民主権の簒奪であり大革命時のジャコバン独裁への逆戻りとしてこれに反対した。「過去を繰り返すべきではなく未来を建設すべき」(259)を基本見地とするマルクスは、公安委員会の設立と活動を過去への回帰の動向として『フランスの内乱』の叙述から捨象した。彼が心を砕いたのは、ジャコバン独裁、ブランキ的革命独裁の超克であり、ブルジョア民主主義を凌駕する民主主義の開発であった。

4　各国革命の多様性へのアプローチ

パリ・コミューン後、マルクスはインタビューで、「革命は多数者によっておこなわれるだろう。革命は一党一派によっておこなわれるものではなく、全国民によっておこなわれるものなのだ」(34-426)と、国民的多数派による革命の原則を確認した。

各国における革命路線は多様であった。「イギリスでは、政治的な力を発揮する方法は労働者階級に開放されて」いる。「平和的な煽動の方が敏速かつ確実に仕事をなしとげうるところでは、蜂起は狂気の沙汰で」ある。「フランスでは、多数の弾圧法規と諸階級の和解しえない敵対とが、社会的戦争の暴力的解決を必然化しているように思え」る(17-611)。革命方式に関しては大きく二通りに類別し、イギリス、オランダは平和的で徐々に、フランス、ドイツ、オーストリア、イタリアは暴力的で一挙的に、と判断した。

少数精鋭の革命的前衛の決起を導火線とした国家権力の暴力的転覆を力説した四八年革命時から大きく隔たり、マルクスは社会革命のなかに政治革命を付置して国民的多数者革命路線を定め、各国の諸事情に基づいて労働者階級が具体的指針を選択する見地に達した。

晩年にさしかかったマルクスは、『ゴータ綱領批判』のなかで、資本主義社会から共産主義社会、直接にはその第一段階へといたる「革命的転化の時期」の「政治上の過渡期」に関して、「プロレタリアートの革命的独裁以外のなにものでもない」(19-28-29)と規定した。プロレタリアート独裁も当該国の政治体制いかんによって存否が異なる。ビスマルクのドイツ帝国についてフランス第二帝制を移植したボナパルティズム体制と捉えており、そのドイツにおけるプロレタリアート独裁の提唱であった。但し、プロレタリアート独裁へのこだわりは、独裁から民主主義へ漸次的に移行する時代にあって過去に囚われており、未来を拓く世界史的視野に乏しかった(*4)。

四　残されている課題

1　政治・国家体制考察の推移

ヘーゲル法哲学徒として出発した若きマルクスは、「ヘーゲル国法論批判」「ヘーゲル法哲学批判」の政治哲学的考究によって自らの思想、理論の形成に踏みだした。エンゲルスとともに唯物史観の原像を築いた『ドイツ・イデオロギー』では、国家に関して大きく二つの理論史的潮流を汲み、ヘーゲル国家論を唯物論的に転倒して「幻想的共同体」(3-70)、スミスなどの国家論を批判的に摂取して「ブルジョアは国家において彼らの私的所有の擁護を組織」(3-379-380)と規定した。

四五年に『政治学および国民経済学の批判』の出版契約を交わした。出版されなかったものの、政治学批判の部の梗概は、「パリ・ブリュッセル・ノート」にある覚書から窺い知ることができる。「(一)近代国家の成立史あるいはフランス革命。［……］市民的制度と国家制度へのすべての要素の二重化。(二)人権の宣言と国家の憲法。個人的自由と公的権力。自由、平等および統一。人民主権。(三)国家と市民社会。(四)代議制国家と憲章。［……］民主主義的代議制国家。(五)権力の分割。立法権力と執行権力。(六)立法権力と諸々の立法団体。諸々の政治クラブ。(七)執行権力。中央集権と位階制。［……］国家行政と自治体行政。(八)の一 司法権力と法。(八)の二 国籍と人民。(九)の一 諸々の政党。(九)の二 選挙権。国家と市民社会との揚棄のための闘争」(3-596)。覚書は近代フランス政治史研究の総まとめとして考案され、若き時代の国家論考を集成していた。

『共産主義派宣言』では、国家権力をめぐって二つの規定を示した。「近代の国家権力は、ブルジョア階級全体の共同事務を処理する委員会にすぎない」(4-477)。「本来の意味の政治権力は、他の諸階級を抑圧するための一階級の組織された権力である」(495)。

四八年革命に際してマルクスは『階級闘争』『ブリュメール一八日』を著し、フランス二月革命の諸階級、諸党派の対立闘争を分析しその行方を観測した。だが、革命的共産主義派としての思い入れが強く、主観主義的偏向を免れなかった。

実践運動から身を退いたマルクスは、資本主義経済体制の研究の一方、ジャーナリストとして政論活動に追われた。

五七〜五八年に挫折を経験し再出発したマルクスは、経済学研究にますます力を注いだ。『経済学批判要綱』の経済学批判体系プランに「ブルジョア社会の国家形態での総括」(資本論草稿集 1-62)の篇を立てた。これは「ブルジョア社会」に関係する限りでの国家の考察に関した。

『資本論草稿』には、唯物史観の土台・政治的上部構造論を踏まえたうえで政治的構造の自立性について貴重な示唆を遺した。「同じ経済的土台が自然条件や種族関係や外から作用する歴史的影響などの無数のさまざまな経験的事情によって、現象上の無限の変異や色合いを示すことはありうる［……］、これらの変異や色合いはただこの与えられた事情の分析によってのみ理解される」(25-1015)。政治・国家体制は一義的に経済的土台によって決定されるのではない。経済的土台が同一であっても「無数のさまざまな経験的事情」によって相違する政治・国家体制が存立しうる。実際、第一帝制と復古王政の経済的基礎構造は同じであった。

『資本論』創造に心血を注ぎながらそれを完成するにいたらなかったマルクスに、『資本論』に後続するブルジョア政治体制の学問的解剖——経済体制の資本に相当する政治体制の支配力である国家にちなんで「国家論」と表記する——に取り組む余力はなかった。

ここで、国家とは何かについての『ドイツ・イデオロギー』と『共産主義派宣言』の前出四つの規定に関し、その意義、限界を確認する。これらの簡明な規定は、現実的対象としての国家が併せもっている多面的な特徴的様相の個々の面をそれぞれ表現する。したがって、多様な側面に応じて幾通りもの規定が可能であり必要である。これら多くの概念規定を複合して成るのが、定義だと言える。概念規定ないし定義は対象についての下向分析過程の所産である。それらを前提的作業とし、さらなる分析的研究の到達成果を総合して、対象の全体的な内部編成構造を解剖し政治的国家の運動法則を明らかにする科学的な「国家論」の創出が可能になる。

成熟したマルクスが抱懐していた「国家論」の構想は、どのようなものであったろうか。『資本論』第一巻に点在する国家と法に関する諸規定に手がかりをえることができる。それとともに、結局マルクスが示した政治学あるいは国家論のただ一つのプランとなった四五年の政治学批判の覚書を、『資本論』のマルクスから捉え返して改変することが欠かせない。

2 果たすべくして果たしえなかった理論的課題

ともあれ、マルクスは『資本論』の完成に追われ、「国家論」に着手できなかった。彼がなすべくしてなしえなかった「国家論」建設のための大きな課題二つを挙げる。

一つには、政治学批判である。マルクスは古典派経済学の文献を渉猟し読破し内在的に批判し吸収する学問的苦闘によって『資本論』をうちたてた。スミス、リカードなどの古典派経済学に対応して批判的に継承するべき古典派政治学の主流は、ロック『統治二論』(一六九〇年)―スミス『諸国民の富』(一七七六年)の国家論考―ベンサム『憲法典』(一八二七〜四一年)―J・S・ミル『自由論』(一八五九年)の自由主義理論から自由民主主義理論への発展的展開であろう。しかし、ロックを「自由思想の父」(7-215)と位置づけたものの、またベンサム功利主義論、ミル経済学に対する批判論説は少なからず著したものの、前記の古典政治学を論判した証跡はない。これは、マルクスの「国家論」研究の重大な空白であった。パリ・コミューン型国家論につうじる一面を有するベンサム『憲法典』(*5)や多様な思想、言論の完全無欠の自由を社会進歩のエネルギーとして高唱するミル『自由論』との学的対決は、マルクスの政治理論の新たな地平を開いたにちがいない。

いま一つ、政治史研究についても、資本主義の本国のイギリス経済史についての詳細緻密な研究にあたるようなイギリス政治史の本格的研究をおこなうことはなかった。とくに六七年の第二次選挙法改正を機に、六八年の第一次ディスレーリ保守党内閣から八六年の第三次グラッドストン自由党内閣まで二大政党が交互に政権交代する典型的な議会政治が続き、八四年には第三次選挙法改正により成年男子に関して普通選挙権が近似的に実現して、議会制民主主義体制が定着した。だが、マルクスはその歴史的過程を論評することなく、八三年に他界した。

自由民主主義の思想・理論ならびに議会制民主主義の政治体制は、資本主義経済の高度発展とともに、二〇世紀には世界中の先進資本主義諸国に普及し定着した。その原型であるイギリスの古典派政治学、一九世紀後葉の議会制民主主義体制構築に関する然るべき研究を欠いたマルクス政治理論の歴史的生命力は、きわめて乏しかった。『資本論』が不朽の学問的傑作として、今日なお資本主義経済の批判や研究の基準として生命力を保っているのとは、対照的である。

マルクスへ帰れ！　わが国では一九五六年のスターリン批判を機にした、この叫びは今日でも正当である。だが、マルクスの政治理論そのものが、経済学とは異なり、大きな限界と空白を有している。マルクスへ還帰しても、拠り所とすべき政治理論は所在していない。

マルクスの遺言執行を称してエンゲルスが提示した『家族、私有財産および国家の起源』の当該部をはじめとした国家論は、二〇世紀を通じてマルクス主義国家論の定説とされてきたが、再三批判してきたように根本的な難点が多く、科学的なレヴェルに程遠い(＊6)。

かの「フォイエルバッハに関するテーゼ」の最後の有名な行に倣って言えば、これまでの研究者達はただマルクス、エンゲルスの政治理論を解釈してきただけである。肝心なことはそれを変革することである。

註

(1) 第二共和制、第二帝制に関する優れた研究書として、河野健二編『フランス・ブルジョア社会の成立』岩波書店、一九七七年。

(2) 参考文献として、丸山敬一編『民族問題——現代のアポリア』ナカニシヤ出版、一九九七年。

(3) マルクスの民主主義論考の全体像に関し、拙著『マルクス社会主義像の転換』御茶の水書房、一九九六年、後篇「マルクス、エンゲルスの民主主義論」。

(4) 「プロレタリアート独裁」をめぐって、拙稿「プロレタリアート独裁」、『マルクス・カテゴリー事典』青木書店、一九九八年。

(5) 拙著『国家とは何か——議会制民主主義国家本質論綱要』御茶の水書房、二〇一三年、「Ⅱ　国家のイデオロギー的構成原理」。

(6) 拙稿「エンゲルス国家論の地平」、杉原四郎・降旗節雄・大藪龍介編『エンゲルスと現代』御茶の水書房、一九九五年。

第七章

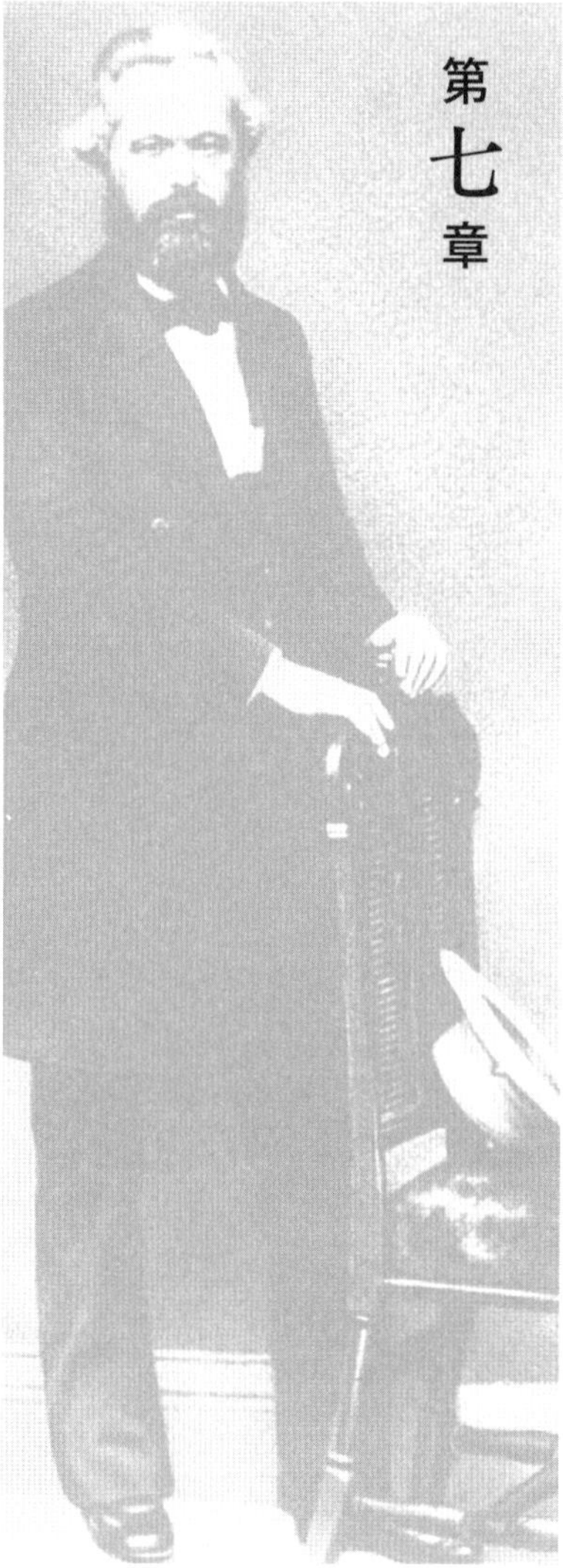

マルクスの歴史把握の変遷

——市民社会論マルクス主義批判

平子友長

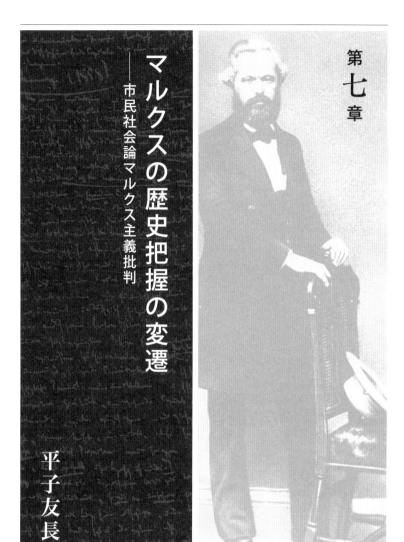

一　歴史における自由——「限界」と「制限」の論理

『経済学批判要綱』（以下『要綱』と略記）「ノートⅥ」「固定資本と流動資本」節においてマルクスは、「自由競争」を論じながら歴史における自由の問題を「限界」と「制限」の論理として展開している。

「自由競争が以前の生産諸関係と生産諸様式の制限［Schranken］を解体したときに、まず考察されなければならないことは、自由競争にとって制限であったものは以前の生産諸様式にとっては内在的限界［Grenze］であり、この限界の中で以前の生産諸様式は発展し運動していたことである。これらの限界は、生産諸力と交通諸関係が十分に発展し、資本そのものが生産の規制的原理として登場し始めることが可能となってのちにはじめて制限となるのである。資本が取り壊した限界は、資本の運動、発展、実現にとっての制限であった。資本はそれによっていっさいの限界を止揚したのでも、いっさいの制限を止揚したのでもなく、資本にとって制限となっていた、資本に対応していない限界を止揚しただけであった。資本は、それ自身の限界の内部では——これらの限界は、より高度の見地から見れば生産の制限として現れ、また資本自身の歴史的発展によってそのようなものとして定立されるにもかかわらず——自分が自由で、制限されることのないもの、すなわち自分自身によってだけ、自分自身の生活諸条件によってだけ限界づけられたものであると感じるのである」(MEGA II/1.2: 533)。

『要綱』(全七冊)の「ノートVI」を書きつつあったマルクスにとって、歴史上存在したすべての生産様式はその限界の内部では自由であった。各生産様式に内在する限界は、それとは異なる生産様式が「生産の規制的原理」として登場して以降はじめて制限となる。マルクスにとって資本主義に先行する諸社会が人類史的観点から本質的に「不自由」で「依存」的社会であったわけではなく、また「市民社会」が本質的に「自由」な社会であったわけでもない。歴史的諸社会における自由の問題は、すべて「限界」と「制限」の論理によって理解されなければならない。この立場からわれわれは「奴隷制」や「農奴制」における自由についてさえ語ることができる。マルクスは前記の文章に続けて「同職組合の自由」について次のように語っている。

「同職組合工業は、その全盛時代に、同職組合組織のうちに自分が必要とした自由を、すなわち同職組合工業にふさわしい生産諸関係を、完全な状態で見出していた。同職組合工業それ自身は、自己のうちからこの生産諸関係を定立し、かつそれを自己の内在的諸条件として発展させたのであり、したがってまた決して外的で窮屈な制限として発展させたわけではなかった。資本の側からなされた自由競争による同職組合等の制度の否定の歴史的側面が意味するものは、十分に強くなった資本が、自分に適合的な交通様式によって、資本に適合的な運動を束縛し阻止する諸制限を取り壊したということ以外のなにものでもない」(ebenda)。

すべての生産様式はその「全盛時代」においてそれが「必要とした自由」を「完全な状態で」見出すのである。「限界」と「制限」の弁証法の立場からマルクスは、資本主義的生産様式下の「自由競争」を次のように特徴づけている。

「自由競争において定立されるのは、諸個人が自由であることではなく、資本が自由であることである。資本に立脚する生産が社会的生産力の発展の必然的な形態、したがってもっとも適した形態であるあいだは、諸個人が資本の純粋な諸条件の内部で動くことが彼らの自由として現れる、さらに諸個人の自由は、自由競争によって取り壊された諸制限を絶えず反省することによって、教義としても確保されるのである。〔……〕ここから、他方で、自由競争を人間的自由の究極の発展とみなし、また自由競争の否定は個人的自由と個人的自由に基づく社会的生産との否定にイコールであるとみなす愚劣な観念が生まれる。それはまさに、ある局限された基礎——資本の支配という基礎——のうえでの自由な発展にすぎない。したがってこの種の個人的自由は、同時に、いっさいの個人的自由の最も完全な廃棄であり、また物象的権力という形態、それどころか圧倒的力を持った物象という形態——たがいに連関しあう諸個人から独立した物象という形態——をとる社会的諸条件のもとへの個性の完全な屈服である。〔……〕自由競争が生産諸力の、したがってまた人間的自由の究極の形態とイコールであると主張することは、中産階級支配が世界史の目的である、ということにほかならない」(MEGA II/1.2: 533–534, 537)。

マルクスによれば、歴史上存在したすべての社会は、その限界の内部で自然に発展してきたし、その成員たちに自由を保障してきた。資本主義に先行する諸社会の「限界」は、「資本そのものが生産の規制的原理になったのちにはじめて制限」となり、不自由な社会として取り扱われるようになった。資本主義社会が最高度の「自由」を保障する社会であるように現象するとしても、それは資本主義システムの「限界」の内部での「自由」にすぎず、「より高度の見地からすれば」それらの「限界」は「制限」として取り扱われる。自由競争に基づく個人の自由を自由の最高度の実現形態であると観念する「理論」は、資本主義の限界内で行動し思考する人間が資本主義によって「制限」として歴史的に取り扱われ、「制限」として取り壊されてきた先行する諸社会を比較対象として参照することによって「教義」として確立される。「自由競争」の思想は、自己を正当化するために「制限」として取り扱われるべき過去の(あるいは非西洋的)諸社会を必要としている。他方で、「自由競争」に基づく「個人的自由」は、マルクスによれば、「資本の支配」に基づく自由、資本という「物象的権力」のもとへの諸個人の「完全な屈服」であり、その意味で「個人的自由の最も完全な廃棄」である。このことを論証することが、マルクスにとって経済学批判の最重要の課題であった。この作業は、同時に「自由競争」の理論家たちによって「制限」として取り扱われてきた資本主義に先行する諸社会の歴史的意味を再発見する作業でもあった。

平田清明、望月清司らのいわゆる市民社会論マルクス主義は、「個人的自由の最も完全な廃棄」としての「自由競争」というマルクスにとって譲ることのできない基本的視座を一貫して無視ないし過小評価してきた。望月清司はこれを「疎外のヴェール」として捉え、その深部には「ゲマインシャフト的協業とゲゼルシャフト的交通という分業の二元性」(望月 1973: 611)が脈々と伏流していると理解する。こうして資本主義の下での市場は「「資本家的所有」という烙印を押されはするが、交通体系それ自体を動かしているのは総体としての労働者にほかならない」(同 610)と理解される。疎外と物象化は常に「ヴェール」のレベルに置かれ、搾取の「さらに奥」につねに「本源的営み」(同 606)である「ゲマインシャフト的協業とゲゼルシャフト的交通」が「発見」される。

市民社会論マルクス主義を成立させているものは、マルクス自身のテキストには存在しない「(疎外の)ヴェール」「(搾取の)さらに奥」などのレトリックであった。こうしたレトリックによって、本来、資本主義的経済システムをトータルに理論把握するための方法概念である「市民社会」や「ゲゼルシャフト的交通」などが実体化され、あたかも疎外と物象化が支配する現実の資本主義的経済システムの「ヴェール」の背後にそれらが実在しているかのような幻想が醸成されたのである。

二　小経営的生産様式

通説的な『資本論』解釈において、小農的生産様式は資本の本源的蓄積によって解体される前近代的で未発展な生産様式とみなされてきた。その典拠とされるのが『資本論』第一巻第二四章第七節「資本主義的蓄積の歴史的傾向」における次の文章である。

「この生産様式〔小経営〕は、土地とその他の生産手段の分散を前提している。それは、生産手段の集積を排除するとともに、同じ生産過程の中での協業と分業、自然に対する社会的な支配と規制、社会的生産諸力の自由な発展を排除する。それは生産および社会の狭い自然発生的な制限としか両立しない。ある程度の高さに達すれば、それは自分自身を絶滅させる物質的手段を生み出す。〔……〕それは滅ぼされなければならないし、滅ぼされる。この生産様式の絶滅は、〔……〕資本の前史をなしている」(MEGA II/6: 681)。

右の引用から判断する限り、マルクスにとって小農的生産様式は歴史的に克服されるべき生産様式であるように見える。しかしマルクスの『資本論』およびその準備草稿を総合的に考察してみると、マルクスは小農的生産様式にきわめて高い歴史的評価を与えていることがわかる。事実、右に引用した文章の直前でマルクスは次のように述べている。

「労働者の自分の生産手段に対する私的所有は小経営の基礎であり、小経営は社会的生産および労働者自身の自由な個性が発展するために必要な一条件である。たしかにこの生産様式は、奴隷制、農奴制やその他の従属的諸関係の内部でも存在する。しかしこの生産様式が繁栄し、その全エネルギーを発揮し、それにふさわしい古典的形態を獲得するのは、労働者が自分の取り扱う労働条件の自由な私的所有者、すなわち農民は自分が耕す耕地の、手工業者は自分が名人芸を発揮する用具の自由な私的所有者である場合だけである」(ebenda)。

ここでは以下の三点を確認することが重要である。

(1)「労働者の自分の生産手段に対する私的所有」が小経営の基礎であり、小経営は「労働者自身の自由な個性が発展するために必要な一条件」である。小経営は、小農経営と手工業を包括する概念である。小経営は「社会的生産諸力の自由な発展を排除」し、「生産および社会の狭い自然発生的な制限としか両立しない」にもかかわらず、「労働者自身の自由な個性が発展するために必要な一条件」である。マルクスにとって労働する主体の「自由な個性」の発展は「社会的生産諸力の自由な発展」を必ずしも前提していない。

(2) 小経営的生産様式は、広義には資本主義的生産様式に先行するすべての生産形態に共通する生産様式であるが、人類史のなかで「この生産様式が繁栄し」、「それにふさわしい古典的形態を獲得」した時代が存在した(*1)。

(3) 小経営は、奴隷制、農奴制その他の従属的諸関係の内部でも存在した。マルクスは、奴隷制や農奴制さえも労働者に対して自分の生産手段に対する「占有」を保証していた小経営の範疇に含めていた。

マルクスは、小経営的生産様式を、生産者が土地およびその他の生産手段に対して自分のものとして関係する本源的所有の形態として把握し、アジア的形態、奴隷制（奴隷制大経営と家内奴隷制を除く）、農奴制も含め資本主義に先行するあらゆる生産形態に共通に見出される基本的な生産様式として把握していた（＊2）。

三　奴隷制、農奴制の歴史的性格

「この［資本と賃労働との］関係の生成の歴史的諸前提として現われる諸条件は、一瞥するだけでも二重の性格を示している――一方では、生きた労働のより劣悪な諸形態の解体――他方では、生きた労働のより恵まれた諸関係の解体である。まずもって第一の前提は、奴隷制または農奴制の関係が止揚されていることである」(MEGA II/1.2: 372)。

『要綱』では、「奴隷制または農奴制」は資本・賃労働関係が生成するための歴史的前提のうちの生きた労働の「より劣悪な諸形態」として位置づけられている。「より恵まれた諸形態」は文脈上「東洋の共同社会［Gemeinwesen］または自由な土地所有者からなる西洋の共同体［Gemeinde］」(MEGA II/1.2: 373) であると推定しうる。「奴隷制または農奴制」が「より劣悪な諸形態」とみなされるのは、「農奴制関係では、労働者は土地所有そのものの契機として現れ、役畜とまったく同様に、土地の付属物」であり、「奴隷関係では、労働者は生きた労働機械にすぎない」からであり（MEGA II/1.2: 372–373）、「生きた労働行為に対して主体として関係する」（ebenda）ことができないからであった。

『要綱』の『資本主義的生産に先行する諸形態』（以下『諸形態』と略記）において「奴隷制または農奴制」は、以下の二点において重要な役割を果たしていた。⑴奴隷と農奴はそれ自身「労働の客体的諸条件」の一部にすぎず、「自由な労働者」と違って人格性を認められないにもかかわらず、彼らには少なくとも「生活手段に対する占有」（「労働者を土地および土地支配者に束縛しはするが生活手段に対する労働者の所有を事実上前提する隷属諸関係」（MEGA II/1.2: 405））が認められていた点で「無所有」の賃労働者とは類型的に区別された。⑵この限りで「奴隷制または農奴制」は、労働主体と労働諸条件との一体性を基調とする「本源的所有」の歴史的派生形態であり、資本・賃労働関係が成立するために解体されなければならない歴史的条件の一つとして位置づけられた。『諸形態』は、大地に対して自己の所有として関係する「本源的所有」を「歴史的状態第一号」、土地所有の外部に自立的形態として発展した都市の内部で営まれる手工業、「ツンフト・同職組合制度」を「歴史的状態第二号」と規定したのち、「第三の可能な形態」として「奴隷制および農奴制」を挙げている（MEGA II/1.2: 402–403）。

「土地に対しても、用具に対しても、したがってまた労働それ自身に対しても自分のものであるように関係することはないが、生活手段に対してのみは所有者として関係し、それらを労働する主体の自然的条件として見出す、ありうる第三の形態は、実は、奴隷制および農奴制の定式である」(ebenda)。

「生活手段に対する所有という第三形態」としての「奴隷制および農奴制」は、「歴史的状態第一号」＝「所有の原初形態」――「所有の諸原初形態は、必然的に、生産を条件づけるさまざまな客体的契機に対して自分のものに対するように関係することに帰着する」(ebenda)――が歴史的に変容した形態――「これらの原初形態は、労働そのものが客体的生産諸条件のうちの一つに転換されることによって本質的に変容させられる(これが農奴制および奴隷制)」(ebenda)――であった。マルクスが注目した点は、「所有の原初形態はすべて、自己のうちに奴隷制を可能性として、したがってまた自己自身の止揚として含んでいる」(ebenda) ことであった(＊3)。

マルクスは、『一八六一―六三年草稿』においてリチャード・ジョーンズを「サー・ジェイムズ・スチュアート以来のすべてのイギリスの経済学者に欠如していたさまざまな生産様式の歴史的区別に対するセンスを持っていた点で傑出している」(MEGA II/3.5: 1835) と評価し、ジョーンズの著作から膨大な抜粋を行った (MEGA II/3.5: 1835–1887)。マルクスが最も注目し採用したものは、ジョーンズの「労働財源 [laborfonds]」の歴史的三形態の分析であった。

「ジョーンズが言うには、労働財源は以下の三つの部類に区分されうる。(1)労働者によって生産され、労働者自身が消費し、他人のものにはならない収入（この場合、特殊な形態はどうであろうとも、労働者は事実上自分の生産用具の占有者でなければならない）。(2)労働者と異なる階級のものになり、労働を直接に維持するためにこの階級によって支出される収入。(3)本来の意味での資本」(MEGA II/3.5: 1849)。

ジョーンズは、「労働財源」の三つの形態的区別に基づいて労働者の歴史的存在を、(1)労働する耕作者または小農民、(2)富者の収入によって扶養される人びと、(3)資本と交換することによって「労働財源」を獲得する労働者に分類した。ここで最も重要なものは、労働財源の第一形態である。

「a［第一形態］について。「労働する耕作者または占有する小農民の賃金。これらの労働する耕作者または小農民は、世襲の占有者、所有者、借地人である。借地人は、農奴、分益農、小屋住み小作人である。後者はアイルランドに特有である。［……］ここで特徴的なことは次のことである。労働者は自分自身のために労働財源を再生産する。労働財源は資本に転化しない。彼は労働財源を直接に生産するのと同様、それを直接に領有する。もっとも彼の剰余労働のほうは、彼が自分の生産条件に関係する特殊な形態に応じて、彼自身が全部領有する場合もあれば、また部分的に領有する場合も、さらに別の階級が全部領有することもある」(ebenda)。

第一形態は「労働する耕作者または占有する小農民」という類型であった。彼らは、労働財源を自ら生産するとともに、それを自ら領有し、消費する。歴史上存在した人類の大多数はこの類型に属する人びとであった。ここでマルクスの歴史把握全体にかかわる重要な論点は、耕作者の剰余労働がとる形態的区別、つまり、(1)彼が全部領有するのか、(2)部分的に領有するのか、(3)別の階級によって全部領有されるのか、という区別は、耕作する労働者の歴史的性格を変えないという点である。歴史上存在する各社会の基本的性格は剰余労働（または剰余生産物）を誰が所有するのかによって決定されると考える通俗的なマルクス解釈は、ここで重大な修正を余儀なくされる。マルクスにとって、歴史的諸社会の性格を決定するメルクマールは労働者が彼の労働諸条件（労働手段および生活手段）に対してどのように関係するのか、所有者（または占有者）として関係するのか、非所有者として関係するのか、という点にあった。

奴隷制も「労働財源」の三区分に対応して三形態に区別される（MEGA II/3.5: 1851）。第一形態には耕作する農奴と奴隷が含まれる。「この場合、［剰余労働が領有される］特殊な形態はどうであろうとも、労働者は事実上自分の生産用具の占有者でなければならない」（MEGA II/3.5: 1849）。「耕作する小農民」である奴隷および農奴は、『要綱』のように「生活手段の占有者」としての資格においてだけでなく、「生産用具の事実上の占有者」としての資格においても「本源的所有」の派生的形態として位置づけられるようになった。労働財源の第一形態という視座を獲得したことによって、マルクスの前資本主義社会に対する歴史的把握はより包括的なものに仕上げられていった。

ジョーンズから受容した労働財源の第一形態視座に基づく歴史把握は、『一八六三―一八六七年経済学草稿』にも生かされている。

「直接的労働者が自分自身の生活手段の生産に必要な生産手段または労働条件の「占有者」であり続けるあらゆる形態においては、所有関係は同時に直接的な支配従属関係として現れざるをえない、それゆえ直接的生産者は不自由人として現れざるをえない。この不自由は、農奴制、夫役制からはじまって単なる貢納義務制にまで弱められる場合もある。ここでは直接的生産者は自分自身の生産手段を占有しており［……］農耕およびそれと結合した農村家内工業を自立的に営んでいる。この自立性は、たとえばインドなどにおけるように、これらの自活する小農民たちが互いに多かれ少なかれ自然発生的な生産共同社会を形成している場合でも、それによって廃棄されることはない。なぜならここインドでは、名目的所有者に対して自立性を確保しさえすればよいからである」(MEGA II/4.2: 731–732)。

ここで「直接的労働者が自分自身の生活手段の生産に必要な生産手段または労働条件の「占有者」であり続けるあらゆる形態」とは第一形態のことである。第一形態の耕作者は、自分で生産した生産物を直接消費するのであるから、必要生産物に関しては労働者の事実上の占有が成立している。剰余生産物を労働者以外の人間が領有する「所有関係」が形成された場合、資本主義的生産様式とちがって生産様式自体が剰余生産物の他人による領有を発生させるメカニズムを欠いている以上、その「所有関係」は「直接的な支配従属関係」によるほかない。直接的生産者を「不自由人」とする「所有関係」を外挿しなければ非生産者が剰余労働を所有することができない点に、資本主義に先行する諸社会における小農民の自立性の強固さが表されている。この自立性は、農耕が「農村家内工業」と結合することによってさらに強靭なものとなる(東洋的共同社会の場合)。

四 「本源的所有」の諸形態

「本源的所有」とは、「労働(生産)する(または自分を再生産する)主体が自分の生産または再生産の諸条件に対して自分のものであるように関係することである」(MEGA II/1.2: 399)。このような労働主体と労働の客体的諸条件との結合は、共同体によって媒介されており、諸個人はかれらが特定の共同体の成員であるという資格においてはじめて「本源的所有」を認められる。「本源的所有」の諸形態は、アジア的(東洋的)、古典古代的、ゲルマン的形態である(スラヴ的形態が付け加えられることもある)(MEGA II/1.2: 400)。

マルクスは、「アジア的形態」と「西洋的形態」とを本源的所有の「二つの主要形態」として把握している。「西洋的形態」とは古典古代的形態とゲルマン的形態とを包括する規定である。

「アジア的形態」に「自由な土地所有」が認められない理由は、(1)アジアでは多数の共同体を統括する上位の「包括的統一体」が法律上の所有者として設定される場合が多く、この「包括的統一体」との関係において下部の共同体は「無所有」とみなされたこと、(2)下部の実質的な共同体の内部においても、各成員は「事実上無所有」であったからである(MEGA II/1.2: 380)。しかしアジアの専制君主は、法的には彼が統治する全領域の唯一の所有者として、したがってそれ以外のすべての共同体および諸個人の「所有欠如」(ebenda) が承認されていた一方で、下部の現実的共同社会の内部統治には介入せず、それらに広範な自治を委ねた。各共同社会は、農業と手工業の結合に基づいて生産と再生産のあらゆる条件を確保し、自給自足的に存続することができた。共同社会の内部で各個人は、自給自足的小農民として土地およびその他の労働手段を事実上占有していた (MEGA II/1.2: 383–384)。以上の考察をふまえ『要綱』は、「東洋の一般的奴隷制」はヨーロッパ的な意味での奴隷制・農奴制ではないと結論づけている。「アジア的形態」は本質的に奴隷制ではない、にもかかわらずそれが「一般的奴隷制」であるかのように語られるとすれば、それはヨーロッパの観察者による一面的な視点のためである。

「奴隷制、農奴制などにおいては、労働者それ自身がある第三者または共同社会のための生産の自然諸条件の一つとして現れる (ところがこうしたことは、たとえば東洋の一般的奴隷制では起こらないのであって、ヨーロッパ的な視点から見た場合にそう見えるだけである)」(MEGA II/1.2: 399)。

他方、「西洋的形態」の独自性は、「小規模の自由な土地所有者」から構成されている点であった (*4)。「古典古代的形態」においては、市民が「共同体所有地」から区別された「私的所有地」を所有しており、共同体からの一定の自立性を確保していた。また「ゲルマン的形態」においては、個々の農民家族が生産の独立的単位をなしており、共同体は、「共有地」および「集会」などの形で存在しているものの、共同体成員の個別的農業経営を規制する力はもたず、その意味で「古典古代的形態」以上に、共同体成員の「自由な土地所有者」としての実質は確保されていた。それでは、マルクスが「自営農民の自由な所有」が開花した時代として「奴隷制が生産を本格的に支配する以前の最盛期の古典古代」(MEGA II/6: 331) だけを挙げて、「ゲルマン的形態」を挙げていないのはなぜであろうか（註3参照）、ここに『要綱』段階においては「ゲルマン的形態」の歴史的位置づけが未確定であったことが明らかとなる。さらに『要綱』における「ゲルマン的形態」の記述には、以下の理論的不備が見出される。その第一は、「ゲルマン的形態」がその本源的規定にふさわしい形態で実在した時代はいつなのか、『要綱』はほとんど語っていないことである。『要綱』には「中世（ゲルマン的時代）は、農村を歴史の拠点としてそこから出発し、それに続く発展は、都市と農村の対立という形で展開する」(MEGA II/1.2: 387) という記述が見出されるが、この記述だけからは「中世（ゲルマン的時代）」を特定することができない。第二の欠点は、『要綱』執筆時期のマルクスは、ゲルマン的共同体の成員に対する規制（耕地の定期的割り替えなど）の問題について過小評価していたことである。

一八六八年三月にマルクスは、ドイツのマルク協同体［Markgenossenschaften］の歴史学者ルードヴィヒ・フォン・マウラーの著作と出会って以降、ゲルマン的共同体の認識を根本的に変容させていったのである。

五　マルクスの歴史認識の転換点――『マウラー抜粋ノート』の意義

マルクスがマウラー（Maurer, Georg Ludwig, Ritter von, 1790–1872）に初めて言及するのは、一八六八年三月一四日付エンゲルス宛の手紙においてであった。

「博物館では［……］老マウラーのドイツのマルク制度、村落制度などに関する最新の諸著作を猛勉強した。土地の私的所有が後代になって初めて成立したことを、彼は詳細に実証している。ドイツ人が、各個人独立に定住し、後になってからようやく村落、ガウなどを形成したとみなすヴェストファーレンのユンカー（メーザーなど）のばかばかしい考え方が、完全に反駁されている。ちょうど今興味を惹かれることは、特定の期限ごとに（ドイツでは最初は毎年）土地を再分配するロシア的な風習が、ドイツでは所によっては、一八世紀および一九世紀に至るまで維持されていたことである。私が立てた見解、つまりアジア的ないしインド的所有諸形態がヨーロッパのどこでも最初の姿であったという見解が（もっともマウラーはこれについては何も知らないが）、ここで新しく証明されている」（MEW 32: 42–43）。

マルクスのマウラーに対する高い評価とは対照的に、エンゲルスの最初の反応はきわめて冷淡であった（一八六八年三月一九日付マルクス宛手紙、MEW 32: 48）。これに対してマルクスは、一八六八年三月二五日付エンゲルス宛の手紙で、今度は詳細にマウラー研究の重要性を再述した（MEW 32: 51）。後年、マルクスの後を追うようにエンゲルスのマウラー評価も高まっていった。マウラーをめぐる意見交換を行った直後、マルクスはマウラー『マルク・ホーフ・村落・都市制度および公権力の歴史序説』の詳細な抜粋ノートを作成した（＊5）。

マウラーは、ゲルマン人の生活・生産・軍事・習俗などに関する最古の情報をカエサル『ガリア戦記』およびタキトゥス『ゲルマニア』に求めている。カエサルがガリア総督に任命されたのが紀元前五九年、『ガリア戦記』はそれ以降九年間にわたるローマ軍による全ガリア征服を記録した文献である。タキトゥスが『ゲルマニア』を公刊したのは九八年であった。マウラーは、カエサルとタキトゥスがそれぞれ古代ゲルマン共同体の異なる発展段階を記録していることをマルクスに認識させた。

1　カエサル段階

カエサル段階のゲルマン共同体は、狩猟および軍事共同体としての性格が濃厚であった。スエビ族では、各郷から毎年一〇〇〇人の武装兵が徴集され、境界外での戦闘と略奪に従事した。その間、故地に留まった者たちは狩猟、牧畜、農耕に従事し、出陣している者およびその家族を扶養する義務を負った。その翌年には、前年労働に従事した者たちが徴兵され、戦役に従事した者たちが替わって労働し、兵士を供出した一族を扶養した。各部族共同体は、近隣部族共同体からの侵入にそなえる防衛施設として、さらには近隣部族共同体を放逐する威力を誇示する目的で、自分たちの境界地［fines］の周囲をできるかぎり広い空き地［ager］で取り囲んでいた。

各郷の指導者［princeps］は、「一年ごとに、一緒に暮らしている人びとの氏族や親族に対し、適当と認められる広さと場所の耕地を分割し、次の年には、また別な土地へと移ることを強制する」（Caesar 6: 22）。土地の割替えの主体は、個々の農民ではなく氏族［gens］や親族［cognatus］と呼ばれる集団であった。耕地に対する個人的所有も私的所有も存在しなかった。農耕は始まっているとはいえ、なお副次的な生業に留まっており、主食は肉、乳製品などであり、また男女ともにわずかな獣皮だけを身にまとっており、性を隠さなかった。糸繰りや機織りなど複雑な技能を要する家内手工業は成立していなかった。

2　タキトゥス段階

タキトゥス段階に至ると、かつての移動する戦士共同体としての性格が薄れ、定住農耕共同体への移行が始まっていた。しかし戦士共同体の慣習、つまり農耕よりも戦争による略奪を重視する慣習が依然として維持されていた（Tacitus 一四、一五、三一章）。「農地［agri］は、耕作者の数に比例して、集団全体によって占有され、次いでそれが彼ら相互の間で身分に応じて配分される」（二六章）と言われているように、村［vicus］による土地の占有と、村全体の意志による、身分と耕作者の数を考慮した成員に対する土地の分割の原則が維持されていた。耕地の割替えは毎年行われていた。タキトゥス段階では郷ないし村の成員相互が散在し、「各人が自分の家を空き地で取り囲む」（一六章）という具合に、家の自立性が著しく強化されていた。

マウラーは、マルクスに古代ゲルマン共同体における共同体規制の強固さに対する注意を喚起した。ゲルマン人たちは親族ないし部族単位に協同体を構成し、この協同体が支配し生産と生活のために利用できる空間をマルクとして設定した。こうして耕地マルク、森マルク、牧草地マルク、放牧マルク、河川マルクなどが成立した。このマルクの利用に関しては協同体が事実上の所有主体となって、各成員に家とホーフを建てるための用地を指定し、耕地をくじ引きで割り当て、牧草地、放牧地、森、沼沢などの共有地に対する用益権を定めた。籤《くじ》割り耕地［Ackerloos］、家とそれに付属する中庭、菜園などの敷地（ホーフ）は確かに「個別所有」であったが、耕地区画に対しては一定の年限を限っての使用のみが認められ、定期的に所有者を交替させる土地割替えが行われていた。また耕地に対しても、「蒔く種の順序、耕犂、播種、収穫の時期、耕作年と休耕年の交替などが必然的な仕方で規制され、下された取り決めは全員によって遵守されなければならなかった」(Maurer 1854: 9; MEGA IV/18: 545–546)。

マウラーの見解を受容したことによってマルクスは「アジア的形態」と「ゲルマン的形態」の歴史的位置づけを全面的に修正する必要に迫られた。

第一に、ゲルマン的形態の所有の基本的規定は、「自由な土地所有者たち」の「個人的所有」ではなく、むしろ協同体が土地の所有主体として現れ、その成員への家・ホーフの割り当て、籤による耕地の割り当てと一定の年限ごとの土地の割替えなどを厳格に規制していた。

第二に、最古のゲルマン人たちは、部族単位に活動しており、狩猟と牧畜によって主たる生計を立て、獲物や牧草を求めて集団的に移動していた。彼らは牧畜と狩猟を主な生産活動とする「移動する遊牧民」であった。彼らはカエサルの時代に「農耕と結合した遊牧経済」の段階に到達したが、そこでも農耕は副次的に営まれるのみであり、牧畜が主たる生業であるかぎり、牧草地を求めて移動を繰り返していた。タキトゥス段階に至ってようやくゲルマン人たちは定住農耕生活への移行を始め、それに伴って個別的な家ないしホーフが経営単位として形成され始めた。『諸形態』においては本源的所有の「第一形態」に分類されていた(MEGA II/1: 379)「牧人組織」を基本とする部族共同体が、カエサル段階のゲルマン社会の基本的構成単位であった。

『諸形態』の「アジア的形態」は、農業と手工業とが共同体内部で緊密に結合しており、完全な自給自足を行う経済圏を構成しているがゆえに、外部からの影響に対して最も頑強に自己を維持する力を持った形態であった(MEGA II/1.2: 391)。他方、カエサル段階のゲルマン人たちは動物の毛皮以外の衣服をまとっていなかった(Caesar 4: 1)。タキトゥス段階に至って初めて富裕層が四肢に密着する衣服を、また女性が袖無しの亜麻服を身にまとう習慣が現れたが、大部分の人びとはいまだサグムと呼ばれるマントだけを身にまとっていた(Tacitus 一七章)。カエサルやタキトゥスの記述を見るかぎり、紀元一世紀前後のゲルマン人たちは、いまだ「農業と手工業との東洋的補完関係」(MEGA II/1.2: 398)に相当する生産様式を持つに至らなかった。「アジア的形態」は、世界の諸国民が歴史の原始状態で経験した最古の生産様式ではなく、むしろ文明史のかなりの発展を背景にはじめて成立しえた共同体・共同社会であった(＊6)。

マウラー研究によってマルクスが獲得した新しい共同体把握は、『ザスーリチへの手紙草稿』(以下『草稿』と略記)」における共同体の三段階区分として具体化されている(MEGA I/25: 236)。

第一段階は、マルクスが「よりアルカイックな共同社会［les communautés plus archaïques］」と呼ぶカエサル段階の共同体である。その特徴は、耕作可能地の氏族や部族など集団単位での毎年の割替えはすでに行われてはいるものの、「同一共同体を構成する個別的諸家族への割替えはまだ行われていない」段階であり、「耕作もまた集団ごとに共同で行われていた」と推定される段階である。

第二段階は、マルクスが「農業共同体［la commune agricole］」と規定しているタキトゥス段階の共同体であり、『草稿』においてマルクスが最も重視している共同体である。この段階の特徴は、共同体内部における家族による個別的農業経営が行われているが、耕地の毎年の割替えが行われており、農民の私的所有はまだ確立しておらず、なお土地の共同体所有が維持されていたことである。

第三段階は、マルクスが「新しい共同体［la nouvelle commune］」と呼んでいる共同体である。この段階の特徴は、耕地の農民による私的所有が確立し、それと森林、放牧地、空き地などの共同所有が併存している段階である。この類型は、かつてマルクスが『諸形態』において本源的所有の「ゲルマン的形態」と規定した段階であった（＊7）。

ゲルマン的共同体は、前記の三段階を経過して歴史的に発展してきた。『要綱』の「ゲルマン的形態」はその最後の段階しか視野に入れていなかった（＊8）。

マルクスによれば、「よりアルカイックな共同社会」（カエサル段階）から「農業共同体」（タキトゥス段階）への移行、つまり土地の共同体所有の枠組みの内部での形態変化は「自然的発展によって」自生的に行われた。しかし「農業共同体」の崩壊、死滅、そしてそれの「新しい共同体」への移行は、絶え間ない戦争や異部族による征服の結果であり、この移行は経済過程に内在する歴史的必然ではなかった(*9)。異民族の侵入や戦争による「暴力的な死」を免れることができたならば、「農業共同体」は永続的に存続することができたはずであった。「ロシア的共同体［la commune russe］」または「村落共同体［la commune rurale］」はまさにこの「農業共同体」が歴史的破壊を免れて生き延びた姿であった。

アジア的共同体ないしインド的共同体の性格規定も変更され、どの民族もかつて通過した最古の所有形態とはみなされず、「さまざまな社会のアルカイックな構成の最新の類型」(ebenda)として規定し直され、ロシアの「村落共同体」と同格の歴史的地位を与えられた(*10)。

私的所有の成立が歴史的必然ではなかったという認識を獲得したことによって、マルクスの世界史認識には重大な変容がもたらされた。第一に、「自分の労働に基づく私的所有」の否定として資本主義的私的所有の歴史的形成を説明し、その先に「否定の否定」としての「個人的所有の再建」を展望した『資本論』第一巻の妥当領域は「西ヨーロッパ」に限定されることになった。

他方、西ヨーロッパ以外の諸地域においては共同体が「社会的再生の拠点」になった。そのためには「自生的発展の正常な諸条件を共同体に保証することが必要であろう」と、マルクスはザスーリチに回答した(MEGA I/25: 241–242)。農業共同体の死滅と第二次的構成への移行が歴史的必然ではなかったことに対応して、ロシアの農村共同体が没落する必然性にあるという見地は否定され、グローバルな資本主義システムのもとでもなお共同体には「自生的発展」の可能性が認められるようになった。ただしマルクスは、「現在のロシアの土地共同所有が共産主義的発展の出発点になりうる」ためには「ロシア革命と西洋のプロレタリア革命が互いに補完しあう」(『共産党宣言』ロシア語第二版序文」MEGA I/25: 296）こと、さらに資本主義のもとで発展した科学技術および社会的生産諸力の成果、「資本主義的生産の積極的な諸成果をすべてわがものとする」（MEGA I/25: 220）という留保条件を付けることを忘れなかった（＊11）。

資本主義の克服の道筋のなかに私的所有の止揚（西ヨーロッパ）と共同体の「自生的発展」（それ以外の諸地域）の両者が組み込まれることによって、資本主義止揚後の社会システムの基本規定は、「自分の労働に基づく私的所有」の「否定の否定」としての「個人的所有の再建」（『資本論』第一巻）から「最もアルカイックな類型のより高次の形態である集団的な生産および領有への復帰」（MEGA I/25: 228）、「アルカイックな社会類型のより高次の形態での復活」（MEGA I/25: 220）へと変更された。人類史の起点は私的所有にではなく「農業共同体」に据えなおされた（＊12）。

六　後期マルクスへの道

マルクスの歴史観の変容は、一八六八年から開始された『マウラー抜粋ノート』、一八七〇年代に行われたロシア研究、一八七〇年代後半から一八八〇年代初頭に行われた古代社会研究などの膨大な研究の蓄積を経てマルクスが到達した結論であった。

重要なことは、マルクスの歴史観の変容が、一八六〇年代以降の資本主義認識の深化・変容と不可分に結合していたことである。

『一八六一―一八六三年経済学草稿』「ノートXIX」でマルクスは、「ノートV」で中断した「γ機械」の考察を再開し、その成果として「資本の下への労働の形態的包摂と実質的包摂」という概念を獲得した（MEGA II/3.6: 2128–2159）。両概念は『直接的生産過程の諸結果』においてさらに彫琢され最終的に確立された。

マルクスは、資本が既存の資源および生産技術を外部から導入し、それを資本主義的生産様式に形態転化するレベルの事態を「資本の下への労働の形態的包摂」と規定した。これに対して、本来特殊な生産関係である資本が生産過程を包摂することによって、資本主義でなければ生まれることができなかった独自な生産力と生産様式を創出することを、「資本の下への労働の実質的包摂」と規定した。

資本主義に固有な生産様式とは、特殊歴史的生産関係としての資本が主体となって、技術学的労働過程に継続的な革命を引き起こすことができる生産様式である。資本がこのように労働過程の技術学的過程を継続的に変革するほどに素材的世界に対する介入力を持ちうる根拠は物化である。資本において社会的形態規定と自然的素材的規定が癒着・合成するからこそ、形態を操作することによって素材的関係に変化を引き起こすことができるのである。労働者の熟練ではなく科学の直接的生産過程への適用が、資本主義的生産における技術の本質的規定となることによって、技術それ自体が技術学に変貌する。「実質的包摂」レベルで実現される生産力をマルクスは「資本の生産力」と規定した（＊13）。「資本の生産力」においては、もはや生産力（歴史貫通的な素材的契機）と生産関係（特殊歴史的な形態的契機）とを区別することはできず、両者は分かちがたく癒着している。この意味で資本主義における科学技術は、本質的に、資本主義的性格を刻印され、物化された資本としての性格を帯びている（＊14）。

「資本の生産力」は、労働者のアソシアシオンに対して難問を突きつけることになった。第一に、この生産力はそれ自体「物化した資本」であり、資本主義的生産関係を前提にしてはじめて生産力として機能するように構成されており、この生産力をただちにアソシアシオンの生産力として利用することはできない。第二に、この生産力は生産過程における労働者の従属化・非主体化・非熟練化を徹底的に推進するため、労働者はもはや主体的に生産過程の全体をコントロールすることができない（＊15）。二〇世紀の社会主義体制の失敗は、資本主義時代の生産力は資本主義的経営組織なしには機能しないことを証明した。また「改革開放」以後の中国（「中国的特色のある社会主義」）の経済的成功は、労使の階級関係、株式会社制度をはじめ資本主義的生産関係を積極的に導入したことによってはじめて実現された。

マルクスは、『資本論第三巻草稿』「地代」章を執筆する過程で、農芸化学を適用した資本主義的農業およびそれと結合した大土地所有が人間と自然との間の物質代謝に深刻な亀裂を引き起こすことを認識するようになった（MEGA II/4.2: 753）。この認識は『資本論』第一巻第一三章第一〇節「大工業と農業」において、資本主義的生産は「人間と土地との間の物質代謝を攪乱する」（MEGA II/6: 476）と定式化された。「資本の生産力」が自然生態系と人間の身体・精神に深刻な荒廃を引き起こすことが認識された結果として、資本主義的生産関係が許容できる以上に生産諸力を発展させることはもはや人類史の目標とはなりえない。マルクスのうちに人間と自然との間の物質代謝における均衡を再建するという新しい課題意識が芽生えてきた。この課題は、『資本論第三巻草稿』においては「土地を、共同的かつ永久的所有として、入れ替わってゆく人間世代の連鎖の譲渡することのできない存在・再生産条件として自覚的合理的に取り扱うこと」(MEGA II/4.2: 752) と定式化され、『資本論』第一巻においては「物質代謝を、社会的生産を規制する法則として、しかも人間の完全な発展に適合した形態で体系的に再建すること」(MEGA II/6: 476) と定式化された。生産過程全体を体系的にコントロールすることから疎外された労働者が、物質代謝を「体系的に再建する」ことがはたしてできるのか、という深刻な問題が提起された。

一八六〇年代にマルクスは、ポーランドの独立運動、アメリカの黒人奴隷解放、第一インターナショナルの創立、アイルランド独立運動など同時代のさまざまな運動に積極的にコミットした。これらの経験を通じてマルクスは、資本主義と世界史に関する基本認識の再検討を促された。とりわけアイルランド独立をめぐる第一インターナショナル内部の論争は、マルクスに対してそれまでの資本主義認識を根本的に反省する機会を提供した。

第一の問題は、階級対立と民族間対立の複雑な絡み合いの問題であった。資本主義システムが一つの世界システムとして発展してゆく以上、階級関係もまた国民国家の枠組みを超えた次元で発展していかざるをえないが、世界システムにおける階級関係は、民族ないしエスニック諸集団の区別を階級的分断線として利用しつつ重層的に展開されてゆく。資本主義の世界システムへの展開に伴って、抑圧民族と被抑圧民族との対立が資本家階級と労働者階級の階級的対立の世界的形態として特別の重要性を持つようになった。

第二の問題は、国民国家の制度化の成熟のなかで先進諸国の労働者階級の「支配的国民」への統合が進展し、労働運動の階級協調的性格が強化されてゆくことであった。イングランド労働者階級は、資本主義世界システムの内部ではイングランドの資本家・地主階級と共同の利害関係を持ち、かつそのように行動していた。

「[イングランド労働者のアイルランド労働者に対する]この敵対関係こそ、イングランドの労働者階級が組織されているにもかかわらず無力であることの秘密なのだ。この敵対関係こそ資本家階級が権力を維持することができる秘密なのだ」(MEW 32: 669)。

マルクスは、アイルランドの「完全な分離」ないしイングランドとの「対等な連邦」を承認することが「イングランドの労働者階級の解放の前提条件である」(MEW 16: 417)と主張するに至った。先進資本主義諸国の労働者階級が支配的国民国家の「国民」として、資本家階級と同一の「国民的利害」を持ち始めたことにより、資本主義世界システムにおける階級闘争は諸国民間の闘争ないしは国民国家内部における異なるエスニック集団間の闘争という形態をもとるようになった。この時代においては植民地、従属国における民族解放運動に対する支持と連帯こそ先進資本主義諸国における労働者階級の解放の前提条件であると、マルクスは認識するようになった(*16)。

市民社会論マルクス主義の文献解釈上の誤りは、第一に、『要綱』以降のマルクスの資本主義および世界史認識の変容を理解しなかった点、第二に『要綱』解釈に限っても、「貨幣章」の抽象的レベルでのみ設定されるいわゆる「人類史の三段階」把握を過度に強調し、『要綱』「資本章」後半部でマルクスが確立した資本主義批判の基本規定（「個人的自由の完全な廃棄」としての「自由競争」）を無視するという一面性に陥った点にある。理論的には、マルクスの物象化概念を物化のレベルにまで具体化する方法意識を欠いていたために、疎外・物象化にかかわる諸現象を剝ぎ取り可能な「ヴェール」とみなし、その「奥底」に将来社会（「市民社会的社会主義」）が待機しているという、資本主義批判を本質的に欠落させたマルクス像を提起するに至ったことである。マルクスの精緻な文献解釈からは乖離している市民社会論マルクス主義が、なぜ二〇世紀中後半の日本社会において大きな影響力を持ったのかという事実の解明は、現代日本社会の歴史学的分析の課題である（＊17）。

註

（1） 小経営的生産様式の最盛期とは以下の諸時代である。「封建制度が没落しつつあるが、しかしまだその内部で闘争が行われていた時代——一四世紀および一五世紀前半のイングランド——においてしか、自己を解放しつつある労働にとっての黄金期が存在しなかった」(MEGA II/1.2: 412)。「自営農民たちの自由な分割地所有のこの形態は、支配的で通常の形態としては、一方では、古典古代の最盛期の社会の経済的基礎をなすとともに、他方では、それは、近代的諸国民の間で封建的土地所有の解体から生じる諸形態の一つとして見出される。たとえばイングランドのヨーマン、スウェーデンの農民身分、フランスの農民」(MEGA II/4.2: 746–747)。「小農民経済および独立手工業経営は、いずれも、一部は封建的生産様式の土台をなし、一部はこの生産様式の解体後、資本主義的経営と並んで現れるが、それらは同時に、本源的東洋的共同所有［das ursprünglich orientalische Gemeineigenthum］が解体したのち、奴隷制が生産を本格的に支配する以前の最盛期の古典古代の共同社会の経済的基礎をなす」(MEGA II/6: 331)。

(2) 小経営的生産様式を、奴隷制・農奴制をも含む前資本主義的諸社会における普遍的な生産様式として把握し、この生産様式がマルクスの歴史把握に対して持つ原理的重要性を初めて明らかにしたのは、中村哲『奴隷制・農奴制の理論』(中村 1977) であった。中村の研究は、MEGA刊行が始まったばかりの時点で発表されている点で資料的制約を免れなかった。この制約を補い、かつ最新の研究成果をふまえMEGAを典拠にして簡潔に整理したものが隅田聡一郎「マルクス「小経営的生産様式」論の再検討」(隅田 2014) であった。本稿の論述は両氏の研究に多くのものを負っている。

(3)『諸形態』における奴隷制・農奴制の考察は、本文で考察したように重要な意味を持っている。ところが望月は、『要綱』は奴隷制・農奴制の問題を考察の外においたことを何度も強調している。たとえば彼は、本文で紹介した「生きた労働のより低級な諸形態」「より幸福な諸関係」の箇所を引用したあと、「わずか半ページほどのこの叙述で、「資本制生産に先行する諸形態」のうちの「奴隷制もしくは農奴制」の説明はすべてである」(望月 1970: 103–104) と述べているが、「説明はすべて」は事実に反する。

(4)「東洋の共同社会または自由な土地所有者からなる西洋の共同体」(MEGA II/1.2: 373)。「小規模の自由な土地所有および東洋的共同体に立脚している共同的土地所有」(ebenda)。この二区分は『一八六一―一八六三年経済学草稿』においても採用されている。「労働者と労働諸条件との本源的統一には［……］二つの主要形態、すなわちアジア的共同社会（自然発生的共産制）と小規模の家族農業（家内工業がそれと結合している）が存在する」(MEGA II/3.5: 1854–1855)、「農村におけるアジア的形態と西洋的形態」(MEGA II/3.5: 1871)。「小規模の自由な土地所有」は古典古代的形態も含む「西洋の共同体」に共通する規定である。ところが望月清司は「歴史理論は、範疇としての小規模な自由土地所有はそのものとして実現されているイギリスの自営農民の所有しか、表象としてえらばないのである」(望月 1973: 424) と主張し、「自由な小規模経営」を「封建社会の体内に生まれて近代・市民社会を育て上げたかの小規模な自由土地所有」（同602）、封建制解体期にのみ出現した「フリ・ホールダー」（同421）に限定した。

（5）マルクスのマウラー抜萃は、MEGA IV/18に収録された『農業ノート　二』（一八六八年五～一〇月）の一一五―一四〇頁（MEGA IV/18: 542–559）、一四三―一六一頁（ebenda）、および『農業ノート　三』（一八六八年四～一一月）の五―二一頁（MEGA IV/18: 589–600）を参照。マルクスは一八七六年に再度、マウラーを集中的に研究し、膨大な抜萃ノートを作成した（MEGA IV/24）。

（6）『諸形態』における「本源的所有」の「第一形態」冒頭の「遊牧生活、一般に移動が生存様式の最初の形態であり、部族は一定の居所に定住せず、あるものを手あたり次第食いつくしてゆく」（MEGA II/1.2: 379）という「一種の自然発生的な共同社会」のイメージを提供したものは、むしろカエサル段階までのゲルマン共同体であった。『要綱』では、この遊牧段階からただちに「アジア的基本形態」が発生したとされているが、ここに論理の飛躍があった。「アジア的形態が最古である」という先入見が、一八六八年までのマルクスを呪縛していた。

（7）望月は『要綱』における三類型を「農業共同体」範疇に含めている（望月1973: 430）が、本文で述べたように『要綱』の「ゲルマン的形態」は厳密には「農業共同体」には属さない。

（8）マルクスが一八六八年三月一四日付エンゲルス宛の手紙において、「ドイツ人が、各個人独立に定住し、後になってからようやく村落、ガウなどを形成したとみなすヴェストファーレンのユンカー（メーザーなど）のばかばかしい考え方が、［マウラーによって］完全に反駁されている」（前掲）と書いたとき、それは『要綱』執筆時点における自分の考え方に対する自己批判をも意味していた。

（9）「この共同体［農業共同体］は、外部および内部の絶え間ない戦争の直中で死滅した。それはおそらく暴力的な死をとげたのである。ゲルマニアの諸部族がやってきてイタリア、ガリア、スペイン等を征服した時には、アルカイックな類型の彼らの共同体は、もはや存在していなかった」（MEGA I/25: 220–221）。

（10）ここから晩年のマルクスは、「アジア的形態」から資本主義を経過せずに直接、社会主義に移行する可能性さえも構想していたと推定することができる。

(11) 望月の理解はマルクスとは異なる。「マルクスの表象に浮かぶ世界史の構成は端的にいって、本源的共同体・「中世」(西ヨーロッパ世界)・市民社会(都市的・市民的)であろう。本源的共同体が分岐するアジア・スラヴ・「古代」(地中海世界)」はその意味で袋小路と観念される」(望月 1970: 114)。「かれの歴史への視座は[……]人類史の上でなぜ西ヨーロッパ＝「中世」だけが、社会主義への不可迂回的なかけ橋である「近代・市民社会」を生み出し、かつゆたかに育て上げることができたのか、という関心でなければならなかった」(同 548)。この「関心」はマルクスのものではなく、むしろウェーバーのものであろう。

(12) マルクスの『マウラー抜粋ノート』についてより詳細な説明は平子 (2013a)、Tairako (2016) を、『ザスーリチへの手紙』については平子 (2013b) を参照。

(13) 「資本の生産力」「実質的包摂」「物化された資本としての科学」などについては平子 (2016) を参照。物象化・物化・疎外の概念的区別と関係については平子 (2018) で概説した。より詳細な議論は Tairako (2017, 2018) を参照。

(14) 「資本の生産力」は物象化・物化された資本の生産力であって、それはただちに「資本家の生産力」を意味しない。市民社会論マルクス主義は、物象化概念を社会関係の物化にまで具体化することができないから、物象化は容易に諸個人の相互関係に回収される。本来資本家のコントロールさえ超えて自己運動する「資本の生産力」は、「資本家の生産力」と誤認される。市民社会論マルクス主義がいかにマルクスの物象化・物化概念を誤読しているのかを示すものは、平田、望月らの著作のなかでは「物象の人格化」についてほとんど議論されていないことである。「物象の人格化」とは、(1)人格との関係において本来客体であるはずの物象(商品・貨幣・資本)が主体として人間諸主体(資本家もふくまれる)を支配するようになること、(2)これに伴って経済諸主体の「意識的」「能動的」活動は「物象の人格化」としてのみ社会的に承認されることを意味する。「資本の生産力」とは、(1)資本を主体とする生産力であり、(2)資本家は「資本の人格化」としてのみ工場内で結合された労働者の「専制支配」を引き受けるのである。

(15) 市民社会論マルクス主義の一つの弱点は、資本主義時代に獲得された生産諸力と労働者の協業が直接に社会主義の経済的基礎として機能しうると考えた点にある。「ひとたび政治権力を獲得して以降、これを槓桿として、資本家時代にすでに勤労者全体の共同占有物と化している生産手段を、勤労者の共同に所有するものとして、各自の個体的活動を社会的な活動として自覚的に構成する過程、――これが社会主義建設の過程なのである」(平田 1969: 111)。「この［労働と所有の］同一性は［……］資本家的「経営」における労働過程において――疎外の厚いヴェールに覆われながら――ふたたび「結合」されるのである。かつては共同体内交通を媒介として実現されていた「所有」は、経営内ゲマインシャフト的協業―分業体制のもとでより高次に再生することになるだろう」(望月 1973: 475)。「疎外の厚いヴェール」とはなんと便利なフレーズであろうか。これによって資本主義におけるあらゆる疎外が「ヴェール」レベルの問題として矮小化され、資本主義は社会主義に至る唯一の必然的通過点として称揚される。しかしマルクスによれば、物象化・物化された経済的諸関係はすべて社会的形態的規定と自然的素材的規定との「癒着」「癒合」によって「社会的自然性質」に転倒した関係であった。かりに物象化・物化に由来するものを「ヴェール」と呼ぶとしても、この「ヴェール」は人間の身体と「癒着」し「骨肉」にまで浸潤している。望月は「資本の支配下ではあたかも資本の生産力であるかのごとくに現象する［……］「労働のゲゼルシャフト的生産力」(単数)も、疎外のヴェールを一枚はがしてみると、それはゲマインシャフト的労働だ」(望月 1970: 76)と主張するが、骨肉と「癒着」した「ヴェール」を剝ぎ取れば労働者は生きてゆくことができず、また生産諸力は作動することができない。

(16) より詳しい議論は Tairako (2003) を参照。

(17) 本稿は Tairako (2019) で展開した内容を市民社会論マルクス主義批判の観点から再構成したものである。

引用文献（アルファベット順）

平田清明（1969）『市民社会と社会主義』岩波書店

――（1971）『経済学と歴史認識』岩波書店

Maurer, Georg Ludwig von (1854), *Einleitung zur Geschichte der Mark-, Hof-, Dorf- und Stadt-Verfassung*, München. (Nr. 880, *Die Bibliotheken von Karl Marx und Friedrich Engels Annotiertes Verzeichnis des Ermittelten Bestandes*, *MEGA* IV/32, pp. 456f.)

望月清司（1970）「マルクス歴史理論における「資本主義」」、長洲一二編『講座マルクス主義8　資本主義』日本評論社

――（1973）『マルクス歴史理論の研究』岩波書店

中村哲（1977）『奴隷制・農奴制の理論』東京大学出版会

隅田聡一郎（2014）「マルクス「小経営的生産様式」論の再検討」、唯物論研究協会編『唯物論研究年誌』第一九号、大月書店

平子友長（2013a）「マルクスのマウラー研究の射程――ＭＥＧＡ第Ⅳ部門第一八巻におけるマルクスのマウラー抜粋の考察」、大谷禎之介・平子友長編『マルクス抜粋ノートからマルクスを読む』桜井書店

――（2013b）「ザスーリッチへの手紙」、季報『唯物論研究』第一二四号

――（2016）「第二章　資本主義を批判する」[4]―[7]、渡辺憲正・平子友長・後藤道夫・蓑輪明子編『資本主義を超える　マルクス理論入門』大月書店

――（2018）「マルクスにおける物象化・物化と疎外の関係」、『季論21』二〇一八年春号

Tairako, Tomonaga (2003), Marx on Capitalist Globalization, *Hitotsubashi Journal of Social Studies*, Vol. 35-1, Hitotsubashi University, Tokyo, July 2003.

――(2016), A Turning Point in Marx's Theory of Pre-Capitalist Societies: Marx's Excerpt Notebooks on Maurer in *MEGA* IV/18, *Hitotsubashi Journal of Social Studies*, Vol. 47-1, Hitotsubashi University, Tokyo,

January 2016.

——— (2017), Versachlichung and Verdinglichung: Basic Categories of Marx's Theory of Reification and Their Logical Construction, *Hitotsubashi Journal of Social Studies*, Vol. 48-1, Hitotsubashi University, Tokyo, January 2017.

——— (2018), Reification-Thingification and Alienation: Basic Concepts of Marx's Critique of Political Economy and Practical Materialism, *Hitotsubashi Journal of Social Studies*, Vol. 49-1, Hitotsubashi University, Tokyo, January 2018.

——— (2019), Marx on Peasants and Small-Scale Industry: the Changes of Marx's Insight into the Pre-Capitalist Societies, *Hitotsubashi Journal of Social Studies*, Vol. 50-1, Hitotsubashi University, Tokyo, January 2018.

第八章

非政治的国家と利潤分配制社会主義

――ポスト・スターリン主義の社会主義に寄せて

国分　幸

一　エンゲルスの展望と非政治的国家の問題

1　永続革命の鬨の声から四〇年後の状況

マルクスとエンゲルスには、「ドイツの労働者は、かなり長い革命的発展の歩みをなし終えないうちは、［政治的］支配を掌握することもできず、彼らの階級的利益を貫くこともできない」（MEW 7-253）という現実認識があった。だからこそ彼らは「最後の勝利」のために、労働者が「自らの階級的利益について明確に理解し、できるだけ早く自らの自立的な党の立場を受け入れ、一瞬といえどもプロレタリアートの党の独立した組織に対する民主主義的小ブルジョアの偽善的な空文句に迷わされないようにする」（ibid., 254）ことを強調したのである。それを可能にするものこそは永続革命にほかならなかった。「彼らの鬨《とき》の声はこうでなければならない――永続革命」（ibid.）とされるゆえんである。かれらは労働者に次のように言っていた。「諸君は諸関係を変え、諸君自身が［政治的］支配能力を持つようになるために、なお一五年、二〇年、五〇年間というもの、内乱をくぐらなければならない」（MEW 8-598）と。

一八九〇年代に入るとエンゲルスは繰り返し次のように言うようになる。「この党［社会民主党］は今日では、ほとんど数学的に精確な計算で、［政治的］支配に到達する時期を定めることができる点にいる」(一八九一年一〇月、「ドイツにおける社会主義」MEW 22-250, 19-544)。「わが党が政府を担うように請われる日は近い。[……]今世紀の末頃、あなた方はおそらくこの大事件が実現するのを目にすることができるでしょう」(九三年五月、MEW 22-542)。

かつて展望されていた五〇年という永続革命の期間からすれば、まだ七年ほど間があるが、小選挙区制下での四四名当選(得票数一七八万六七〇〇。推移の詳細はMEW 22-250に記載)という九三年の帝国議会選挙の結果(九〇年は三五名)を受けて、エンゲルスは特派員とのインタビューで次のように語っている(一八九三年六月)。

「われわれは三九一名の候補者を立て、他党と協定することを拒否しました。われわれにそれをやる気があったなら、もう二〇、三〇議席を増やしていたかもしれませんが、毅然としてどんな妥協もしなかったし、これこそわれわれの立場をこんなに強めたものなのです。わが方の人たちには、われわれ自身の綱領以外の、他の党や他の方策を支持すると誓う者は一人もいません」(MEW 22-544)。

「政権(Macht)を担当する社会主義政府――を間もなく目にすることができると期待しておられるのですね?」との質問には次のように答えている。「なぜ、いけないのかね? [……]わが党の成長が正常な率で続いていけば、われわれは一九〇〇年と一九一〇年の間に多数派になるでしょう。そしてわれわれがそうなるとき、[……]われわれは思想にも、思想を実行する人物にも事欠かないでしょう」(ibid., 548)。「一九〇〇年頃には、かつてのドイツのうち、とりわけプロイセン的な要素だった軍隊は、その多数が社会主義的になるだろう。〔……〕軍隊は彼ら〔ベルリンの政府〕の手から滑り落ちる」(ibid., 251)。

とはいえ、こうしたことを目撃できるのは、「ドイツがその経済的・政治的発展を平和のうちにたどることができるという保留条件付き」であり、「ひとたび戦争があれば、万事が一変するであろう」とも述べていた(ibid., 252)。

2 政権獲得と国有化

(a)――トラストの国有への転化

まずは社会革命に関するエンゲルスの展望について見てみることにしよう。彼は「ある発展段階に達すれば、この形態〔株式会社〕でさえもはや十分ではなくなる」と言い、「国有への転化の必然性」を次のように述べている。

「同一の産業部門内に属する国内の大生産者たちは、結合して一つの「トラスト」を、つまり生産の調節を目的とする一つの結合体を作る。彼らは生産すべき総量を定め、それを彼ら自身の間で割り当て、こうしてあらかじめ確定された販売価格を強制する。〔……〕トラストはもっと集積された社会化へと伸展する。すなわち、その産業部門全体がただ一つの大きな株式会社になってしまい、国内競争はこの一つの会社の国内独占に席を譲る。〔……〕

トラストでは自由競争は独占に一変し、資本主義社会の無計画な生産は、迫りくる社会主義社会の計画的な生産に降服する。もちろん、差し当たりはまだ資本家たちのためのものである。だがここでは搾取は手に取るように明らかになるので、それはどうしても崩壊せざるをえなくなる。どの国民もトラストによって支配される生産、ひと握りの利札切りたちによる社会全体のあからさまな搾取に甘んじてはいないであろう。

いずれにせよ、トラストがあろうとなかろうと、結局は資本主義社会の公式の代表者である国家が生産の指導を引き受けなければならない。このような国有への転化の必然性は、何よりもまず大規模な交通施設すなわち郵便局や電信や鉄道の場合に現れる」(MEW 19-220f.)(*1)。

エンゲルスによれば国有化は、第一に、「生産手段が現実に株式会社による指導の手に負えないまでに発達し、したがって国有化が経済上不可避になった場合」に限り、「一つの経済的進歩を、つまり社会自身による一切の生産力の占有獲得(Besitzergreifung)に至る一つの前段階を達成したことを意味する」(ibid., 221)。第二に、それは「恐慌がブルジョアジーにはこれ以上近代的生産力を管理してゆく能力がないことを暴露」し、「今では、資本家の社会的機能はすべて、給料をもらっている職員によって果たされている」ので、「そうした目的［管理］のためにはブルジョアジーはなくてもよいということを示す」(ibid., 222)。第三に、国有化によって近代国家は「現実の総資本家」になり、労働者は「相変わらず賃金労働者」であるから、資本関係は廃棄されないで、むしろ頂点にまで追いやられるが、この頂点に達すると、「資本関係は激変」し、生産力の国有は「それ自身の中に解決の形式上の手段、その手がかりを蔵する」(ibid.) ことになる。

この「解決の形式上の手段」とは彼によれば次のごときものである。

「この解決は、現代の生産力の社会的な本性が実際に承認されるということの内にしかありえない。したがって、生産様式、領有(わが物化 Aneignung) 様式、交換様式を生産手段の社会的な性格と調和させるということの内にしかありえない。そしてこういうことが起こりうるのは、社会の手によるほかは指導できないまでに成長した生産力を、社会が公然と率直に占有獲得することによってだけである」(ibid.)。約言すれば、社会による生産手段の占有獲得、これが答えである。

(b)——社会による占有獲得の二段階

エンゲルスは社会による占有獲得を二段階に分けて論じている。第一段階は「プロレタリアート独裁」の段階であり、第二段階は「社会主義」の段階である。「プロレタリアート独裁」の段階について彼は次のように述べている。

「資本主義的生産様式は、ますます人口の大多数をプロレタリアに転化させることによって、破滅を賭してこの変革を成し遂げることを強要されている勢力をつくり出す。資本主義的生産様式は、大規模な社会化された生産手段の国有への転化をますます推し進めることによって、それ自身この変革を遂行するための道を指し示している。プロレタリアートは国家権力を獲得して、生産手段をまず国有に転化させる。だがそうすることによってプロレタリアートは、プロレタリアートとしての自分自身を揚棄し、またそれによって一切の階級区別や階級対立を揚棄し、したがってまた国家としての国家をも揚棄する。階級対立の中で運動してきた従来の社会は国家を必要とした」(ibid., 223)。

われわれがとくに留意すべきなのは、ここで「国家としての国家」と呼ばれているのは、「その時々の搾取階級が［……］現存の生産様式によって規定される抑圧の諸条件（奴隷制、農奴制または隷農制、賃労働）のもとに被搾取階級を力ずくで抑えつけておくための組織」(ibid.) を意味する点である。これは階級社会の通常の統治機関としての国家にほかならないが、マルクス、エンゲルスはそれを政治的国家とも呼んでいる。

エンゲルスは次のように続けている。

「国家は社会全体の公式の代表であり、目に見える一つの団体に全社会を総括するもの(Zusammenfassung) であった。しかし、国家がこのようなものであったのは、ただそれ自身がその時代に全社会を代表していた階級の国家であった限りでのことである。［……］国家はついに実際に全社会の代表者と成ることによって、自分自身を余計なものにする。［……］抑圧しておかねばならない社会階級がもはや存在しなくなるや否や、階級支配や、これまでの生産の無政府状態にもとづく個人の生存のための闘争とともに、特殊な抑圧権力 (Gewalt) である国家を必要とするような、抑圧すべきものは何もなくなる。国家が現実に全社会の代表者として登場する最初の行為――社会の名において生産手段を占有獲得すること――は、同時に、国家が国家として行う最後の自主的な行為である。社会関係への国家権力（Gewalt）の干渉は、ある分野から他の分野へと次々に余計なものになり、やがてひとりでに眠り込んでしまう。人に対する統治に替わって、事物の管理と生産過程の指導とが現れる。国家は「廃止される」のではない。それは死滅するのである」(ibid., 224)。

ここで「死滅する」とされているのは「特殊な抑圧権力」である「国家としての国家」、この場合は「プロレタリアート独裁」の国家であるのは明白である。当初は残存していた抑圧すべき対象である敵対階級が次第に衰滅していけば、それに比例して抑圧権力としてのこの国家の役割も減衰し、ある時点で消滅するのは理の当然であると言える。

この独裁国家の死滅は、「プロレタリアート独裁」段階の終焉を意味する。それに替わって新たに登場するのは、言うまでもなく「社会主義」段階であり、したがって「事物の管理と生産過程の指導」のための機関が後者の段階に属することは自明である。この機関の役割については次のように述べられている。

「社会による生産手段の占有獲得に伴い、商品生産は除去され、したがってまた生産者に対する生産物の支配も除去される。社会的生産内部の無政府状態は、計画的で意識的な組織に取り換えられる。個別的な生存闘争は終息する。こうして初めて人間は、ある意味では、動物界から最終的に分離し、動物的な生存条件から真に人間的な生存条件の中に踏み入る。〔……〕必然の領域（Reich）から自由の領域への人類の飛躍である」(ibid., 226)。

要点を表示すれば表のようになる。

所有・占有の主体	プロレタリアート独裁段階	社会主義段階
生産手段の所有主体	国　家 （国有）	社会＝一大協同組合 （社会的所有）
生産手段の占有主体	国　家 （ただし，独裁の最終局面で社会の名で占有獲得へ）	社会＝一大協同組合
その他	プロレタリアートの自己揚棄 政治的国家の眠り込み，死滅	商品生産の廃止， 事物の管理と生産過程の指導， 計画的で意識的な組織

見てのとおり、二つの段階は所有と占有の主体の相違によって明確に区別されている。占有とは「自分の利益のためにある事物を事実上支配すること」だから、占有獲得とはこうした占有をしっかり掌握することを意味する。生産手段とは具体的には協同組合の工場や農場などを指すので、したがって生産手段の占有獲得とは、これらの工場・農場などの経営管理権を掌握し支配すること、すなわち「自主管理」と同義である。

プロレタリアート独裁段階では当初はまだ市場経済が存続するので、多数の協同組合がおのおの工場・農場などの経営管理（占有）――組合という集団による占有なので、正確には共同占有――をも担当することになるが、しかしそれは国家の指導下に置かれることになる。計画経済の伸展に伴い、国家による占有も次第に確立する。

次の社会主義段階では生産手段は共同所有＝社会的所有となり、

社会が所有主体となるが、この社会では計画経済が全面的に実施されるのに伴い、「生産手段の全国的集中」が行われ、一国一工場（一国一会社）体制がとられる。それゆえ、それまで存続していた生産者の諸協同組合は連合して一大協同組合（一つの連合体 eine Assoziation）を形成するに至る。したがって右記の社会とは新たに形成されたこの一大協同組合にほかならない。

当時のドイツには有権者（二五歳以上の男子）が一千万人いたわけだから、男女を合わせれば、少なくともその二倍の組合員から成る一大協同組合が生まれることになる。普通の協同組合の所有形態は、株主がそれぞれ持ち分を持つ株式会社の「共有」に類似した「合有」、すなわち「個々人的共同所有」であるが、しかしこの一大協同組合の場合はそうではなく、前にも指摘したように、その所有形態は共同体の共同所有すなわち「総有」である点に顕著な特徴がある。

この一大協同組合の工場・農場などの占有獲得（経営管理）はすべての協同組合員による共同占有（Gemeinbesitz）として行われる。ちなみにこの共同占有こそはまさに、まず仏語版『資本論』で使用され（possession commune）、次いで独語第三版でそれまでの「共同所有」に替えて改訂された「共同占有」にほかならない（MEW 23-791）（＊2）。

まず、占有獲得について言えば、土地を含め、国家によって占有獲得された生産手段は、いかにしてこの一大協同組合の社会的占有獲得の対象に転化するのであろうか？　先の一文によれば次のごとくである。「国家が現実に全社会の代表者として登場する最初の行為――社会の名において生産手段を占有獲得すること――は、同時に、国家が国家として行う最後の自主的な行為である」。つまり国家が現実に全社会の代表者として社会の名において生産手段を占有獲得すれば、それは社会の占有獲得に転化するわけである。占有獲得権がプロレタリアート独裁の国家の最終段階で一大協同組合に引き継がれる際には、セレモニーなどの何らかの仕方で「宣言する」ことがエンゲルスの念頭にはあったように見える。プロレタリアート独裁から社会主義社会への転化は平和裏に行われるとすれば、一大協同組合としての社会主義社会に必要不可欠な法律がまず制定され、それにふさわしい占有獲得などのための組織が整備され次第、「社会の名において生産手段を占有獲得する」ことが行われるはずである。

次は国有であるが、国有化された生産手段はいかにしてこの一大協同組合の社会的所有＝共同所有（総有）に転化するのであろうか？　この点についての端的な回答は、エンゲルスの文中には見当たらない。先に引用した一文に準ずるならば、国有から社会的所有への転化のためにも、死滅する前の最後のもう一つの自主的な行為として、新たに制定された法律にもとづき、国家が「社会の名において生産手段を所有すること」が必要であるようにも思われる。

しかしエンゲルスがその必要性を失念したとは考えられないので、国有に関する対応が占有獲得に対するものとは顕著に異なるのにはそれなりの理由があると見なければなるまい。その理由は二つあるように思われる。

一つは、「政治的国家は眠り込み、死滅するのだから、それに伴い国有は社会的所有に自ずと自然に転化する」とするものである。その場合には、エンゲルスは従来の国家死滅論の立場に依然として留まっていたことになる。確かにそうした可能性も考えられるが、しかしそうなると、やや先走りして言えば、『ゴータ綱領批判』におけるマルクスのこの問題に関する非政治的国家を容認する見解（「共産主義社会の国家制度」）を知りながらそうしたわけだから、彼はいまだにこの問題についての判断を猶予していたことになる。

国家死滅論はしかし成り立ちそうにもない。なぜなら社会主義社会では国家は政治的国家から非政治的国家に転化するだけで、国家自体が死滅することはありそうにもないからである。

もう一つは、マルクスも述べている次のような法理論である。「私的所有の本来の根拠は説明しがたい一つの事実としての占有である。社会が事実としての占有に与える法的諸規定によって初めてそれは合法的占有、私的所有という性質を受け取るのである」（MEW 1-315）。ここでは私的所有が対象であるが、「占有を本来の根拠とする」点では国有も共同所有も同様であると言えよう。それどころか共同所有にこそこの法理論は妥当するとも言えよう。なぜなら、共同所有の方がより本源的な所有形態だと考えられるからである。

土地を含む生産手段は社会主義段階ではすでに占有獲得されており、したがって共同所有の根拠はすでに確保されているわけである。加えるに、一大協同組合の内部には占有対象をめぐって相争う階級的勢力が存在するわけでもなく、また外部からの侵略に対する闘いも、占有をめぐる対決に終始するわけだから、占有さえ確保されていれば、それで事は十分足りるとも言えよう。もっとも、外部に敵対勢力があり、その侵略から占有を獲得するためには自衛のための軍事的防衛力が必要であるが、「ドイツ共産党の要求」の一項目として、彼らは常備軍に替えて「全国民の武装」（MEW 5-3）を掲げている。

(c)――政治的国家の再吸収と非政治的国家への転化

階級抑圧的な政治的国家を「社会に再吸収する」というのはマルクスの一貫した基本テーマである。階級が揚棄されれば政治的国家は確かに無用となり死滅し、国家は社会に「再吸収」されてそれに奉仕するようになり、かくして国家と社会そのものとの対立もなくなると論理的には考えられる。政治的国家が死滅すれば、国有化されたものは、自然な成り行きとして社会に所属するものに、つまり社会的所有（共同所有）になるように思われる。

しかし政治的国家は、社会に「再吸収」され、それに奉仕する機関になるにしても、いったいどういう機関になるのであろうか？　従来の政治的国家においては、軍隊・警察・監獄などの暴力装置に見られるように、なるほど階級抑圧的な性格が濃厚であるが、「最悪の側面を［……］すぐさまできるだけ切り取る」（MEW 17-340, 625）にしても、しかしそうした抑圧的な機能とは別に、同時にそこには社会全体を非抑圧的にまとめ上げるための機能、すなわち非抑圧的な立法、司法、行政などもあるのではないか？（＊3）　そうだとすれば、政治的国家は、階級抑圧的側面は撤去され廃棄されて、社会＝一大協同組合に吸収されるにしても、そうした機能を社会が必要とする限り、それを担う組織はそのまま不可欠な機関として継承され、なお存続するのではないか？

プロレタリアート独裁の政治的国家は、パリ・コミューンの経験にもとづく限り、敵対階級に対してては峻厳であるにしても、三権分立の民主的な国家であると考えられる。すなわち、①代議員ではなく、拘束委任制による派遣議員から成る全国議会、②各コミューン（自治体）の政府とは区別される中央政府（執行権のみ）、③それに法治社会のための司法府である。これら三者から近代の政治的国家は構成されているが、その中でも中央政府の権力がとりわけ大きいことは周知の事実である。

人民（国民）・国土・政治的国家から成るプロレタリアート独裁の人民国家（共和国）は、社会主義社会へと転化し、一大協同組合に変容するわけだが、同時にそれに歩調を合わせてこの政治的国家の「最悪の側面」すなわち階級抑圧に関する組織はすぐさま「切り取られる」にしても、生産手段の占有確保などに関するその他の諸側面・組織は一大協同組合に引き継がれ、当然その組織の一部となり存続することになろう。

このことに関連してわれわれにとって興味深いのは、マルクスが「資本主義社会から生まれたばかりの共産主義社会」について論じている行政諸項目である（MEW 19-20）。六項目挙げられているが（＊4）、いずれもプロレタリアート独裁の段階にも行われていたようなものであり、議会における審議の対象ともなるが、主に行政組織の担当項目であると言える。新たに増強されるのは、計画経済の伸展に伴う経済計画のための部局の組織であるが、これも主に行政に所属する。法律の改廃が議会で行われ、階級抑圧的な法律はすべて廃止されるにしても、他方では一大協同組合である社会主義社会にふさわしい諸法律が新たに立法され、施行されることになる。それに応じた司法府の組織改革が行われても、もちろん法治社会は維持されるわけだから、司法府もまた存続することになる。かくして、プロレタリアート独裁の政治的国家を構成していた立法、行政、司法の三つの府は、階級抑圧的で非社会主義的な側面は改廃されるにもかかわらず、計画経済に関する組織的増強もあるため、以前に勝るとも劣らない陣容で存続すると言うことができよう。

(d)――非政治的国家という名称

かくして次なる重要な案件として不可避的に浮上するのは、もはや政治的国家ではないとすれば、かつての政治的国家を構成したものと形式上は同一の、これら三つの府から構成される組織をいったい何と呼ぶべきかという問題である。その中でも、かつては政治的国家の名を独占した中央政府に当たる組織、すなわち中央集権的な計画経済体制である一大協同組合の集団的な共同占有において、占有獲得などの確保をつかさどり、計画の立案と執行にきわめて重要な役割を演ずることになる中央行政府の名称をいったい何とすべきかが問われることになる。

マルクスが『ゴータ綱領批判』を書いたのは、後論でも触れるように、バクーニンの『国家制と無政府』の読後である。読んだのは一八七四年から七五年初め頃と推定されるが、彼の摘要ノートにはバクーニンの著書から次のような文言が抜き書きされている。「人民全体が統治するようになる。すると統治される者はいなくなる」。「そうなれば政府はなくなり、国家はなくなるだろう」。これに対してマルクスは次のように答えている。「これはただ、支配階級が消滅すれば、今日の政治的な意味での国家はなくなるということである」(MEW 18-634)(＊5)。

「政治的な意味での国家」という一句を記した時、かつて三〇年前に書いた「ヘーゲル国法論の批判」という草稿とそこに記された「非政治的国家」という言葉をマルクスが想起した可能性は否定しがたい。というのも、そこには次のような一文が記されているからである。

「昔の諸国家においては、政治的国家は他の諸圏を排除した仕方で国家内容を形成する。現代の国家は政治的国家と非政治的国家との和解（Akkommodation）である」（MEW 1-232, 傍点引用者）。ここで「他の諸圏」と言われているものの一つは、すぐ次に引用する一文からもわかるように、市民社会である。それをヘーゲルは政治的国家と区別して「外的国家」、「強制国家」さらには「悟性国家」などとも呼んでおり（＊6）、「政治的国家と非政治的国家との和解」とはヘーゲルの国家論を念頭に置いたものであると理解することができよう。さらに次のような記述も見いだされる。「ヘーゲルは「警察」権力と「司法」権力をすでに市民社会の圏に属すべきものとした以上、統治権力とは行政のことにほかならず、これを彼は官僚制として展開するのである」（ibid., 246）。政治的国家を「社会に再吸収する」場合、社会から犯罪がなくならない限り、マルクスにとっても「警察」権力と「司法」権力は市民社会の圏に属すべきものであろう。

彼はまた、バクーニンの著書を読んだ後の『ゴータ綱領批判』で、「この綱領は、この後者「プロレタリアートの革命的独裁」についても、共産主義社会の将来の国家制度についても、何も論じていない」（MEW 19-29）という挑戦的とも言える踏み込んだ発言をしていることである。将来の共産主義社会にも国家制度が存在することを認め、受け入れた言葉であろう。ただし非政治的な国家制度が。

「ゴータ綱領（草案）」に対するエンゲルスの批判は、それがラサール主義にひどく毒されたものであるとする点や「自由な国家とは専制国家を意味する」とする点ではマルクスと何ら異なるものではないが、しかしいささか趣を異にする。彼は、マルクスの『ゴータ綱領批判』にすでに目を通しているにもかかわらず（「ベーベルへの手紙」MEW 34-158）、社会主義社会における国家の問題に関しては単に従来と同様の否定的な見解を繰り返しているだけであり、この時点での両者の見解には明らかな相違と齟齬が認められる。次のごとくである。

「われわれは「人民国家（Volksstaat）」のことで、無政府主義者からあきあきするほど攻撃されてきました。けれども国家は、闘争において、革命において、敵を暴力的に抑圧するために用いられる一時的な制度にすぎないのですから、自由な人民国家について云々するのは、まったく無意味です。〔……〕自由について語りうるようになるや否や、国家としての国家は存在しなくなります。だからわれわれは、国家の替わりに、どこでも「共同体」（Gemeinwesen）という言葉を使うことを提案したい」（MEW 19-7）。

アイゼナッハ綱領（＊7）における「自由な人民国家」がプロレタリアート独裁の国家を指すのであれば、エンゲルスが言うように、「自由な人民国家」について語ることは確かに「国家についてのおしゃべり」にすぎないであろう。だが、社会主義社会にも非政治的ではあれ、国家が存続することになるとすれば、事情は従来とは大きく様変わりし、社会主義段階にも必然的に人民（国民）国家が存在することになり、しかも階級的抑圧がなくなるわけだから、それは正しく「自由な人民国家」であることになる。

エンゲルスが国家の替わりに「共同体」という言葉を提案しているのは、無論、彼の念頭には一大協同組合（協同体）が置かれているからである。とはいえ彼は、存在しなくなるのは「国家としての国家」すなわち政治的国家であると断っており、そこには非政治的国家の存在を容認しうる含みが残されているとも言える。とはいえ、彼ら両者の間における見解の相違は未調整のままに留まっていたものと考えられる。

エンゲルスは「物の管理と生産過程の指導」と「社会的生産の計画的で意識的な組織」とについて言及しているが、前者は生産計画を履行する生産過程に対する指導部の不可欠性を認識したものであり、後者は社会的生産の無政府状態に取り換えられる組織であるから、計画どおりに意識的に遂行する組織とは一大協同組合そのものにほかならないであろう。つまり、指導部とはこの一大協同組合の指導部ということになる。

従来の国民国家規模の一大協同組合が持つそうした中央の組織や指導部は、もちろんこの組合全体に関与するものであり、いわば全国的なものであるから、従来の国民国家からすれば、国家機関に相当するものであると言えよう。

マルクス自身、「その時にもなお中央政府には少数の、だが重要な機能が残るであろう」(MEW 17-340) と述べているが、中央政府の諸機関は国家機関であるとすれば、もはや政治的ではないにしても、そこには依然として非政治的国家が国家として存続することになるのだから、市民社会への国家の「再吸収」は政治的国家の死滅ではあっても、国家そのものの死滅を意味しないことになるのは理の当然である。したがって、政治的国家による国有はこの非政治的国家によって引き継がれ、非政治的国家の国有になり、全国民による共同所有は純然たる名目にすぎないものになることが危惧される次第である。

この一大協同組合を経営・管理する中央機関となる組織は、社会（一大協同組合）に吸収され、もはやそれに対立していないとはいえ、この非政治的国家が担うことになるのは必定であろう。そうだとすれば、その経営・管理も事実上この非政治的国家による国営となるのは必然であろう。

さらに言えば、生産者たちは「共同の合理的計画に従って意識的に行動する」とされるが、この合理的計画の作成と実施も実質的には非政治的国家が主として担うことになろう。この計画経済こそは一大協同組合を文字どおり非抑圧的にまとめ上げる当のものであり、かくして非政治的国家が主導する国有・国営の計画経済体制が出現する次第である。

二〇世紀の歴史が教えているのは、一大協同組合としての社会に奉仕するはずの非政治的国家の官僚が「知の支配」によってやがて支配階級へと変質し、それに伴い一大協同組合（協同体）は共同所有にもとづく階級社会であるアジア型国家の総体的奴隷制社会に変質・退化し、国民は自由と平等を奪われ、総体的奴隷として生きることを余儀なくされるに至ったという厳然たる事実である。

二　スターリン主義体制の土台＝「一国一工場」体制

第二インターナショナルが八九年に結成され、エンゲルスがマルクス主義とプロレタリア国際主義を広めるために活動していた間は、それは反帝国主義、反軍国主義の運動を組織したが、彼の死後（九五年）は改良主義や修正主義の勢力がはびこり増大した。その結果、第一次世界大戦に際しては、周知のように参戦国の社会主義党の多くが自国政府を支援したため、それは事実上解体した。

ドイツ社会民主党は参戦をめぐって分裂し、党の多数派は戦争協力の態度を表明し、その後も協力を続行した。エアフルト綱領にはエンゲルスの「全政治権力を人民代表機関の手に集積せよ」や「ドイツの再編成」という要求項目は取り入れられず、「政府がほとんど全能で、帝国議会その他のあらゆる人民代表機関に実権のないドイツ」で、「その一切の要求を平和的方法で達成するのにドイツの現在の法的状態で十分である」(MEW 22-234f.)とする日和見主義がはびこった所産であるとも言えよう。

そうした中にあって、レーニン指導下のロシア社会民主党(ボリシェヴィキ)は、マルクス主義とプロレタリア国際主義を掲げ、「帝国主義戦争を内乱へ」の旗印のもとにプロレタリア革命を挙行し、現存社会主義国の範例となる社会主義社会の建設に着手した。

現存した社会主義国は、旧ユーゴを別とすれば、いずれも次のようなレーニンの四つのテーゼに集約される基本的な特徴を備えている。①共同所有=国有、②社会主義社会=国家独占的な「一国一工場」体制、③市場廃止の国営計画経済、④社会主義社会における「階級のない非政治的国家」の存続。

第一のテーゼに相当する直截な記述はマルクスとエンゲルスには見当たらないが、レーニンの「ロシア共産党(ボ)綱領草案」に出てくる(*8)。非政治的国家による国有を共同所有(社会的所有)とするものである。したがってこのテーゼは第四のテーゼに密接に関わる。

マルクスやエンゲルスの場合、共同所有(社会的所有)は、民法の「共有」(資本家による株式会社的所有 Miteigentum）とは異なり、共同体的所有（総有）を意味する（『共産党宣言』MEW 4-476）（＊9）。

右記の第二テーゼについて言えば、マルクス、エンゲルスは「一国一工場」体制を次のように示唆ないしは黙示している。

「社会的生産を自由な共同労働の一大調和的体系（one large and harmonious system）に転化する」（「暫定中央評議会派遣員への指示」MEW 16-196）。「共同の生産手段を用いて労働し、協議した計画に従って、多くの労働を一個同一の（une seule et même）社会的労働力として支出する自由な人びとの一つの連合体（une reunion）を考えてみよう」（＊10）。「工場制度（le système）のこれら熱狂的な弁護者たちは「いったい諸君は社会を一つの工場（une fabrique）に変えたいのか？」と金切り声を出す。工場体制（le régime）が結構なのはプロレタリアにとってだけだ！」（＊11）。「[……]すべての生産手段が全国民から成る一つの巨大な連合体（a vast association）の手に集積されたならば[……]」（＊12）。

レーニンはこの体制を「一事務所・一工場」と明言している（＊13）。

第三のテーゼについて言えば、市場廃止の計画経済として、「一国一工場」体制には全国規模での経営・管理の中枢とそのための諸機関が不可欠であり（中央集権化）、そうした計画経済を担いうるのは国家に類したものだけである。

第四のテーゼは、先に引用したマルクス自身のテクストでまずは示唆され、次いで明言されている。

「人民全体が統治するようになる。そうすると統治される者はいなくなる。[……]そうなれば政府はなくなり、国家はなくなるだろう」というバクーニンの言葉を受けて、マルクスは次のように述べている。

「階級支配が消滅すれば、今日の政治的な意味での国家は存在しなくなる」（MEW 18-634）。

「国家制度（Staatswesen）は共産主義社会においてどんな転化をこうむるか、換言すれば、そこでは今日の国家機能に似たどんな社会的機能が残るか？［……］共産主義社会の将来の国家制度［……］」（MEW 19-28）。

マルクスのこれらの言葉は、先に述べたように、彼が共産主義社会に非政治的国家が存在することを事実上認めたものとみなすことができよう。マルクスは躊躇し言い淀んでいたが、レーニンはそのように解釈し言明した。これはマルクスの意思に沿うものである。レーニンは、非政治的国家の存在理由をブルジョア社会の等量労働交換の権利に求め、次のように述べている。「『ブルジョア的権利』以外の基準はない。そしてその限りでは、生産手段の共同所有を保護しながら、労働の平等と生産物の分配の平等とを保護する国家の必要はなお残っている」（＊14）。

以上のようにこれらのテーゼはいずれもスターリンの一国社会主義論に先行しており、スターリン主義体制の根源はもっと深いものであることがわかる。

三　国家死滅論の諸問題

1　国家死滅論とその前提、政治的国家のタイプ

先に見たように、エンゲルスは国家の死滅を二段階に分けて論じていたが、レーニンもこの区分に従い、次のように同様に二段階に分けている。

第一段階はプロレタリアート独裁の段階である。プロレタリアート独裁の国家（階級的政治的国家）はやがて死滅して、「ブルジョアジーなきブルジョア国家」（階級のない非政治的国家）へと転成し社会主義段階となる。

第二段階は社会主義段階である。この段階では前記の非政治的国家が存続する。非政治的国家も死滅し、国家それ自体が死滅するのは共産主義段階であるとされる（＊15）。ここまではすでに見たエンゲルスの所論と同じである。

しかし、従来のこうした国家死滅論は次のような二つのテーゼを前提にしている。

第一のテーゼは「社会の階級への分裂を必然的に伴う経済的発展の一定の段階において、この分裂によって、国家は必然事となった」とするものであり、したがって逆に、「階級の死滅とともに国家も不可避的に死滅する」とするものである。これが第二のテーゼである。

ところが、政治的国家には次のような二つのタイプがあると言わねばならない。

第一のタイプは、共同所有にもとづくにもかかわらず、社会全体のための諸機関がやがて自立化し、階級と国家が形成される場合である（MEW 20-138）。たとえば上・下エジプトやシュメールの時代、殷周の時代のような、統一国家が形成される以前の、古アジア的生産様式の社会である（＊16）。

第一段階では、共同体の共同の利益を保護し外敵を防御する諸機関が創設される（全体の経営管理、不正・犯罪などの取締りと防止、裁判、防衛などの分業が生ずる［非政治的国家］）。職務の世襲化と他の諸群との衝突の増大などにより、これらの機関は次第に自立化するに至る。

第二段階では諸機関の「下僕」が「主人」へと変質する（分業にもとづく階級の形成）。かくして共同体は政治的国家へと転成する（ibid., 166f.）。

第二のタイプは、私的所有とそれにもとづく階級闘争がまず発生し、その結果として政治的国家が形成されるに至る場合である（古代ヨーロッパ）。

第一段階では、農耕家族内部での生産力の発展が他人の労働力を取り入れることを可能にする。戦争による捕虜が奴隷化され労働力を供給する（奴隷制の発明）。略奪戦争に伴い氏族が軍事組織化される。軍隊指揮者のポストが常設化され、世襲化に伴い、貴族制化する（MEW 21-155ff.）。

第二段階では、商業が伸展して「自由人」が階級へと分裂し、奴隷制が発展する。階級対立が激化し、それを緩和するために政治的国家が形成される（ibid., 165f.）（＊17）。

2　古アジア型国家論から見た国家死滅論の死角

第二のタイプの政治的国家から見た場合、「私的所有と階級闘争から国家へ」のテーゼが妥当する。それゆえ、「国家死滅」のテーゼ、すなわち「私的所有と市場経済」を廃棄（共同所有・計画経済）すれば、階級は死滅し、したがって国家も死滅するという論理的帰結も一見したところ妥当するように見える。

だが、第一のタイプの政治的国家から見た場合はどうだろうか？

共同所有にもとづく階級社会と政治的国家が存在するのだから、したがって私的所有と市場経済を廃棄（共同所有・計画経済）しても、それは階級および国家の死滅とイコールであるとは言えないことになる。つまり、「階級闘争から政治的国家へ」の第一テーゼはこのタイプの国家にはそもそも妥当しないわけであり、それゆえ、「政治的国家死滅」論の第二テーゼも当然妥当しないことになる。

それどころか、私的所有と市場経済を廃棄し、一度は非政治的国家にしたとしても、そこからやがて古アジア型国家が形成され、それが専制国家へと転成・変質することが論理的には推定することができる。すなわち共同所有の下で分業にもとづき階級が形成されるのに伴い、非政治的国家は古アジア型国家へと転成し、やがて専制国家へと変質する。

マルクスはバクーニンの次のような批判を摘録している。「えせ人民国家は、本物や偽物の学識者という新しいごく少数の貴族階級による、人民大衆に対するきわめて専制的な統治にほかならない」。「彼ら［マルクスとその友人たち］は［……］人民大衆を二軍に分ける、すなわち新しい特権的な学問的・政治的な身分を形成する国家技術者の直接の指揮下にある工業軍と農業軍に分ける」（MEW 18-636, 638）（＊18）。「新しい特権的な学問的・政治的な身分を形成する国家技術者」とは計画経済を「指揮下」に置く国家官僚にほかならず、官僚制の問題には深刻なものがあると言わねばならない。マルクスが『資本論』第一巻のくだんの箇所で、生産手段の共同所有を共同占有に改定したのは、バクーニンのこのような批判に対する応答として解読することができよう。なぜなら占有とは、既述したように、「自分の利益のために事物を事実上支配する」ことだからであり、したがって生産手段の共同占有とは、生産者が生産手段を一大協同組合という集団で事実上支配することを意味するからである。

四　ポスト・スターリン主義の社会主義の基本的構想

「一国一工場」構想は「市場廃止の計画経済」思想の必然的所産であると言える。『共産党宣言』が書かれた当時、市場廃止を唱える社会主義思想は少なからず存在した。市場廃止の計画経済を唱える諸派（サン・シモン派、コンシデラン〔フーリエ派〕、ルイ・ブラン、ブランキ、ブレイなど）のアソシエーション構想は、『共産党宣言』と因縁浅からぬカベやワイトリングのものも含め、いずれも「一国一工場」体制に収斂してゆく（＊19）。

これまで述べてきたことからすれば、専制的なスターリニズム体制に代わる解放的な社会主義社会は、その基本的構想からすれば次のようになる。①市場経済を原則としつつも、計画経済的要素をもあわせ持つ混合経済であり、②企業の形態としては、資本主義の株式会社を従業員持株制による連合的所有（合有＝個々人的共同所有）に転換した協同組合であり、持株は利潤分配によって実現される。③したがって、共同体的所有（総有）ではなく協同組合的所有（合有）を共同所有の形態とする（従業員持株制）。④各協同組合では生産者の集団である組合によって生産手段の集団的な占有すなわち共同占有（Gmeinbesitz）（協同組合による自主的な経営・管理）が行われ、⑤生じた利潤は、各々の組合員に労働と持株数に応じて分配される、すなわち共占有（Mitbesitz）される（利潤分配制）。その結果、搾取と賃労働は終焉する。マルクスは次のように述べている。「資本が資本になるのは、ただ、それが同時に労働者の搾取・支配手段として役立つような諸条件があるときだけである」（MEW 23-794）。

かくしてこの社会では、従来は資本家や地主などの生産手段を所有する特定の人びとに限定されていた人格的独立性が、個々人の持ち分を伴う「合有」（個々人的共同所有）を物的基礎として、万人の享受できる普遍的権利となる（＊20）。この社会にも非政治的国家が存在するが、しかしそれは、分権化や各自治体の自治の伸展の結果スリム化され、もはや社会の上に立つ巨大な組織体ではありえず、文字どおり社会に吸収され奉仕するものであり、補完的な経済計画を含め、もっぱら社会の調整機関として機能するにすぎない。かくしてマルクスの構想した自由も実現される。「自由は、国家［政府］を社会の上にある機関から完全にその下につく機関に変えることであり、今日でも、ある国家形態が自由であるか不自由であるかは、それが「国家の自由」を制限する程度によるものである」（MEW 19-27）。

註

（1）『ユートピアから科学へ』からの引用はドイツ語第四版（一八九一年）による（以下同様）。

（2）拙著『マルクスの社会主義と非政治的国家』（ロゴス社、二〇一七年、以下『非政治的国家』と略記）、第三章C「共同所有から共同占有への改定が意味するもの」で詳述。

（3）マルクスとエンゲルスは自ら「総括するもの」としての国家について語っている。廣松渉編訳『ドイツ・イデオロギー』{91}＝［70］（MEW 20-261, 21-170）。

（4）第一グループは、①消耗された生産手段を置き換えるための補塡、②生産を拡張するための追加部分、③事故や天災による障害等に備える予備元本または保険元本。第二グループは、①生産に属さない一般行政費、②学校や衛生設備のような、いろいろな欲求を共同で満たすのにあてられる部分、③労働不能者のための元本（MEW 19-19）。

（5）『非政治的国家』第三章Bで詳述。

（6）ヘーゲル『法の哲学』第一八三節。

（7）アイゼナッハで反ラサール主義的な全ドイツ社会民主主義労働者大会が開催され（一八六九年八月七—九日）、党の綱領と規約が議決され、社会民主労働者党が創立される。「アイゼナッハ綱領」の性格はインターナショナルの諸原則に基本的に規定されているが、「各労働者に対する完全な労働収益」とか「協同組合制度の国家による促進並びに自由な生産協同組合に対する国家信用貸し」といったラサール主義の残存物も見られる。「自由な人民国家」は綱領冒頭の第一項にある。「社会民主労働者党は自由な人民国家の設立を目ざして努力する」。

（8）『レーニン全集』（大月書店）第二九巻、九八、一二二頁。『非政治的国家』三二、一六七頁を参照。

（9）その他、マルクス「相続権についての総評議会への報告」（MEW 16-367）、エンゲルス「住宅問題」第三篇（MEW 18-282）。『非政治的国家』一一三、一九〇頁を参照。ちなみに、この拙著が問うた後期マルクスの「大きな謎」は次の四つである。①「国有は共同所有か？」、②「社会主義に国家は存続するか？」、③「再建される個人的所有とは何か？」、④「共同所有を共同占有へと改定したのはなぜか？」、『非政治的国家』一七、七五、七七、九三、一〇二、一二二頁。

(10)『フランス語版資本論』江夏美千穂・上杉聰彦訳（法政大学出版局、一九七九年）、五四頁。

(11) 同前、三七二頁。

(12) エンゲルス『共産党宣言』（英語版一八八八年）第二節末。『非政治的国家』二二頁以下を参照。

(13)『国家と革命』（国民文庫）一四五頁。

(14)『国家と革命』一三四頁。『非政治的国家』三二、一〇〇、一五五頁以下を参照。

(15)『国家と革命』九〇、二二、一三六、一四一、一四五頁。『非政治的国家』五三、一七七頁以下を参照。

(16) 拙著『デスポティズムとアソシアシオン構想』（世界書院、一九九八年、以下『デスポティズム』と略記）、第一章「唯物史観と多系発展論」、第二章「「古アジア的」生産様式とは何か」を参照。

(17)『非政治的国家』六三頁以下を参照。『デスポティズム』第二章「「古アジア的」生産様式とは何か」、第七章「古アジア的国家から専制国家へ」、第一〇章「マルクス、エンゲルスのアソシアシオン構想とアジア型国家の問題」で詳述。

(18)『バクーニン著作集3』（白水社）、四〇九頁。『非政治的国家』四四、六五頁以下、一七九頁を参照。

(19) 計画経済の方式とその帰結については、『非政治的国家』二六頁以下に要約。なお、『デスポティズム』第九章「諸派のアソシアシオン構想とデスポティズム」、第一〇章「マルクス、エンゲルスのアソシアシオン構想とアジア型国家の問題」、第一二章「ギルド社会主義の分権的構想とその諸問題」で詳述。

(20)『非政治的国家』第六章一八三、一九二頁以下を参照。

第九章

マルクスの脱近代思想とエコロジー的潜勢力

――エコロジーをめぐる連帯の拡大へ向けて

尾関周二

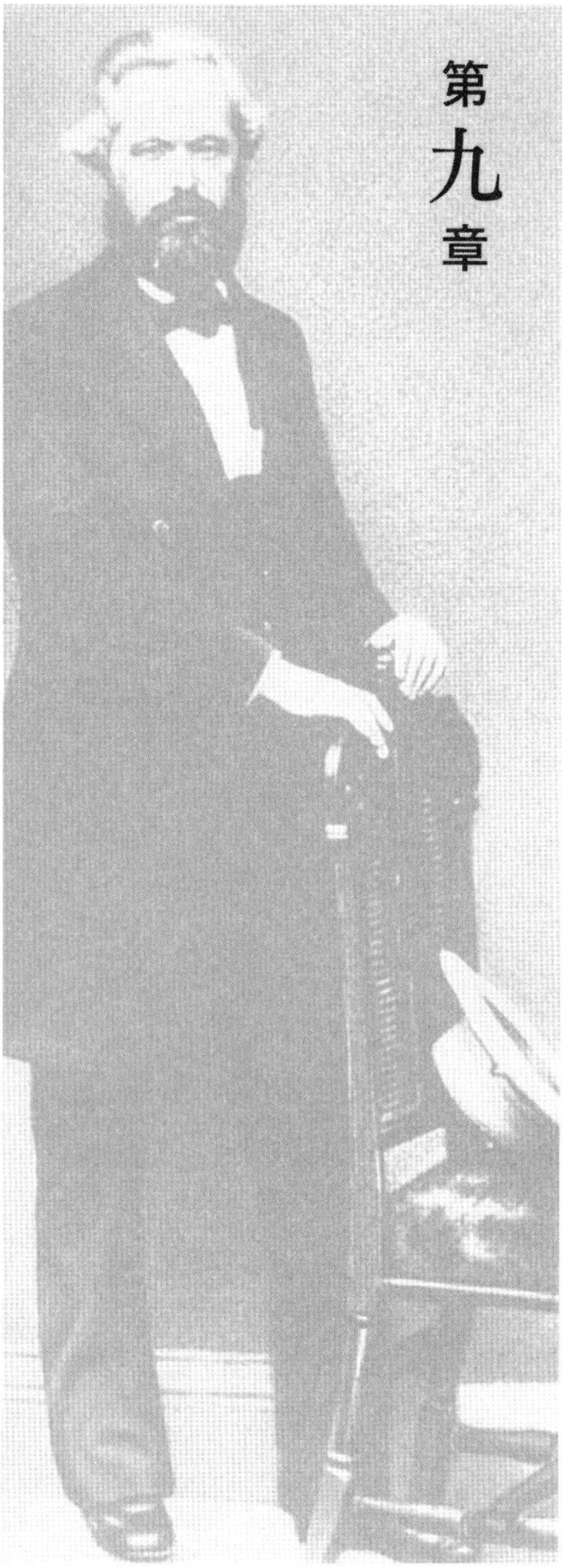

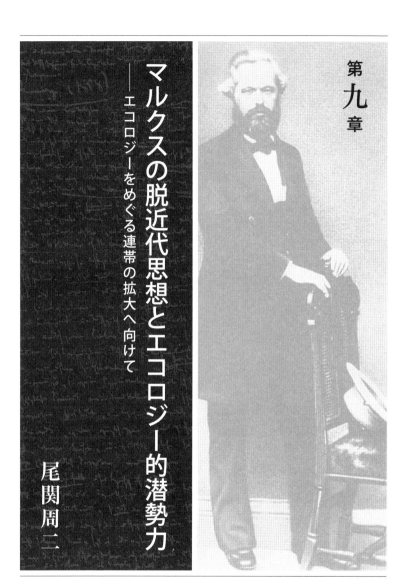

はじめに

最近、「人新世（Anthropocene）」という言葉がよく聞かれるようになった。この言葉は、ノーベル賞受賞者の大気化学者P・クルッツエンによって提案された地球の新たな地質年代の名称であり、最終氷河期が終わった一万七千年前に始まった「完新世」に続く新たな地質年代の名称の提案である。これは、まさに人類の活動が地質年代レベルという大きなスケールで地球を変えつつあり、要するに、地球環境破壊に示された人類による「自然の征服」は、新たな地質年代の名称が必要となるくらい巨大なものになりつつあることを示しているのである。

近代以降、経済成長という旗のもとに発展してきた資本主義や産業主義がその「自然の征服」の主要な動因であることはいまや明らかであり、それに対抗する運動のための大きな連帯が必要であることも明白である。しかし残念なことに、今日、ソ連・東欧諸国の崩壊以降、それらの国々で明らかになった環境破壊のすさまじさから、エコロジストからマルクス主義はやはり近代主義の思想であり、環境・エコロジー問題を語る資格はないとされることが多い。そして、ソ連型マルクス主義をマルクスの思想と同一視してマルクスの思想もまたしばしば近代主義思想とみなされる。

実際、残念なのは、ソ連型マルクス主義に批判的なマルクス主義者の一部においてさえ、いまだに環境・エコロジー問題への関心が希薄な傾向があることである。そして、なかには経済成長主義と見紛うような生産力増大主義も見られる。こういったマルクス主義者は、後述するように、人間—自然関係に関して近代主義的理解にとらわれており、まさにマルクスの哲学思想の核には、その近代主義への根本的な批判の姿勢があって、それはマルクスのエコロジー的潜勢力と深く結びついていることを見落としているように思われるのである。このことが、現在、マルクスのエコロジー的視座を象徴するものとして多くの論者によって重視されてきている「人間と自然の物質代謝」というカテゴリーへの着目・評価とも深く関係しており、マルクスの思想の脱近代的性格を解明することによってそのカテゴリーの意義づけをいっそう深めることができると思うのである。

私はマルクスの思想には、時代に制約されたいくつかの弱点があるにしても、我々が環境・エコロジー問題を資本主義的近代化の問題と絡ませて根本的に考え、資本主義を批判し脱近代を長期的に展望していくという点で決定的に生かすべきものがあり、このマルクス思想からエコロジストのさまざまな流派もまた得るところが多いと思う。そして、このことによって環境・エコロジーをめぐる連帯の輪が広がることが今日きわめて重要と考える。

マルクスの思想はまた、マルクスの農業・農民問題への関心を視野に入れると、労働の疎外・搾取の問題の背景に今日的な環境・エコロジー問題につながるような近代の人間—自然関係の現実的な問題性をとらえていたことが理解されてくると思う。環境問題と労働問題は内的連関があるのである。後述するように、この原点は、近代的世界観・哲学の批判とともに西欧近代の社会経済システム（資本主義）の生成とも関わるものである。したがって、これらの認識を踏まえてはじめて真にエコロジー的潜勢力とともに持続可能な社会への展望の核心になるものも示されると思われる。

こういった視点からまた、もしマルクスが現代に生きていたら、どのような歴史観を構想し未来を展望するかを考えてみたいと思う。それは、彼の思想の根源的なエコロジー的潜勢力を明るみに出すことでもあると思う。その際、マルクスの晩年において、エンゲルスとともにマルクスの隣にいたウィリアム・モリスの思想・実践などにも光をあててみたいと思う。

一　近代哲学批判としてのマルクス思想の原点

1　人間と自然の近代的二元論の批判

マルクスと環境・エコロジー問題との関係では、これまでとくにマルクスの「人間と自然の物質代謝」概念が注目され、日本ではかなり以前から椎名重明や吉田文和らによって詳細に研究されてきている。そして、マルクスに批判的である玉野井芳郎のような論者もまた、これについては次のように高く評価している。

「スミス以降の全経済学の歴史のうえで、ひとりマルクスだけは Stoffwechsel ということばを用いて、生産と消費の関連を人間と自然とのあいだの物質代謝の基礎上にとらえようとした」(玉野井 1990: 9)。

また、海外でも米国のジョン・ベラミ・フォスターによって『マルクスのエコロジー』という本が二〇〇〇年に出版されたが、そこにおいてもこの概念は中心的に研究された。筆者が主宰してきた雑誌『環境思想・教育研究』の協力者であるオーストラリアのアリエル・サレーなども「「物質代謝の亀裂」から「物質代謝的な価値」へ」という興味深い論文（サレー 2011）を発表している。この「人間と自然の物質代謝」概念は、周知のように農芸化学の創始者のリービッヒから後期マルクスにおいて取り入れられたものである。しかし、じつはこの思想は、後期のマルクス思想に単に付加されたというものでなく、『経済学・哲学草稿』の頃の若きマルクスにおいて語られた「自然主義と人間主義の統一」という思想との関連において理解されることが重要と思われる。そして、さらにいえば、この思想の背景には近代哲学を核とする近代的人間観・自然観の批判、とりわけ人間と自然の分裂、人間と自然の二元論への批判があることを忘れてはならないのである（＊1）。したがって、マルクスの「人間主義と自然主義の統一」という思想は後に詳述するように、近代哲学批判の根本的な問題意識を継承するものであるとともに、マルクスのユニークな点は、これは世界観レベルの問題であるだけでなく近代における人間の自然循環からの離反を象徴する社会的現実にかかわる実践的な問題意識と深く連関していることである。マルクスにおける「人間と自然の物質代謝」概念は、こういった視点を考慮するとマルクスの哲学思想の根幹においていっそう深い哲学的意義が与えられ、同時に、とりわけ環境・エコロジー問題へ近代批判・脱近代という根本的な視点からのアプローチを可能にするポテンシャルをもつものと理解することができるのである。

ところでまた、環境・エコロジー思想の流れは、二〇世紀七〇年代以降に多様な展開をみせるが、とくに自然保護の根拠を問うて「自然中心主義（phisiocentrism）」と「人間中心主義（anthropocentrism）」の有名な論争が交わされた。環境哲学者アルネ・ネスによって創始されたディープ・エコロジーなどに代表される自然中心主義者は、従来の自然保護運動を「人間中心主義」の運動であるとして、「自然中心主義」を主張し対置したのである。彼らによれば、従来の自然保護運動は近代以降の体制を無批判に前提して人間―自然関係をもっぱら「経済的な視点」から見てきたことが、今日の環境問題を引き起こしたことの背景にあることを認識していないとする。したがって、「経済的な視点」よりも「自然の内在的価値」を重視する「倫理的な視点」を強調するわけである。

しかし、近代批判を強調するラディカルな自然中心主義の思想自身の説得力は、その変革の強調に見合った社会理論的な概念装置が十分に生み出されなかったことによって今日かなり弱まってきたといえる。「倫理的な視点」が大事であることはわかるにせよ、やはりそれと結びつけて「経済的基盤」そのものの変革のための社会理論的な概念装置が必要といえよう。さらにいえば、私見によれば、自然中心主義の鋭い近代批判の志向にもかかわらず、自然中心主義の背景には、隠された仕方で、やはり人間と自然の関係に関して近代哲学思想の二元的な発想を裏返しの仕方で引きずっているように思われる。マルクスの前述の「自然主義と人間主義の統一」という思想は、こういった自然中心主義と人間中心主義の論争と関係させてみても意義深いものといえるのである（尾関2007: 第八章）。それでは次に、このマルクスの「人間主義と自然主義の統一」の思想の背景にあるものを考えてみよう。

近代社会の形成は、人権、主権在民、市民的公共圏、科学的精神などポジティヴに評価されうる理念・価値を生み出すとともに、ヘーゲルが近代を「分裂の時代」と呼んだように、人間と自然、人間と人間、心と身体、個と共同体等々、さまざまな分裂とそれを背景とする深刻な問題をもたらした。なかでも人間と自然の分裂、人間と自然の二元論は近代的世界観の根本的なものといえる。この点は、まさにデカルトによってきわめて明確に提示され、彼が「近代哲学の父」と称される所以でもある。デカルトは、自然観に関しては、物理学に代表される近代科学を基礎づけるために、アリストテレス的な目的論的・有機体論的な自然観を機械論的・無機的な自然観へと転換させた。他方で、人間観に関しては、近代的個人を基礎づけるものとして、「考える我（cogito）」、理性的個人を提起して、アリストテレス的な共同体主義的人間観を個人主義的人間観に転換させた。このことによって同時に、人間と自然はそれぞれ〈思考〉と〈延長〉というまったく異なる本質を有する精神と物質ということになり、そしてまた、生命的次元の自然が欠落することになった。ここに人間と自然の分裂・対立とともに、人間自身の心と身体の関係や、決定論と自由意志の関係といった世界観的な諸難問が発生することになった。

これ以降、この近代哲学の二元論を克服するさまざまな思想的営みが始まるわけであるが、この克服は、大きくは二つの方向、つまり、フランス唯物論とドイツ観念論の二つの方向からアプローチされたといえる。前者は、ラ・メトリに見られるように、結局はデカルトによる自然の機械論的理解を人間の理解にも拡大し、「人間機械論」を提唱したように、いわば人間を「自然」に還元したといえる。他方で、カントに始まりヘーゲルにおいて頂点にいたるドイツ古典哲学と呼ばれる流れの根本的志向は、錯綜しながらも全体として、ヘーゲルにおいて自然界を〈対象化〉と〈対象性剥奪〉という精神活動によって「絶対精神」(=人間精神の絶対化)に解消したように、いわば自然は「人間」に還元されたといえる。マルクスが対決した近代の自然主義と人間主義とはまさにこういった「自然」と「人間」の一面化と還元へと収斂するものであった。マルクスは、これらの両方のアプローチの批判的統合・止揚による人間―自然関係の新たな提示を目指したといえるのである。

2 人間―自然関係のマルクス的理解――自然主義と人間主義の統一的視点

このように、近代哲学における人間と自然の対立、二元論の克服といった大きな思想的脈絡においてマルクスの哲学思想をみると、『経済学・哲学草稿』で語られた「自然主義と人間主義の統一」の理念は、まさに近代批判を通じて脱近代の思想を志向するものとして理解されてくるのである。

少し先回りして述べたが、人間と自然の分裂・対立はマルクスにとってはさらにまた社会的現実にかかわる問題でもある。そして、近代の社会経済システムはまさにこの「分裂」という現実を基礎にして機能していることを、「疎外された労働」の分析を通じて明らかにしようとしたのである。周知のように、疎外について四つのアスペクト、(1)自然からの疎外、(2)生命活動からの疎外、(3)類的存在からの疎外、(4)他の人間からの疎外が語られる。この「(1)自然からの疎外」には、労働者の労働生産物からの疎外とともに労働者の生産・生活基盤となる自然からの疎外が語られていることに注意すべきである。マルクスは「労働者は、自然がなければ、感性的な外界がなければ、なにものも創造することができない」(MEW 40, S. 512, 岩波文庫版八八頁)としつつ、疎外された労働においては、自然は「彼に敵対的に対立する疎遠な世界として感性的な外界」（同前書S. 515, 同前九三頁）として立ち現れることを指摘するのである。まさに近代における人間と自然の分裂・対立は「疎外された労働」と不可分であるという認識が、マルクスの哲学を脱近代の現実的な哲学にするのである。つまり、この「疎外された労働」は何に由来するかといえば、具体的にはエンクロージャーなどによってコモンズが破壊され、貧農が自然（大地）から切り離され（生産・生活手段から切り離され）、「二重の意味で自由な労働者」となったことによるのである。

そして、我々が注目すべきなのは、この『経済学・哲学草稿』が一八四四年頃に書かれたとされるのに対して、まさにほぼ同時期の一八四二年に「木材窃盗取締法に関する討論」（MEW 1, S. 109）が書かれていることである。この論文は、農民が共有地であった森から枯れ枝ひろいやノイチゴを摘んだりして生活の助けにしていたコモンズの慣習に対して、近代の市場化・私有化が進むなかで、それらを「窃盗」として「取締法」のもとにおこうとするライン州議会での議論に対して、マルクスが農民の立場に立って批判した論文である（尾関 2007: 補論）。そしてさらに重要なのは、マルクス自身も後に自ら語っているように、このテーマを手がけたことが、彼が本格的に政治経済学の研究にたずさわる最初の動機になったことである。

したがって、一八四二年執筆の『経済学・哲学草稿』にこの論文が何らかの仕方で反響していると考えてもよいであろう。この草稿で語られている「労働者」は、直前までマルクスがトリアで関心を抱いた自然（土地と森）から追い出された「農民」の姿と二重写しになっていたと考えてもよいであろう。マルクスは『経済学・哲学草稿』において、自然を「非有機的身体（unorganische

Leib)」という非常に印象的な言葉でとらえたが、これはまさにこういった現実との関わりをも念頭においた時、十全に理解されるのではなかろうか。

「自然、すなわち、それ自体が人間の肉体でない限りでの自然は、人間の非有機的身体である。人間が自然によって生きるということは、すなわち、自然は人間が死なないためには、それとの不断の（交流）過程の中にとどまらねばならないところの、人間の身体であるということなのである。人間の身体的、精神的な生活が自然と連関しているということは、自然と自然自身との連関［die Natur mit sich selbst zusammenhaegt］ということ以外の何事も意味しない。というのは、人間は自然の一部分だからである」（同前書 S. 516, 同前九四頁）。

こういった言葉とともに、疎外された労働における「自然からの疎外」が語られることからして、「非有機的身体」という表現において人間―自然関係のマルクス的理解が語られていることは間違いない。このことは、工場労働者の労働を思い浮かべた場合には具体的イメージが浮かびにくいものだろう。だが、農民の労働を思い浮かべるならば、彼らの生産・生活手段である自然（土地や森）は彼らの身体そのものではないが、まさにいわば「身体」といってもよいほどの離れがたい内的な繋がりと交流のあるもの（非有機的身体）とイメージできる。したがってここには、自然主義、あるいは人間主義による人間―自然関係の理解とは違った、マルクスのユニークな人間―自然関係の理解が語られていると考えるべきであろう。とくに、自然を「身体」という比喩で表現したことは、デカルトにおいて心と身体の二元論が人間と自然の二元論の帰結であったことを思い起こすと意味深く、マルクスが明らかに心と身体の不可分性に人間と自然の内的関係を類比させようとしていると理解されよう。

そして、同時にまた前記の人間―自然関係の理解は、マルクスの「自然の人間化（社会化）」の理解にもかかわるのである。人間は人間以外の動物と異なり、目的意識的活動としての労働を通じて「自然の人間化（社会化）」を行うものである。確かに、「自然の人間化（社会化）」というだけでは「自然の征服（支配）」の観念から区別されないかもしれない。マルクスは自然に対して労働による「プロメテウス的姿勢」をもっていたという非難が妥当するかもしれない。しかし、先述したように、自然を人間自らの「非有機的身体」としてとらえる生命論的理解によってそういう非難が妥当でないということになろう。そしてまた、マルクスの場合、「自然の人間化（社会化）」は同時に人間自身の生成であるという視点を語るのである。「人間化（社会化）された自然」は、逆に人間に作用し人間の感性を人間的なものにさせていくとするのである。

「たんに五感だけでなく、いわゆる精神的諸感覚、実践的諸感覚（意志、愛など）、一言でいえば、人間的感覚、諸感覚の人間性は、感覚の対象の現存によって、人間化された自然［die menschlichte Natur］によって、はじめて生成するからである。五感の形成はいままでの全世界史の一つの労作である」（同前書 S. 542, 同前一四〇頁）。

つまり、人間は〈対象化〉という労働の本質を通じて自然に働きかけ、自然を人間化（社会化）すると同時に、そうして「人間化された自然」との関わりにおいて自己確証し、人間的自然自身が人間らしいものに自分自身を発展させていくというのである。したがって、マルクスの場合、むしろ今日的な言葉でいえば人間と自然の「共進化」的な事態が語られているとみられるのである。人間—自然関係は、人間と人間の「非有機的身体」としての自然との関係であり、こういった関係にある人間がつくる歴史は同時にまた「自然史の一環」であり、「歴史そのものが自然史の、人間への自然の生成の、現実的な一部分である」（同前書 S. 544, 同前一四三頁）と考えるのである。「自然史」は、人間の自然的存在のみならず、精神的・文化的・社会的存在をも含んだ意味で、つまり人間及び人間社会をまるごと含んだ意味でも用いられるのである。そして、「コミュニズム」（コミューン主義）こそ、こういった人間と自然の関係を基礎にして疎外された労働を止揚する実践的な社会変革の運動であるとともに、人間と自然の対立をはじめとする、近代の世界観的な諸問題を解決するものであるとして、次のように語られるのである。

「このコミュニズムは、完成した自然主義として＝人間主義［vollendeter Naturalismus = Humanismus］であり、完成した人間主義として＝自然主義［vollendeter Humanismus = Naturalismus］である。それは人間と自然とのあいだの、また人間と人間とのあいだの抗争の真実の解決であり、現実的存在と本質との、対象化と自己確認との、自由と必然との、個と類とのあいだの争いの真の解決である」（同前書 S. 536, 同前一三一頁）。

いささか大げさな表現とも思われるかもしれないが、ここにはマルクスが、近代以降、対立的に現れた自然主義的な視点での人間—自然関係の理解も人間主義的な視点での人間—自然関係の理解も、共に一面的として止揚しうる理論的かつ実践的な思想的立場を見出したという感激が表明されていると理解されよう。そして、このような立場から将来社会としてのコミュニズム社会は、人間—自然関係の次のようなあり方として語られるのである。

「社会は、人間と自然との完成された本質統一であり、自然の真の復活であり、人間の貫徹された自然主義であり、また自然の貫徹された人間主義である」(同前書 S. 537–538, 同前一二三頁)。

抽象的でわかりにくい表現ではあるが、少なくともソ連型マルクス主義のように、人間と自然の対置を前提に科学技術を利用して自然を支配・征服していくという近代主義的イメージとは相当違うことは理解されよう。ここでいう「社会」は、自然に対立するどころか、「自然の真の復活」とされたように、人間が自然の一部であるという大前提のもとに、人間化された自然と自然化された人間の相互作用と相互浸透を通じて共進化していくエコロジー的なイメージで理解されよう。したがって、「人間主義と自然主義の統一」は、ヒューマンでエコロジカルな社会を示唆し、エコロジー的な潜勢力を秘めた哲学的理念とも理解できよう。

二　マルクスによる近代社会批判とエコロジー的潜勢力の現実化

1　労働概念と「人間と自然の物質代謝」概念

これまで、若きマルクスによる「人間主義と自然主義の統一」の理念が、人間と自然の分裂・二元論を基底とする近代的世界観を乗り越え、脱近代を志向するエコロジー的潜勢力を秘めたものであることを語ってきた。しかも、すでに指摘したように、マルクスの場合、この理念は単に哲学的な抽象的な議論にかかわるだけでなく、農民の土地からの切り離しに由来する近代社会における人間と自然の分離・分裂という具体的な社会的現実にも関わっていたのである。この理念は、リービッヒの著作に触れ「人間と自然の物質代謝」を知ることによってマルクスの心内で再生し、ある種の感激をもたらしたのではなかろうか。それは「現代の全経済学者の諸著作を合わせたよりも多くの光明を含んでいる」という、いささかオーバーとも思われるリービッヒ評価に表れている。そして、現代の環境・エコロジー問題への深い射程をもつ「物質代謝の亀裂」の議論が展開されることになるのである。このように考えれば、「人間と自然の物質代謝」との関係において位置づけた後期のマルクスの労働観が、労働の本質を〈対象化〉として捉えた若きマルクスの見解と対立するものではないことが理解できよう。マルクスの場合、すでに前節でみたように、労働は「人間主義と自然主義の統一」といった人間―自然関係の理解において位置づけられていたからである。

2　人間と自然の物質代謝の亀裂、攪乱

さて、近代における人間と自然の分裂としての社会的現実である農民の大地からの切り離しとは、まさにカール・ポランニーが近代の市場経済を特徴づける「大転換」として語った「人間と自然の商品化」にかかわることでもある。すでに触れたように、人間（労働力）の商品化と自然（大地）の商品化を実現するために、共同体やコモンズ（共有地）が解体され、人間と自然の分裂（農民の大地からの切り離し）が行われたのである。エンクロージャーによって、貧農が大地から排除され都市へと駆り立てられ「自由な」労働者が創出されていく、いわゆる「資本の本源的蓄積過程」であり、人類史始まって以来の大規模な人間と自然の切り離しという歴史的出来事である。また、これは都市と農村の関係が逆転し、農村が都市に従属していく過程でもある。

そして、商品世界の全面化を通じて資本主義の進展は、「人間と自然の物質代謝」の視座から、「社会的な、生命の自然法則に規定された物質代謝の関連のなかに、回復できない亀裂（Riß）を生じさせる諸条件を生み出す」（MEW 25, *Kapital III*, S. 821）という表現で、その生態学的、社会的危機がとらえられ、農業問題、さらには都市と農村の関係の問題の関心へと展開していくのである。すでにみたように、これらは若い頃の人間―自然関係をめぐる問題意識の具体的次元での深化ともいえるのである。この点は、今日的なエコロジーの視点からもマルクスを評価する場合にきわめて重要と思われるので、それにかかわるマルクスの発言のいくつかを『資本論』に見ておきたい。

「大工業と、工業的に経営される大農業とは、一緒に作用する。本来この二つのものを分け隔てているものが以下の点だとすれば、つまり、前者がより多くの労働力を、したがってまた人間の自然力を荒廃させ破壊させるのにたいし、後者がより多く土地の自然力を荒廃させ破壊させることだとすれば、その後の進展の途上では両者は互いに手を握り合うのである。なぜなら、農村でも工業的体制が労働者を無力にすると同時に、工業や商業はまた農業に土地を疲弊させる手段を提供するからである」(MEW 25, *Kapital III*, S. 821)。

資本主義的な大工業と工業化された農業が、それぞれ人間と自然の荒廃、破壊を進めるが、ある段階では一体となって破壊を進めることを指摘しているのである。私は、ここ二〇年来の環境思想の研究において、現代における環境問題と人間の心身の破壊はその根っこにおいて共通性があると指摘してきたが、まさに先述のマルクスの引用はそれに連関するものといえよう。

「資本主義的生産は、それによって大中心地に集積される都市人口がますます優勢になるにつれて、一方では社会の歴史的原動力を集積するが、他方では人間と土地とのあいだの物質代謝を攪乱する。すなわち、人間によって食料や衣料の形で消費された土壌成分の土壌への回帰を、つまり持続的な土壌の肥沃度の永久的自然条件を攪乱する」(MEW 23, *Kapital I*, S. 528)。

このマルクスの言葉はきわめて印象的である。都市での労働者の集積は、労働者の団結として歴史の原動力になる可能性を生み出すが、他方、この農村と切り離された大都市の存在は、それ自身、都市と農村の分裂を通じて生態学的危機をもたらしつつあるのだという認識である。したがって、労働者の団結による革命は人間搾取からの人間解放を実現する社会システムのみならず、いわば自然搾取からの「自然の解放」、つまりは、人間と自然の物質代謝の攪乱や亀裂を修復するようなエコロジー的な社会システムを実現することが肝要なのである(＊2)。この視点からすると、フォスターの先に言及した本の中の次の言葉も共感をもって読むことができよう。

「資本主義に対する革命は、したがって、労働の搾取という特殊な関係の転覆だけでなく、大地からの疎外の超克をも要求する。それは人間と自然の物質代謝の、近代科学と産業による合理的な規制によって行われる。大地からの疎外こそが資本主義の究極的な基盤であり前提条件であった。こうした関係のなかではじめて、マルクスが頻繁に「賃労働の廃止」を要求したことが意味をもつのである」(フォスター 2004: 279–280)。

しかしながら、フォスターが「近代科学と産業による合理的な規制」という表現を無造作に使っていることに関しては、その真意は別として、誤解を与える安易な表現といえるであろう(＊3)。まずは「合理的な規制」の主体を考えるべきであろう。このことに関係している将来社会を目指す段階での物質代謝に関わるマルクスの言葉を次に引用してみよう。

「社会化された〔vergesellschaftet〕人間、アソシエイトした〔assoziiert〕生産者たちが、盲目的な力によるように自分たちと自然との物質代謝によって支配されるのをやめて、この物質代謝を合理的に規制し、自分たちの共同的統制のもとに置くということ、つまり最小の力の消費によって、自分たちの人間的自然に最もふさわしく最も適合した条件のもとでこの物質代謝を行うということである」（MEW 25, *Kapital III*, S. 828）。

将来社会を目指すなかでの人間と自然の物質代謝の〈合理的規制〉に関しては、「近代科学や産業」という前に、まずは「社会化された人間」や「アソシエイトした生産者たち」が強調されるべきであろう。そして「物質代謝によって支配される」のは、人間と自然の物質代謝が物象的な関係（商品交換関係）に浸透されているからであり、その克服をも含んでいることを強調すべきであろう（＊4）。さらにいえば、この「社会化された人間」や「自分たちの人間的自然に最もふさわしく最も適合した条件」という言葉に、先に見たような「人間主義と自然主義の統一」という理念のもとでの初期マルクスの人間観・自然観がこだましていると理解するのは私の読み込みすぎであろうか。

ところでまた、こういった流れのなかで晩年のマルクスによる「ザスーリチへの手紙」及び「下書き」（MEW 19）におけるロシアの農業共同体に対するマルクスの評価も考えてみることが必要であろう。

「ザスーリチへの手紙」でマルクスが述べた要点は、次のことである。ロシアの女性革命家ザスーリチの問いに応えて思索を深めるなかで、マルクスはロシアの「農業共同体」を「社会再生の拠点」として高く評価し、それは、アルカイックな平等的な共同体の「自然の生命力」を残しており、資本主義社会を経なくともそれは「共産主義的発展の出発点」になりうるとしていることである。マルクスは、社会主義・共産主義に至る道は複数あり、イギリスを典型とするような、農業共同体を解体し産業革命を経て資本主義的工業社会を実現した後にそれに向かうという道だけでないとした。そして、ロシアの農業共同体の大土地所有制、家父長制や「局所的小宇宙」と称される狭隘さなどを克服すれば（共同体のアソシエーション的性格の獲得）、現存の農業共同体からコミュニズム社会に至る道――その際に科学技術や諸制度などを先進資本主義国から導入しつつ――にただちに進むことができると考えたのである。この農業共同体の評価は、その共同体の主要メンバーは小農であることから小農民の評価とも連動するものであろう。そのきっかけは、一八七一年のパリ・コミューンで小農民の支持を得られず敗北した苦い経験にあると思われる（アンダーソン 2015: 293）。それ以来、マルクスは小農民の営みとその共同体への関心を変革の観点から深めたのである（＊5）。

マルクスとエンゲルスは『共産党宣言』の頃には、資本主義的発展によって小農は必然的に没落するであろうという「小農没落論」を共通に持っていたが、次第にマルクスは小農などの小経営の「自由な個性」に関わる積極的な特質や農業共同体の「自然の生命力」に基づく共同性などの意義を認めてそれを脱却し、晩年の「ザスーリチへの手紙」に至った。エンゲルスも同時期に「マルク」という論文で、古いドイツの「マルク共同体」の再生に触れてマルクスの立場に近づいたこともあったが（MEW 19, S. 326）、後述するように結局、生産力増大による歴史の法則的発展を重視するエンゲルスは、マルクス死後、従来からの単線的な歴史観に復帰していったように思われる。

三　エコロジー的潜勢力を生かした唯物論的歴史観の新たな構築へ

1　「人間と自然の物質代謝」概念を歴史観の基底的カテゴリーへ

従来のマルクス主義の「唯物史観」は、社会構成体の土台をなす生産力と生産関係の矛盾とその克服によって生産様式や社会の発展がなされるとしてきたが、この通説では生産力と自然生態系との矛盾がもつ重大な意味はほとんど視野に入ってこなかった。そこで私は、これまで見てきたマルクスの思想を基礎に、「人間と自然の物質代謝」カテゴリーを「生産力—生産関係」カテゴリーよりもより基底においた歴史観を考えてみてはと思っている（＊6）。

そして、最近の新メガによるマルクス研究によって、この「人間と自然の物質代謝」カテゴリーをめぐって明らかになってきた興味深いことがある（岩佐・佐々木 2016）。まず、リービッヒの評価について、マルクスは『資本論』第一巻初版を出版した後に微妙に変化した、このことの意味である。初版では、先に触れたように「現代の全経済学者の諸著作を合わせたよりも多くの光明を含んでいる」という、いささかオーバーな評価がなされたが、第二版では、ただ「光明を含んでいる」という短い表現にトーンダウンするのである。この背景には、マルクスがリービッヒの「土壌疲弊論」をめぐる論争をたどるなかで、「ミュンヘンの農学者フラース」の本を読むことによって得た知見が由来すると思われる（同前書第三部第一章、および MEGA IV/18, Carl Nikolaus Fraas 関連箇所参照）。

マルクスはフラースからリービッヒによる土壌の化学分析からは見えてこなかった、今日の環境問題との関連で議論される環境保全農業の意義につながる自然循環の問題性を理解し、「人間と自然の物質代謝」カテゴリーの理解をよりいっそう深化したといえるのである。これが重要なのは、「土壌疲弊論」をめぐる「鉱物肥料論者」と「窒素肥料論者」との対立軸とは異なる、もう一つの対立軸として「化学派」と「自然学派」の対立があり、それは生産力問題を超えた自然循環との関係性により深く関わる問題だからである。つまり、人間と直接に物質代謝の関係にある自然、あるいは生産力を構成する自然的要素を超えた、これを包含するより大きな自然循環との関係性が問題であることにフラースの議論を通じてマルクスは気づいたのである。

このように理解された「人間と自然の物質代謝」カテゴリーは、「人間主義と自然主義の統一」の理念にいっそう近づくものであるとともに、現在の地球生態系と人類社会の関係についての次のような問題意識とも接続できることになろう。周知のように、グローバル資本主義を背景に各国で成長主義戦略が推し進められているが、少なくとも先進資本主義国では、すでに生活の基本的ニーズを満たしうる生産力は十分に達成されているといわれる。正当な分配が行われず格差・貧困が拡大していることによって見えにくくされているが、社会の総体としては、エコロジカル・フットプリント（人間生活の地球環境へ与える負荷）の指標に象徴されているように、日本や米国の現在の生活を途上国の人びともすれば、各々地球二・四個分、五・三個分が必要ということになる状態なのである。また、先進資本主義国は途上国などの他国から農林水産物を大量に輸入することに伴うフード・マイレージ（食料輸入重量×輸送距離）問題によって地球環境に深刻な影響を与えている。したがって、広義の、食とエネルギーの地産地消のコミュニティ経済を基本に考えることは、持続可能な社会を考えるうえでも不可欠といわれている。このように「人間と自然の物質代謝」カテゴリーをより深くフラース段階の自然循環や自然再生力の視点を内包するものとして理解することによってまた、マルクスの重要な「生活（生命）過程」概念に接続することができよう。

そこで私は、このように理解された「人間と自然の物質代謝」カテゴリーを生かして、マルクス自身は語ってはいないが、マルクスが現代生きていたならばという想定のもとに、人類史の中での大きな変化を捉えることを考えた。つまり、「人間と自然の物質代謝」の大きな様式転換に注目し、世界史を人類史にまで拡張して人類史的視座から問題を設定できるのではないかと考えた。こういった「人間と自然の物質代謝」を基調に据えて人類史を捉える歴史観を、簡略化して「物質代謝史観」と呼びたいと思う。これに対して、生産力増大をもっぱら発展の基調に据えた歴史観が「生産力主義史観」であるが、ここでは「生産力と生産関係」の関係の仕方のさまざまなバリエーションも含むものとして、生産力を歴史発展の究極的な動因とする歴史観を「生産力史観」として呼んでおきたい。長い人類史の中で「生産力」概念が重要な役割を演じる時代（とくに階級社会の時代）はあるが、人類史の発展の究極的な動因とするのは一面的であろう（*7）。

「物質代謝史観」によれば、長い狩猟採集時代つまり一万数千年前の農業の誕生から今日の資本主義社会に至る、階級社会以前のいわゆる「先史時代」を含む文字どおり人類誕生から未来社会に至る人類史全体を射程に入れて考えることができ、また、階級性を内包するさまざまな共同体社会をも解明し、そのことによって当然、反照的にこれまで以上に脱資本主義社会としての未来社会の意味やあり方をも展望できることになるであろうと考えたのである（尾関 2015）。

この「人間と自然の物質代謝の様式」（略称、物質代謝様式）の視点から、人類史において大きな画期をなすと容易に理解されるのは、約一万年前の古代文明を生み出した「農業革命」と、約三〇〇年前の近代文明の主軸である「産業（工業）革命」による「物質代謝様式」の大転換である。前者は、都市や国家の成立、階級社会、そして「文明」をもたらした。後者は、科学革命と国民国家の形成に連動しており、それらを集約する産業（工業）資本主義が発展する近現代社会は、大量の人間を土地（自然）から切り離す過程として、また化石エネルギーへの転換による自然循環から離脱した社会として改めて捉えなおされる。つまり、それは搾取と支配という脈絡だけでなく、人間と自然の物質代謝が物象化される時代であり、それによって最も本源的な人間と自然の循環の大規模な破壊、すなわち地球生態系と人類社会との「普遍的な物質代謝」の亀裂、攪乱に至るものとして、人類史的位置づけを与えられるのである。

ちなみにまた、この視点から先史時代をみるならば、人類誕生から農業革命まで狩猟採集という同じ物質代謝様式のように見られるが、しかし、この時代においても、大きな変化があったように思われる。これまでは、狩猟採集時代として一括され、そして狩猟採集時代は、人類は「狩るヒト」ということでその進化が理解されていたが、最近では、むしろ「狩られるヒト」として進化してきた時期が長くあったとされている。これは、生態系の食物連鎖という視点からすると大きな変化・転換といえる。つまり、長い狩猟採集時代には、サバンナに出始め森の周縁にいた当初は、人類は猛獣によって捕食される食物連鎖の底辺に近い立場であったのが、次第に道具と社会性の発達とともに狩りの捕食者の立場へ、すなわち食物連鎖の頂点の立場への物質代謝様式の大転換があったと考えられるのである(尾関 2015: 77–79)。

他方でまた、資本主義社会の後に来るコミューン主義社会に関しても、国家や階級の消滅による自由・平等な共同社会(アソシエイトした人びとのコミューン)というものは、同時に人間と自然の物質代謝の亀裂をもたらす物質代謝様式から大きく転換し、人間と自然の物質代謝の健全なエコロジカルなあり方を実現することとなろう。その意味ではコミューン主義革命はエコロジー革命でもあるといえよう。そしてこのことは、すでに触れた若きマルクスの「人間主義と自然主義の統一」の理念と共鳴的であると思われるのである。以上、簡単に触れたような物質代謝様式の転換は、労働をはじめ共同体(コミューン)全体のあり方や男女関係を含めた人間関係の基本的あり方と連動することは容易に理解されよう。

2　モリスからみるもうひとつの未来社会観

最初に述べたように、ソ連型社会主義(それは、集権国家主義、科学技術主義、生産力主義を特徴とする)が環境破壊に無頓着、あるいはほとんど対応できなかったことは明白である。前項で述べてきたようなエコロジー的潜勢力の視座を生かした歴史観を前提にすると、未来社会のイメージはどのようなものになるのであろうか。それは崩壊したソ連型マルクス主義が描いたものとどのように違うのであろうか。

ここで興味深いのは、マルクスは周知のように一九世紀末の一八八三年に亡くなるが、その数年後に対照的な社会主義の未来を構想する二つのユートピア小説が発刊されたことである。ひとつは、ウィリアム・モリスが描いた『ユートピアだより』（一八九一年）であり、もうひとつは、米国のエドワード・ベラミが描いた『かえりみれば――二〇〇〇年より一八八七年』（一八八八年）である。

さて、モリスは、マルクスの晩年の頃に、フランス語版の『資本論』を読んで大いに共感し、マルクスの末娘のエレノア・マルクスと「社会主義同盟」を結成したり、ドイツ哲学思想の研究者の若き盟友バックスと『資本論』のエッセンスを含む社会主義の本を発刊してマルクス主義者として活動した（大内 2012）。『ユートピアだより』は当時から二〇〇年後のテムズ川沿いの田園生活の中での人と自然、人と人の関わりの豊かさを描き、モリスによる未来社会のイメージを語ったものである。じつは、それは米国のエドワード・ベラミの当時ベストセラーになった先のユートピア小説『かえりみれば』の未来社会のイメージを批判する意図でもって書かれたものである。ベラミのこの本は、高度に科学技術が発達して、すべて産業と労働は国家によって一元的に管理・統制され、不況や不平等などの社会的問題が解決された未来社会を二〇〇〇年時点のボストンの都市生活を通じて描いたものである。それはちょうどその執筆の三〇年後にロシアに生まれたソ連型社会のイメージを先取りするものであった。モリスの社会主義の特徴は、ベラミのような、国家の中央集権や工業化・都市化・機械化をもっぱら追求する未来社会のイメージを批判し、豊かな自然と文化の中での人びとの充実した生活の営みと人間の関係性を重視したイメージである。ベラミと違って田園生活をユートピアの中心に描いたモリスのこのいわば「田園社会主義」は、当時の多くの労働運動家、社会運動家などの重要な関心であった農村と都市、農業と工業の関係の問題についての共有が背景にある。モリスは、クロポトキンに共感したが、アナーキズムと違って過度期における国家の役割を認めつつも、基本的にはローカルな共同体の連合を基礎に未来社会を考えるのである。

モリスの基本的な考えは、欲望の拡大とそれに応える生産力の増大の追求をもっぱら肯定するのでなく、ある程度の物質的充足を要求しながらも、労働の喜びや人間的な交わり、自由な個性の発揮できる条件をより重視するものであった。また、モリスは工場での労働時間の目標を一日四時間としたが、これは先駆的で、後のイギリスでラッセルなども目標とすることとなった。ラスキンの影響のもと、苦痛を軽減するような種類の機械化の意義を認めつつ、工場労働だけでなく、手工業や小規模な農業における労働の喜びやそれを通じての「生活の芸術化」を考えることであった。つまりまた、当時の産業発展による悲惨さからだけでなく、「産業発展への信仰」から抜け出した社会をイメージしたのである。モリス研究者の小野二郎も強調しているように、この「新しい感受性」「生活の質についての感受性」こそ、『ユートピアだより』の魅力の核心といえるのである（小野 1992: 208）。こういったモリスの「感受性」は、初期マルクスの先に見た言葉と共鳴するものではないだろうか（＊8）。

ここで、モリスが晩年になってなぜ『資本論』に強い関心を抱くことになったのか、疑問をもたれるかもしれない。そこで、それについて当時のモリスの問題意識と取り巻く人間関係を興味深く要約的に述べているイギリス思想史研究者の安川悦子の言葉を引用しておこう。

「若きモリスの思想形成になによりも大きな影響を与えたのは、イギリス・ロマン主義のもつ芸術観であった。かつて、ドイツからロンドンに渡ったばかりの若いエンゲルスに非常な衝撃をあたえたカーライルが、ほぼその一〇年あとでオクスフォードに入学したばかりのモリスの心をとらえたのである。カーライルの『過去と現在』(一八四三年)に描かれる非人格的人間関係=「拝金主義」の社会に、エンゲルスもモリスも衝撃をうけたのである。カーライルとその後継者ラスキンは、モリスが芸術と社会についての理論、労働の人間形成においてもつ意味などをくみだした貴重な思想の泉であった。カーライルがエンゲルスをとおしてマルクスにあたえた衝撃は、マルクスに古典経済学を裏返しによみとる目であった。それは『経済学・哲学手稿』(一八四四年)での賃労働の疎外認識となって結実することになる。モリスは、カーライルから現金関係の支配する非人間的「文明社会」への憎しみと、芸術=「労働の喜び」という二つの視点を勝ち取るのである。モリスが『資本論(第一巻)』をよんだのはじつはこの二つの視点からであった。この二つの眼が『資本論』といううるつぼをとおしてでてくるとき、現金関係の支配する現代文明への憎しみは、階級対立と競争の支配する資本主義生産そのものへの憎しみになり、労働の喜びは、新しい共産社会への構想となってあらわれる」(安川 1993: 248–249)。

ここには、当時最も経済的・軍事的に力をもった大英帝国のもとで、急速に発展しつつある産業社会・文化の矛盾へのラスキンやカーライルによる批判的対抗の影響を受けつつ、ヘーゲルなどの異なるドイツ哲学の系譜をもつマルクスの思想潮流を背景にする『資本論』を通じてマルクス思想の根幹に触れたところに、「新たな感受性」に基づくウィリアム・モリスのユニークな社会主義の思想が生まれたことが窺えるであろう(＊9)。

我々は、マルクスの協力者といえば、エンゲルスを思い浮かべるのを常としており、実際、エンゲルスがマルクスの生涯にわたる偉大な協力者で知の巨人であったことはそのとおりである。ただし、晩年のマルクスの隣にはもう一人、エンゲルスの偉大さとはまったく別個の偉大さをもったモリスがいたことが、これまであまりにも無視されてきたのではないかと思われる。とくにエンゲルスがモリスを「根深くもセンチメンタルな社会主義者」と評価したこともあり、マルクス主義者の間ではモリスの評価は非常に低いものになってきたといえる(＊10)。しかし、マルクス晩期におけるマルクスとエンゲルスの思想の微妙な違いの含意するところに注目するとき、モリスの美的感受性は重要になってくると思われるのである。先に述べたエンゲルスのモリス評価「根深くもセンチメンタルな社会主義者」というなにげない言葉の中に、ヘンダースン『ウィリアム・モリス伝』の「解説」で川端康雄がE・P・トムソンに触れて言っているように、エンゲルスとモリスの異なる革命思想の伝統とセンスの現れが出ていると理解されるかもしれない。

「モリスの方はマルクスの学習を通してエンゲルスが属する伝統の多くを理解し吸収せんと努め、かなりの程度までそれをやりおおせたのだけれども、逆にエンゲルスは、同じようにモリスの属する伝統を理解しようとはしなかった。マルクス主義の本流にモリスの思想を取り込むことによって、コミュニズムのエトスの内容がはかりしれず豊かにされていたかもしれないのに。これが後年の社会主義運動の展開を決定的に貧しくしたのではなかったかとトムソンは示唆しているのである」(ヘンダースン 1990: 586)。

すでに触れたように、マルクスは晩年に完成を急いでいた『資本論』の研究のためとはいえないほどの膨大な、共同体、非西欧、農業、古代社会などの研究を行っていた(大谷・平子 2013)。そして、その研究の成果として熟しつつあった新たな思想の一端を示す「ザスーリチへの手紙」に示された、ロシアの農業共同体が資本主義を経ずしてコミュニズム社会に至る出発点になるというマルクスの思想に関しては、一時期マルクスとエンゲルスは一致していたかのようにみえたが、マルクスが農業共同体の自生的発展力を認めたのに対して、エンゲルスはそれを認めることはできなかったように思われる。そして結局、エンゲルスはマルクスの死後にはプレハーノフらの見解、つまり農業共同体の解体による資本主義的発展を経てロシアの社会主義、共産主義に至るという見解に同調して従来の単線的な歴史観に戻っていくことになる。

これまで我々は、あまりにもマルクスとエンゲルスを生涯にわたって一体的なものとして考えてきたのではないだろうか。二人の巨人は確かに多くの点で思想を共有しているのは確かだが、今日においては晩年の両者の違いにも注意を払うことが、むしろ二人を現代に生かす道につながるのではないだろうか。したがって、マルクスの横にもう一人の巨人であるモリスを置いて三者の関係性の中で見ると、晩期マルクスの思想が感受性豊かな若きマルクスと共振し、その思想の独自な形とポテンシャルを浮かび上がらせていくことになるのではないかと思うのである。

エコロジー的潜勢力ということでいえば、エンゲルスもまたさまざまなエコロジー的な示唆に富むことを述べていることは周知のとおりであるが、これまで見てきたマルクスの場合のような思想の脱近代的性格と結びついた構造的なものとはいえないのではないだろうか。理論的ではないものの、感受性の面ではモリスの方が晩年のマルクスに近いのではないだろうか。本稿は新たな問題意識を触発し、マルクスを現代に生かす問題提起として受け止めてもらえれば幸いである。

註

(1) フォスターは「人間と自然の物質代謝」をめぐって多方面の分野を参照しているが、こういった哲学的視座はないのである。この「人間と自然の二元論」に関しては、尾関(2007)の第I部第一章参照。

(2) ここで述べられたことは、ソ連型社会主義における「農業の集団化」がもたらした悲惨な結果とも関係しているといえよう。さらにまた、二〇一八年の国連総会で可決された「小農の権利宣言」で述べられているように、大地の攪乱・亀裂の修復にローカルに関わるのが小農ということを思えば、後述する現代の「労農アソシエーション」構想とも関わってこよう。

(3) 山之内靖もフォスターのこの本に関しては一定の評価をしながらも、「『俗流マルクス主義』を批判するに足る世界像転換への自覚が欠けて」おり、「洗練された近代科学主義なのであり、スマートな形式を装った進化主義なのである」と手厳しい(山之内 2004: 38)。なお、フォスターは最近、ポール・バケットと共著で、*Marx and the Earth: An Anti-Critique* (2016) という本を出しているが、これについては山之内はどう評価するであろうか。

(4) こういった物質代謝は「物象化された物質代謝」と呼ぶことができると思うが、先述のアリエル・サレーはそれへの対抗的な世界的運動を重視する。そして、通常おもに「プレ産業労働」と呼ばれて資本主義の外側にいるとされる小農、先住民、家事従事者、子どもを産み育てる女性などに関して、逆に彼ら／彼女らを「メタ産業的な労働（meta-industrial labor）」に関わる者と呼んで地球的な物質代謝の視点から意義づけ、資本主義による物象化された物質代謝を下支えさせられつつも、重要な「物質代謝的な価値（metabolic value）」を生み出す者たちと考え、連帯の輪の拡大を提起する。

（5） 拙稿（尾関 2018a, 2018b）では、マルクスと小農問題を議論しつつ現代の「労農アソシエーション」の視点を提起したので参照されたい。また、農林水産業の現代的な包括的思想意義については、尾関・亀山他（2011）および『〈農〉の総合人間学』（総合人間学会編、ハーベスト社、二〇一八年）参照。

（6） じつは、マルクスを生かした新たな歴史観の構築ということでは、ここで議論している人間―自然関係の視座とは別にもう一つ重大な論点がある。それは人間―人間関係の視座である。それはまさに「生産力」の対のカテゴリーである「生産関係」ということではないかとされるかもしれない。しかし、じつは『ドイツ・イデオロギー』において「生産と交通」「労働と交通」といわれた「交通（Verkehr）」カテゴリーは、ソ連型マルクス主義によって、後の著作で「生産関係」カテゴリーへと発展する未熟な表現と理解された。実際にはその理解によって「交通」の多様な意味内容が縮減されたのである。この点で、私はこの「交通」に関して、マルクスが「精神的交通」と「物質的交通」と述べている前者に着目して『言語コミュニケーションと労働の弁証法』を著した。その後、柄谷行人が『世界史の構造』で後者の「物質的交通」に着目して、物質的「交換」の諸形態から世界史を捉えようとしたいわば「交換史観」ともいうべき試みをしたが、それを興味深いものと思った。ただ、柄谷はこの際、従来の「唯物史観」に対抗するあまり「生産ではなく交換を」としたのに対して、私は「生産とともに交換を」という仕方で包括的に捉えるのがマルクスの歴史観にふさわしいと考えた。こういった二つの視座を根底において統合するものとして、物質代謝史観を考えることができるのではないだろうか（尾関 2014）。

（7） 小野塚知二は『経済史――いまを知り、未来を生きるために』（有斐閣、二〇一八年）で、歴史を貫く経済成長の究極動因を人間に固有な「際限のない欲望」として、欲望の特定の歴史的形態を歴史全体に拡大する議論をしている。この本から学ぶところは多いが、この基本点については疑問を感ぜざるをえず、「欲望」「欲求」「必要」等の分析とともに人間存在の解明が必要であろう。

（8）もう一つモリスに深く共鳴する初期マルクスの言葉を挙げておこう。「人間の豊かさのみならず、また貧しさも等しく——社会主義の前提のもとでは——一つの人間的な、したがってまた社会的な意義を得てくる。この貧しさは、人間に、最大の富である他の人間というものの必要を感じさせる受動的な絆である」（MEW 40, S. 544）。

（9）先に見てきたモリスの労働をめぐる考えは、マルクスがコミュニズム社会について「労働からの解放」（『資本論』）を語ると同時に「労働そのものが第一の生命欲求となる」（『ゴータ綱領』）としていて一見理解不可能のように見えるのを、ユートピア小説の文学的イメージで理解可能なものにしてくれるのではないか。

（10）最近では、マルクス主義者の中でもモリスの評価が高まりつつある（大内 2012）。なお、興味深いことは、先述のフォスターが、比較的最近の論文ではモリスの『資本論』研究の成果を高く評価していることである（フォスター 2016: 69）。

引用文献

アンダーソン、ケヴィン（2015）『周縁のマルクス』社会評論社
岩佐茂・佐々木隆治編（2016）『マルクスとエコロジー——資本主義批判としての物質代謝論』堀之内出版
大内秀明（2012）『ウィリアム・モリスのマルクス主義』平凡社新書
大谷禎之介・平子友長編（2013）『マルクス抜粋ノートからマルクスを読む』桜井書店
尾関周二（2007）『環境思想と人間学の革新』青木書店
——（2008）「環境問題と脱近代の思想——マルクス思想の基底を考える」、『季論21』第二号
——（2014）「人類史・世界史の構造の新たな理解へ向けて——マルクスの歴史観と将来社会の新たな基礎づけにかかわって」、『環境思想・教育研究』第七号

――（2015）『多元的共生社会が未来を開く』農林統計出版
――（2016）「『多元的共生社会が未来を開く』補論――モリスの「社会主義」を考える」、『環境思想・教育研究』第九号
――（2018a）「晩期マルクスの歴史観と農業・環境問題――環境思想の観点から」、『環境思想・教育研究』第一一号
――（2018b）「晩期マルクスと小農問題――現代の「労農アソシエーション」に向けて」、季報『唯物論研究』第一四五号
尾関周二・亀山純生他編（2011）『〈農〉と共生の思想――〈農〉の復権の哲学的探求』農林統計出版
小野二郎（1992）『ウィリアム・モリス――ラディカル・デザインの思想』中公文庫
サレー、アリエル（2011）「「物質代謝の亀裂」から「物質代謝的な価値」へ」、『環境思想・教育研究』第五号
玉野井芳郎（1990）『生命系の経済に向けて』学陽書房
ヘンダースン、フィリップ（1990）『ウィリアム・モリス伝』晶文社
フォスター、ジョン・ベラミー（2004）『マルクスのエコロジー』こぶし書房
――（2016）「マルクスと自然の普遍的な物質代謝の亀裂」、岩佐・佐々木編『マルクスとエコロジー』
安川悦子（1993）『イギリス労働運動と社会主義』御茶の水書房
山之内靖（2004）『受苦者のまなざし――初期マルクス再興』青土社

＊　マルクス、エンゲルスからの引用は、新メガ版が発刊途中であり、また一般には利便性が良くないので、この小論ではとくに断りがない限り、主にMEW版（*Marx Engels Werke*：『マルクス＝エンゲルス全集』大月書店）から巻数、原著頁数で行う（但し、『経哲草稿』に関しては、岩波文庫版の頁数も併記した）。また、新メガ版からの引用が必要な場合には、以下の例示のように、巻数、原著頁数を示す。例：MEGA II/1.1: 80。なお、訳文は私なりに部分的に変えた箇所もある。

❖著　作

生い立ち

ヘーゲル左派

1841　『デモクリトスとエピクロスの自然哲学の差異』執筆（博士論文）
1842.10–11　いわゆる『木材窃盗法論文』
1843. 夏　『ヘーゲル国法論批判』執筆

思想の形成

1844.2　『ユダヤ人問題』『ヘーゲル法哲学批判序論』
1844.4–8　『経済学・哲学草稿』執筆
1845.2　『聖家族』（エンゲルス一部分担）
1845.3　『フォイエルバッハに関するテーゼ』執筆
1845.9–1846. 夏『ドイツ・イデオロギー』執筆（エンゲルスと共同作業）
1847.7　『哲学の貧困』

48 年革命

1848.2　『共産党宣言』（エンゲルスとの共著）
1848.3　『ドイツにおける共産党の要求』執筆
1850　『フランスにおける階級闘争』（連載論文）
1850.3　『共産主義者同盟中央委員会の呼びかけ』（エンゲルスと共同執筆）
1852.5　『ルイ・ボナパルトのブリュメール 18 日』

経済学批判諸草稿・『資本論』執筆

1857.8–1858.6　『経済学批判要綱』執筆
1859.6　『経済学批判・第 1 分冊』
1861–1863　『経済学批判 1861–63 年草稿』（『剰余価値学説史』を含む）執筆
1863–1865　『経済学批判 1863–65 年草稿』（『資本論』第 3 部主要草稿を含む）執筆
1867.9　『資本論』第 1 部初版（エンゲルス編第 2 部初版 1885，第 3 部初版 1894）

国際労働者協会

1864.10　国際労働者協会の『創立宣言』『暫定規約』執筆
1871.5　『フランスにおける内乱』執筆

晩　年

1875.5　『ゴータ綱領批判』執筆
1879–1881　土地所有史，民族学研究ノート作成
1881.3　『ザスーリッチへの手紙草稿』執筆

カール・マルクス略年譜

❖生　涯

生い立ち

1818　ユダヤ系法律家の子としてドイツ西部のトリーアに生まれる
1835　ボン大学で法学を学ぶ

ヘーゲル左派

1836　ベルリン大学に移り，ヘーゲル左派に近づく
1842.10–1843.2　ケルンで『ライン新聞』編集者に
1843.6　イェンニー・ヴェストファーレンと結婚

思想の形成

1843.10　『独仏年誌』共同編集のためパリへ移住
1844.8　エンゲルスと再会，生涯の盟友になる
1845.2　プロイセンの圧力でパリを追放され，ブリュッセルへ移住

48 年革命

1847.1　義人同盟（のちの共産主義者同盟）に加盟
1848.2–4　フランスで２月革命勃発，３月パリへ，
ドイツで３月革命勃発，４月ドイツへ
1848.6　ケルンで『新ライン新聞』発行
1849.8　革命敗北でロンドンに亡命，困窮が続く
1851.12　フランスでルイ・ボナパルトのクーデタ，第二共和制から第二帝制へ
1852.11　共産主義者同盟解散

経済学批判諸草稿・『資本論』執筆

1851–1862　『ニューヨーク・デーリー・トリビューン』通信員
1851.11–1870.9　エンゲルス，マンチェスターのエルメン＆エンゲルス商会に勤務し，マルクスを経済的に支援
1853　本格的な経済学研究へ

国際労働者協会

1864.9　国際労働者協会設立
1871.3–5　フランス第二帝制は対プロイセン戦争で敗北し崩壊，パリ・コミューン樹立
1872.9　国際労働者協会，ハーグ大会で総評議会のニューヨーク移転決議，分裂

晩　年

1875–1880　各国労働者政党結成の動きに批判的にコミット
1881.12　妻イェンニー死去
1883.3　ロンドンで死去（64 歳）

あとがき

マルクス生誕二〇〇年の二〇一八年三月に、大藪龍介と田畑稔でマルクス論集の刊行を思い立った。

まずは、ソ連崩壊の衝撃をうけ一大転機を迎えている一九九〇年代からのマルクス理論研究の主要な論作について調査し、集中的に検討する作業に取り組んだ。それを踏まえつつ議論を重ねて、本書が示しているような二部構成で九つのテーマからなる論文集を企画した。

出版に関しては、新泉社に引き受けてもらうことになった。それとともに、大藪と田畑は、伊藤誠に編者としての参画を請うた。以前に『マルクス・カテゴリー事典』の編集をともにしたことがあったからである。しかし、伊藤は論集の趣旨に賛同し協力しつつ、同年一二月開催のマルクス生誕二〇〇年記念の国際シンポジウムに向けての準備にも追われ、当面、本企画の推進の実務には加われないので、編者への参画は留保された。

六月末に大藪・田畑の連名で企画の趣旨を付して執筆依頼状を九人の研究者に送り、執筆陣が整った。各テーマの執筆をどなたに依頼するかをめぐって、テーマ数が限られているために優れた業績をもつ多くの研究者を外さざるをえなかった。これは大変心残りであった。その後、テーマとしてエコロジー論を追加する必要があると判断し、テーマと執筆者は一〇となった。

二〇一九年二月下旬に原稿が出揃った。ただし疎外論に関しては、残念ながら執筆担当者の事情で原稿提出が断念されることになった。他方で、三本の原稿が制限字数を超過していたので短縮を要請し、それに応じてもらった。

鋭意執筆いただいた各位に、深く感謝申しあげる。ことに病躯をおして原稿を寄せてくださった大谷禎之介さんは四月二九日に逝去された。ここに心から追悼の意を表し、読者とともにその遺志をしのびたい。なお、大谷さん執筆の第二章の校正については宮田惟史さんに代理をお願いし、協力していただいた。

留保されていた編者の構成については、大藪と田畑は伊藤にあらためて参加を強く依頼し、その受諾により経済学、政治学、哲学をそれぞれ専門とする三人のバランスある編者構成となった。また、新泉社編集部の安喜健人さんからは、真剣な姿勢で叱咤激励をいただいた。お礼申しあげたい。

本書編集の一連の作業をつうじて、真摯なマルクス思想・理論研究の堅実な前進を確認する一方、マルクス（主義）理論研究者層の縮小を実感した。厳しい時代環境を超えて、マルクス学派の理論的達成が、本書を含めて、後世に伝承されていくことを願ってやまない。

二〇一九年一〇月一五日

伊藤 誠、大藪龍介、田畑 稔

［編者］

伊藤　誠（いとうまこと）第一章
一九三六年生まれ
東京大学名誉教授、日本学士院会員
主著：『伊藤誠著作集』全六巻（社会評論社、二〇〇九―二〇一二年）、『マルクス経済学の方法と現代世界』（桜井書店、二〇一六年）、『資本主義の限界とオルタナティブ』（岩波書店、二〇一七年）

大藪龍介（おおやぶりゅうすけ）第六章
一九三八年生まれ
元福岡教育大学教授
主著：『マルクス、エンゲルスの国家論』（現代思潮社、一九七八年）、『国家と民主主義――ポスト・マルクスの政治理論』（社会評論社、一九九二年）、『マルクス社会主義像の転換』（御茶の水書房、一九九六年）

田畑　稔（たばたみのる）第五章
一九四二年生まれ
季報『唯物論研究』編集長
主著：『マルクスとアソシエーション――マルクス再読の試み』（新泉社、一九九四年、増補新版二〇一五年）、『マルクスと哲学――方法としてのマルクス再読』（新泉社、二〇〇四年）

［執筆者］

大谷禎之介（おおたにていのすけ）第二章
一九三四年生まれ
法政大学名誉教授
主著：『マルクスのアソシエーション論——未来社会は資本主義のなかに見えている』（桜井書店、二〇一一年）、『マルクスの利子生み資本論』全四巻（桜井書店、二〇一六年）、『資本論草稿にマルクスの苦闘を読む——『資本論』第二部第八稿全文とその関連資料を収録』（桜井書店、二〇一八年）

佐々木隆治（ささきりゅうじ）第三章
一九七四年生まれ
立教大学准教授
主著：『マルクスの物象化論——資本主義批判としての素材の思想』（社会評論社、二〇一一年、増補改訂版二〇一八年）、『マルクス　資本論』（角川選書、二〇一八年）、『カール・マルクス——「資本主義」と闘った社会思想家』（ちくま新書、二〇一六年）

大黒弘慈（だいこくこうじ）第四章
一九六四年生まれ
京都大学教授
主著：『貨幣と信用——純粋資本主義批判』（東京大学出版会、二〇〇〇年）、『模倣と権力の経済学——貨幣の価値を変えよ〈思想史篇〉』（岩波書店、二〇一五年）、『マルクスと贋金づくりたち——貨幣の価値を変えよ〈理論篇〉』（岩波書店、二〇一六年）

平子友長（たいらこともなが）第七章
一九五一年生まれ
一橋大学名誉教授
主著：『遺産としての三木清』（共著、同時代社、二〇〇八年）、『マルクス抜粋ノートからマルクスを読む――MEGA第Ⅳ部門の編集と所収ノートの研究』（共編著、桜井書店、二〇一三年）、『資本主義を超えるマルクス理論入門』（共編著、大月書店、二〇一六年）

国分　幸（こくぶんこう）第八章
一九四一年生まれ
岐阜経済大学名誉教授
主著：『デスポティズムとアソシアシオン構想』（世界書院、一九九八年）、『マルクスの社会主義と非政治的国家――一大協同組合から多元的連合社会へ』（ロゴス社、二〇一六年）

尾関周二（おぜきしゅうじ）第九章
一九四七年生まれ
東京農工大学名誉教授、総合人間学会会長、環境思想・教育研究会会長
主著：『言語的コミュニケーションと労働の弁証法――現代社会と人間の理解のために』（大月書店、一九八九年、増補改訂版二〇〇二年）、『環境思想と人間学の革新』（青木書店、二〇〇七年）、『多元的共生社会が未来を開く』（農林統計出版、二〇一五年）

21世紀のマルクス——マルクス研究の到達点

2019年12月10日　初版第1刷発行©
2021年 5 月10日　初版第2刷発行

編　者＝伊藤 誠，大藪龍介，田畑 稔
発行所＝株式会社 新 泉 社
〒113-0034　東京都文京区湯島1－2－5　聖堂前ビル
TEL 03(5296)9620　FAX 03(5296)9621

印刷・製本　萩原印刷
ISBN978-4-7877-1920-1　C1010　Printed in Japan